Dados Internacionais de Catalogação na Publicação (CIP)
(Câmara Brasileira do Livro, SP, Brasil)

Tolstoi, Léon (Espírito).
Arte de Recomeçar / ditado por Léon Tolstoi ; [psicografado por] Cirinéia Iolanda Maffei. – Catanduva, SP : Boa Nova Editora, 2008.

ISBN 978-85-99772-20-1

1. Contos espíritas 2. Espiritismo 3. Psicografia I. Maffei, Cirinéia Iolanda. II. Título.

06-1059 CDD-133.93

Índices para catálogo sistemático:
1. Contos espíritas 133.93

Impresso no Brasil/*Presita en Brazilo*

Sumário

Da Reencarnação 7

Nascer de novo 9

O Cruzado 35

Ester 91

Os Ladrões 123

A mulher da praia 155

O homem de Jerusalém 171

O profeta 219

Da Reencarnação

"Todos os Espíritos tendem à perfeição e Deus fornece-lhes os meios pelas provas da vida corpórea; mas, em sua justiça, faculta-lhes realizar, em novas existências, o que não puderam fazer ou concluir numa primeira prova.

A doutrina da reencarnação, isto é, aquela que admite para o homem várias existências sucessivas, é a única que responde à idéia que fazemos da justiça de Deus em relação aos homens colocados em uma condição moral inferior, a única que nos explica o futuro e fundamenta nossas esperanças, pois que nos oferece os meios de resgatar nossos erros através de novas provas."

"O Livro dos Espíritos", capítulo IV

Nascer de novo

"Havia, entre os fariseus, um homem chamado Nicodemos, um notável entre os judeus. À noite ele veio encontrar Jesus e lhe disse: 'Rabi, sabemos que vens da parte de Deus como Mestre, pois ninguém pode fazer os sinais que fazes se Deus não estiver com ele'. Jesus lhe respondeu: 'Em verdade, em verdade te digo: quem não nascer de novo não pode ver o Reino de Deus'." (João, cap. 3, v. 1 a 3).

"Quando se trata de remontar dos efeitos às causas, a reencarnação surge como de necessidade absoluta, como condição inerente à Humanidade; numa palavra, como lei da Natureza. Pelos seus resultados, ela se evidencia, de modo, por assim dizer, material, da mesma forma que o motor oculto se revela pelo movimento. Só ela pode dizer ao homem donde ele vem, para onde vai, por que está na Terra, e justificar todas as anomalias e todas as aparentes injustiças que a vida apresenta." (O Evangelho Segundo o Espiritismo, cap. IV).

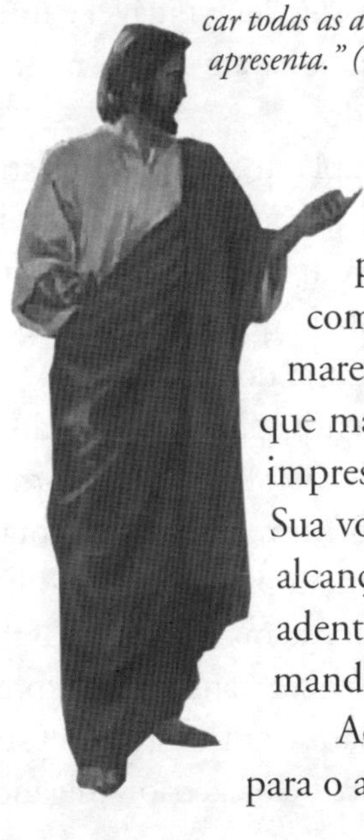

As palavras do Mestre difundiam-se na brisa da manhã, plenas de luz e paz, consoladoras e repletas de ternura e compreensão, chegando acompanhadas da maresia e do suave aroma das flores silvestres que margeavam as areias alvas, marcadas pela impressão dos pés daqueles que o buscavam. Sua voz parecia distender-se nos ares, a todos alcançando; conquanto de ímpar suavidade, adentrava profundamente os corações, acalmando, pacificando, renovando.

Aquela fora uma manhã muito especial para o adolescente magro e pálido que se comprimia na multidão, quase por ela sufocado, intentando chegar à frente dos demais para enxergar o divino Rabi. Ainda não o divisara, embora ouvisse a voz doce e persuasiva, enérgica e sonora; os ensinamentos caíam-lhe nos ouvidos como melodia de inexcedível beleza, sem que, no entanto, tivesse a capacidade de distinguir as notas que a compunham. A ânsia de se aproximar do Mestre, de roçar a fímbria de suas vestes, rojando-se ao chão e osculando-lhe os pés, impedia-o de concentrar-se inteiramente na preleção. Afinal, a duras penas para a distante praia viajara, na expectativa de tocá-lo, quem sabe somente passar os dedos por suas roupas; talvez Ele se apiedasse de sua triste condição, concedendo-lhe a suprema alegria de algumas palavras, de um toque das mãos que diziam curar. A esperança animava o coração jovem e sofrido, fazendo-o bater célere, aos saltos.

Empurrando, reunindo débeis e derradeiras forças para abrir caminho, intentara perseverantemente forçar a passagem, entre resmungos e imprecações dos menos pacientes, irritados com a estranha figura a importuná-los, até que finalmente acederam em deixar que se esgueirasse, livrando-se de sua desagradável e insistente presença. Alguns mais caridosos auxiliaram-no na marcha rumo a Jesus, penalizados com seu estado.

Os olhos de José perderam-se no semblante sereno do Mestre, mas seus pensamentos teimavam em viajar por aquilo que tinha sido sua existência até então, realizando um rápido retrospecto, semelhante ao que muitas vezes faz aquele que se prepara para deixar o corpo físico, no derradeiro instante do desencarne.

Realmente, a vida não se mostrara gentil com ele, abstendo-se de aquinhoá-lo com beleza e normalidade, insistindo em deformá-lo, transformando-o em verdadeiro monstro, alvo de chacota e repulsa. Instintivamente dele se afastavam, impressionados com as deformidades que o jovem corpo apresentava, manifestando asco e receio. O temor de que tudo aquilo pudesse ser transmitido expressava-se nas fisionomias e, não raro, canalizavam-no para o cruel campo das agressões. Analisavam o pobre pelo exterior, julgando que as ações dele advindas seriam tão pouco aceitáveis como seu aspecto! Habituara-se a isso, embora o tratamento discriminatório e a rejeição magoassem. Sentia-se pleno interiormente; a mente lúcida e inteligente em vão ambicionava comandar o corpo físico restrito e aleijão. Certamente, o invólucro carnal representava cruel e perpétua prisão!

Almejava aceitação, carinho, ternura por parte das pessoas, ainda que a mãe, sofredora e desamparada criatura, tentasse preencher as lacunas afetivas, acolhendo-o entre os braços com amor e desvelo, ignorando-lhe a feiúra e os tiques nervosos, respeitando as limitações impostas pelas deformidades. A cabeça disforme, os ralos cabelos de fulva cor, os dentes tortos e espaçados, os esbugalhados olhos, tudo lhe conferia o aspecto de um monstro, sem falar nos braços e pernas retorcidos que o obrigavam à movimentação difícil e até arrastada, conforme os relevos do terreno percorrido. Constantemente assustado e aguardando que o escorraçassem, fato que ocorria com freqüência e não raras vezes de forma cruel, terminara por desenvolver o hábito de gritar angustiosamente quando em contacto com pessoas. No entanto, a amorosa mãe sabia-o bom e meigo, de afável temperamento, resignado e humilde, quedando horas e horas nos cantos, sorrateiramente observando os seres humanos, evitando-lhes o contacto, preservando-se de seus ataques, temeroso das maldades com que já o haviam afligido antes: risos, chacotas, tapas e pontapés, abandono em locais de custoso acesso, dos quais o infeliz não conseguia sair, ficando exposto à fome e à sede até que a mãezinha conseguisse localizá-lo...

A casinha onde residiam, praticamente no final da aldeia, fora construída pelo pai, lenhador profissional, agora falecido, com madeira bruta retirada de mata próxima, assim como os poucos móveis, toscos e resistentes. Quando vivo, estendera ao lar as benesses da floresta, erguendo a casa com sólidas toras de madeira e talhando os móveis com habilidade. Falecera ainda jovem, em fatal acidente durante o trabalho, e o rapazinho dele sentia falta, conquanto soubesse que o rude lenheiro jamais aceitara o filho nascido em tais condições, inexplicavelmente doente e repulsivo. Envergonhando-se do menino, costumava chamar-lhe de nomes nada caridosos quando retornava a casa no final do dia, tresandando a vinho barato. Crescera, ouvindo-o reclamar de tal filho, peso inútil a constrangê-lo, motivo de opróbrio e zombarias.

– Monstrengo! Ainda te mato, livrando- me de tua feiúra!

Mesmo assim, a criança amara-o com desvanecidos transportes de afeto, insistindo em esperá-lo ao anoitecer, agarrando-se às suas pernas fortes qual vadio cão a implorar afagos, não obstante rechaçado com acrimônia e brutalidade. Sobrevindo a prematura morte, a criança panteara-o sentidamente e, mais tarde, ao aumentarem as dificuldades financeiras, recordava-se com saudades da segurança proporcionada por seu trabalho, do pão que nunca faltava à mesa... A lembrança das agressões paternas diluíra-se em vibrações de amor, saudade e gratidão.

Ficando só, no desamparo comum às viúvas sem arrimo de filhos adultos, a pobre esposa vira-se em dificuldades extremas, com um filho pequeno e doente a exigir constantes cuidados. Os trabalhos oferecidos eram simples e mal remunerados e, acima de tudo, excluíam a presença da criança de desagradável aparência. Ainda jovem e bonita, restara-lhe a prostituição como meio de vida, garantindo o sustento de ambos. Submetera-se à realidade após muito se esforçar por honesta colocação, vendo o filho chorar de fome, obrigada a ocultá-lo aos olhares estranhos. Pelo menos poderia alimentá-lo e com ele ficar durante o dia, cuidando do inocente ainda insciente das maldades gratuitas do mundo, estendendo os bracinhos disformes a uns e outros, pedindo colo, acreditando na possibilidade de ser amado.

Os anos passaram, a criancinha crescera, a rejeição atingira o menino com toda a sua força destruidora. Cedo apercebera-se das diferenças cruéis que lhe estigmatizavam a existência, excluindo-o da normal convivência com os companheiros da mesma idade. A princípio, aproximara-se confiante, mas, à custa de muita dor física e emocional, aprendera a ficar pelos cantos, escondendo-se das vistas dos que brincavam alegremente, ansiando em participar dos folguedos nas ruas e quintais da aldeia, contemplando com desejosos olhos as brincadeiras, excluído e isolado.

A mãe, também solitária e discriminada pela conduta classificada como vergonhosa e despudorada, recebia-o nos braços, confortando-o, enxugando as acerbas e constantes lágrimas, acarinhando-o, abandonando o serviço da casa para com ele brincar ou fazê-lo adormecer, embalado por cantigas de ninar.

Amava aquela mãe linda e triste mais que tudo no mundo. Das andanças desacompanhadas e difíceis pelos campos próximos, trazia-lhe ingênuas lembranças, flores que colhia à beira dos atalhos, reluzentes pedras de estranhos formatos, às vezes alguma fruta, colhida com extrema dificuldade nos galhos mais baixos de generosa árvore, também penosamente colocada entre as delicadas mãos da genitora. Palavras que somente ela entendia falavam de seu amor e ternura, singelos cânticos de dedicação e afeto à doce e sofrida criatura que se estiolava na áspera vida.

Adolescente, a dor moral, em decorrência das deformidades físicas, acentuara-se. Pungia-lhe ver os outros rapazinhos rindo e conversando, em alegre convivência com as jovens que até então lhes haviam sido companheiras de infantis folguedos, iniciando inocentes namoros às escondidas dos pais. A solidão pesava-lhe cada vez mais!

Fora então que, há exatamente doze dias, ouvira falar do Rabi que operava milagres. Diziam que Ele curava cegos e aleijados, restituindo-lhes a saúde. Olhando-se, reconhecia ser o seu caso muito grave, pois os entraves não se concentravam em um único membro... Todo ele era estranho e disforme! Protegido pelas casas, entre os arbustos, às ocultas escutava, deixando-se embalar pelas histórias mirabolantes e assombrosas, uma esperança enorme tomando de assalto seu coraçãozinho, entrevendo, pela vez primeira, possível solução para seu problema!

À noite, relegado a um cubículo, sobre leito de imaculada limpeza, fechava os ouvidos aos rumores que enchiam a casa, onde ébrios visitantes entretinham-se em companhia da mãe, da qual quase não se ouvia a voz, sempre recatada e discreta, revestida de incomum dignidade. Entre lágrimas, o rapazinho sentia-a como singela flor dos campos, de insuspeita beleza e suave perfume, pisoteada por desdenhosos e cegos pés. Entendia-lhe a humilhação, compreendendo os motivos, aceitando o fato consumado, embora a alma se revoltasse às vezes, perquirindo as razões de tanto sofrimento.

– Por que, Deus de Israel, um corpo tão feio e disforme, braços e pernas que me impedem de trabalhar e colocar o pão dentro de casa? Onde a dignidade se ela nos é negada, sequer podendo eu retirar minha mãezinha de tal vida?! Na verdade, Senhor, creio que ela está assim por mim!

Em tais horas, ansiava por uma mente menos lúcida, tão comprometida como o corpo, que o distanciasse da realidade, mergulhando-o nos abismos da ignorância. Sofreria menos!

A notícia da existência de alguém como Jesus abrira uma senda de esperanças na atribulada vida do jovem. Pudera sonhar-se perfeito, em condições de trabalhar honestamente, liberando a mãe daquela vida degradante, conferindo-lhe proteção e sustento. Iriam embora daquele lugar, esqueceriam, recomeçariam...

Talvez por influência do intenso envolvimento emocional e dos sentimentos mobilizados no processo, certa noite adormecera, após devaneios sem fim com o Mestre e com aquilo que considerava milagres, e uma figura de inexcedível beleza povoara-lhe os agitados sonhos. Com ele falava, explicando o porquê dos padeceres que os atingiam. A voz suave penetrava-lhe o âmago, serenando a dor das ulcerações d'alma, e as explicações soavam justas e corretas. Enorme e impressionante tela estirada à sua frente permitia que intrigantes visões de um passado distante desfilassem, como se estivesse assistindo ao decorrer de uma peça de teatro, história movimentada, com personagens de aspecto diferente, mas estranhamente relacionados a pessoas do presente... Um deles, um homem alto e forte, de bela aparência, vestido com uma túnica curta, os pés protegidos por sandálias, refulgente espada à mão, impressionava-o sobremaneira. Recolhia crianças e jovenzinhas, arrebanhando-as com selvagem ímpeto do interior de humildes casas, conduzindo-as a enorme edifício em pedra, silencioso e assustador, onde as pobres percorriam corredores que se perdiam em intrincados meandros.

Na seqüência do incomum sonho, a luminosa criatura aconselhava-o a buscar acomodação sobre velutínea relva defronte à tridimensional projeção, dizendo ser necessário que ele se inteirasse de determinados fatos, sopesando ocorrências do pretérito e do presente, revendo potencialidades e posicionamentos. Obedecia, embora as palavras fossem misteriosas, acomodando o corpo desconforme sobre a maciez verde, sem nada questionar. Na imensa tela, magicamente aberta a seus olhos, o homem forte e belo levava suas vítimas pelos corredores da enorme construção... Sentia-o conhecido seu; na realidade, percebia-se unido a ele, como se um só fossem...

José mergulhara no passado, alguns séculos atrás! Desconhecendo os mecanismos do que ocorria, inconscientemente tentava interromper o singular processo, como se soubesse de algo terrível e doloroso, perdido no esquecimento da atual existência... Em vão intentava acordar, fugindo ao confronto penoso com as ações de outrora...

* * *

O homem alto e forte guiava algumas jovens e crianças pelo longo corredor que serpenteava no interior do templo... Conquanto o caminho fosse complicado, a segurança e a despreocupação com que caminhava indicavam que ele detinha pleno conhecimento do mesmo, tendo-o percorrido vezes sem conta, quiçá realizando a mesma tarefa. Alheio ao choro das crianças, ordenava às jovenzinhas que as tomassem pelas mãos ou ao colo, inexorável em sua marcha edifício adentro.

Enorme porta facultava acesso à sala de gigantescas proporções. Tochas iluminavam o recinto, expulsando a escuridão. Singulares aberturas no teto permitiam a troca de ar e o escoamento da fumaça. No centro, grande e pétreo ídolo ostentava fumegante e rubro ventre, e o barulho ígneo de suas entranhas ecoava no recinto quente e vazio. O homem estacava à frente da descomunal estátua, prostrando-se respeitosamente a seus pés, batendo com a testa nas pedras que revestiam o piso, indiferente ao terror que tal visão deflagrava nos que o acompanhavam.

Baal, o terrível deus pagão a exigir humanos sacrifícios!

Depois, levantando-se, empunhava sólido bastão de metal, ferindo reluzente disco. O som do bronze difundia-se pelos aposentos erguidos com enormes pedras e, instantes depois, frágil criatura adentrava o recinto. Envolta em longa e transparente túnica vermelha, os negros cabelos desnastrados, soerguidos acima da nívea fronte por estupendo diadema de rubras pedras, que refletiam o fogo das entranhas do sanguinário deus, a jovem postava-se orgulhosamente diante do homem. Seus olhos mergulhavam nas másculas feições, indisfarçavelmente interessados e desejosos...

– Sacerdotisa, eis os que nosso deus distinguirá com a morte! Infelizmente os desgraçados não conseguem entender a grandiosidade e a honra da escolha... Assim sendo, recolhei-os sob guarda para que os sacrifícios não se frustrem.

Os olhos do homem percorriam a figura jovem e linda, afastando-se temerosos e relutantes. Ela pertencia ao deus a quem ambos serviam, a ele fora destinada desde criança, treinada para exercer as atribuições referentes a sua adoração. Na fumaça fétida das carnes queimadas, ainda sob a influência dos gritos e súplicas dos sacrificados, incorporava-o, sua voz subitamente roufenha, e ele, por sua boca bela e delicada, externava suas ferozes vontades. Loucos seriam ambos caso permitissem que a paixão os dominasse!

Encarregado de fornecer ao templo, de acordo com o calendário organizado pelos sacerdotes, a necessária provisão de vítimas, na ausência de inimigos capturados, obtinha-as nas aldeias, à força, na maioria das vezes, dando preferência a criancinhas, bebês principalmente, de tenra e doce carne. O deus dizia preferi-las às de mais idade! Ou ainda jovens virgens, sequer maculadas pelo sangue menstrual. Considerava tais holocaustos necessários à felicidade e riqueza de seu povo, irritando-se com os pedidos de clemência. Deveriam orgulhar-se!

Fora assim que a conhecera, na primeira vez em que adentrara os sagrados recintos do enorme templo, conduzindo os escolhidos. Naquele dia fora agraciado com uma criancinha de peito e a conduzia jubiloso, não obstante a mãe ficasse em incompreensível pranto, retida pelo jovem e desesperado esposo. Covardes! A jovem sacerdotisa estava defronte ao incandescente deus, em vestes diáfanas que a luz do fogo incendiava, os longos cabelos negros espalhados pelas espáduas delicadas; preciosas pedras vermelhas cintilavam na cabeleira, pendendo da tiara flamejante que lhe coroava a fronte alva e perfeita. Jamais vira mulher tão linda! Bastara um único olhar e o coração para sempre se perdera... Instintivamente, nela detectara a mesma paixão e idêntica luta interior para permanecer fiel ao cumprimento do dever assumido com o poderoso e vingativo deus.

A ausência prolongada e as dificuldades em se encontrarem exacerbavam os sentimentos. O homem ansiava pelo dia em que levaria ao templo os que seriam sacrificados, pois somente assim avistaria, ainda que por breves instantes, a mulher amada. A paixão ardente e obsessiva finalmente sobrepujaria a razão e o medo, combinando ambos perigosa fuga, ela evadindo-se do sagrado recinto em escura noite e ele abandonando seu posto na guarda do templo, perdidos na vastidão do mundo, crendo-se libertos de compromissos.

Assim o faziam. Incrivelmente, tudo transcorria conforme os planos e jamais os furiosos sacerdotes conseguiriam neles colocar as mãos, não obstante a ira e as minuciosas buscas. Em aprazível e distante sítio, o casal de namorados estabeleceria morada, vivendo longos anos, entregues ao amor que os levara a tão arriscado passo.

Não advieram filhos, mas deles não sentiram falta... Bastavam-se! Remorsos? Não os sentiram, uma vez que os sacrifícios eram rotineiros entre os de seu povo, considerados inquestionável exigência do deus Baal, cujo descumprimento acarretaria desgraças a toda a comunidade. A antiga sacerdotisa nunca mais se deixaria sensibilizar pelo espírito do sanguinário deus. Interiormente, ambos temiam-no, constantemente receosos de que ele se manifestasse ou de que seus acólitos invadissem o encantador refúgio.

A morte os surpreenderia ainda juntos, em avançada idade.

..*

Quando as imagens se diluíram na grande tela, sinalizando que as recordações do passado distante haviam terminado, um estupefato e arquejante rapazinho dissera ao instrutor espiritual:

– Sou eu, sou eu! E ela, ela é a minha mãezinha! Lançamos ao ventre fétido e rubro tantas vidas inocentes, tantas criancinhas e meninas?!

Subitamente, o corpo deformado parecia-lhe justo! A culpa pesava dolorosamente. Ainda assim, recusando-se a abdicar da derradeira esperança de cura, temeroso ousara indagar:

– Poderá Jesus livrar-me das aflitivas mazelas, ainda que eu não mereça, pois muito errei?

– E tu, tu estás preparado para a cura após o que testemunhaste? Ao acordares, não te recordarás de nada, estarás por tua conta e risco! Nosso Pai não quer o sofrimento de nenhum de seus filhos, mas as criaturas insistem em derrogar as divinas leis de justiça e amor e ei-las às voltas com a dor, abençoado instrumento de acerto e mudança. Hoje, causam-te calafrios os horrores de outrora? No entanto, ainda existe em ti o germe do egoísmo e do orgulho, principais causas do desamor a nossos semelhantes. O remorso que há muito te aflige determinou que se plasmasse o corpo disforme com o qual penitencias as atrocidades dantes cometidas. Estás disposto ao trabalho retificador? Somente a promessa de trabalho poderá substituir teus penares... Tal permuta parecer-te-ia justa e convincente?

O rapaz não compreendia totalmente o alcance daquelas palavras. Ao acordar, elas ressoavam em seus ouvidos; estava febril, agitado. Resquícios do ocorrido permaneciam em sua memória, horrível pesadelo em que se mesclavam carnes queimadas e gritos. Recordava-se também, ainda que de maneira imperfeita, de angelical figura, em pacífica e instrutiva conversação. Ocultara o incomum sonho da mãezinha, até porque não poderia convertê-lo em palavras cognoscíveis, constrangido pelas deficiências físicas. Ademais, não a queria entristecer, ainda mais naquela manhã, quando sinais de brutalidade estavam impressos no rosto alvo e delicado, sob forma de arroxeados hematomas, atestando as agruras a que se submetia, silente e resignada. À hora da refeição, o alimento não lhes faltara, embora parecesse amargo e formasse um bolo nas bocas secas e infelizes.

Naquela manhã, após a noite do incrível sonho, disparara para os campos, com a velocidade precária que os membros atrofiados permitiam. Encontraria algo que a consolasse! Detestava vê-la chorar... De longe, vira-a sair para os campos também, tomando direção oposta à sua, andando apressadamente. Não a seguiria, pois sabia de sua necessidade de sozinha prantear a injunção dolorosa, ocultando do filho a mágoa, temendo acabrunhá-lo. Que desabafasse em paz...

Quem lhe falara com tanta ternura em sonho? Suas mãos, tocando-o, transmitiam tanta paz, como se estivesse ao abrigo das dores do mundo e o peso dos sofrimentos mais leve fosse!

Junto a enorme pedra, a trepadeira enroscava-se rumo aos céus, e de seus flexíveis ramos pendiam cachos de rubras florezinhas, quais gotas de sangue. As mãos deformadas colheram cuidadosa e dificultosamente longa e florida haste, unindo as pontas, transformando-a em perfumada tiara, destinada a adornar os compridos e negros cabelos da mãezinha adorada. Retornara ao lar, carregando orgulhosamente o diadema de flores vermelhas, ocultando sob as vestes o presente, insistindo por gestos e sons que a jovem senhora permitisse que o colocasse em sua cabeça.

As flores rubras penderam sobre a nívea fronte, emoldurando o rosto pálido e sofrido, marcado pelos golpes da violência noturna.

Estranha sensação envolvera o jovem. Antes ela já havia se adornado com rubras flores, elaboradas com preciosas pedras, ensangüentados rubis... Quando? Onde? Do sonho restavam na memória consciente somente imperfeitos trechos e vagas recordações... Aquela constituía uma delas!

Como se queimada pelas aveludadas e olorosas pétalas, a mulher ofegara, também subitamente mergulhada em aterradoras sensações, à mercê de atrozes e tênues reminiscências extraídas dos arquivos de distante passado. Então, arrancara a improvisada tiara dos cabelos, atirando-a longe, na poeira da deserta estrada, buscando refúgio no jovenzinho, abraçando-o, trêmula e álgida.

Transcorreram os dias e as incomuns e intrigantes imagens noturnas diluíram-se na aborrecida e triste rotina diária de José.

Finalmente, notícias de Jesus! Ele estaria em vizinha aldeia e todos para lá se dirigiriam! Ficariam somente as criancinhas, os velhos... E sua mãe, certamente, pois a infeliz acatava o julgamento dos aldeões, acreditando-se impura e indigna de chegar perto do Senhor. Não se atrevesse a despudorada, ou seriam obrigados a colocá-la em seu lugar! Umas boas pedras resolveriam o caso! As mulheres da aldeia, rancorosas e cheias de zelo pelos companheiros, repudiavam-na ostensivamente, ainda que lhe houvessem negado honesto labor; os homens limitavam-se a ouvir, rindo, envaidecidos com o ciúme das esposas, coniventes com o arbitrário e injusto veredicto, tendo-a também em baixa conta, embora a procurassem às escondidas, seduzidos por sua beleza.

Ainda não amanhecera quando o menino tratara de silenciosamente deixar a casa às escuras, adiantando-se aos moradores da aldeia, buscando evitar-lhes o contato doloroso. Arrastando-se pela estrada, penosamente iniciara o trajeto, tendo como lume as estrelas e magnífica lua. Os pés envoltos em macios sapatos de pano, os únicos que sua deformidade permitia, logo se feriram e sangraram. Caía constantemente, todavia levantava e prosseguia, implorando mentalmente o auxílio daquele a quem não conhecia: Jesus.

Outros seguiam na mesma direção. A estrada enchera-se de gente vinda dos mais variados lugares, em demanda à praia onde o Mestre estaria. Caridosa alma, vendo-o arrastar-se dolorosamente e adivinhando-lhe o intento comprovado pela palavra dificultosamente pronunciada, Jesus, tomara-o em fortes braços, carregando-o, despreocupado com seu desagradável aspecto. Assim não fosse, certamente não chegaria, sucumbindo à beira da caminho. Lágrimas de gratidão desceram-lhe dos olhos, molhando as faces e pingando sobre as mãos do homem.

– Deixa-te disso, menino! Sabes, já ouvi o Messias uma vez, quando estive em cidade próxima, há algum tempo! Sim! Podes acreditar! E hoje vou ao encontro dEle novamente. Como lá chegaria eu, se te deixasse caído ali? Como ouvi-lo em paz com minha consciência, se não cumprir contigo o meu dever de amor ao próximo?

Sem esperar resposta, prosseguia:

– Estranho e encantador homem esse Rabi... Penetra-nos a alma, transformando-a. Vês? Não tenho nenhuma doença, sou forte como um touro, os braços garantem-me o sustento e o da família, mas ainda assim busco Jesus, pois Ele me concedeu uma visão completamente diferente da vida... Sim, senhor! Quem diria que eu carregaria alguém estrada afora, feliz em auxiliar, sem reclamar... Afinal, não és tão leve...

Cantando à meia voz, o aldeão vencera a distância; ao chegarem, a bondosa criatura deixara-o sob frondosa árvore, ao abrigo do sol, adentrando a multidão agitada em busca de um lugar adequado. O rapazinho deixara-se ficar até que súbito silêncio na rumorosa turba sinalizara a aproximação do Rabi. Silentes e respeitosos, aguardavam todos que Ele se pronunciasse. Coração aos saltos, as forças subitamente renovadas, abandonara o refúgio, arrastando-se por entre as pernas dos que se aglomeravam, impossibilitado de levantar o corpo sobre as membros disformes e exaustos, forçando a passagem.

A poeira sufocava-o, frio suor empastava-lhe as vestes pobres. Uma infinita tristeza tomara conta de sua alma, sentindo-se rastejante verme sobre o solo. Revolta e dor dominaram-no! Não seria ele um ser humano, como os que ali estavam? Como, se raciocinava e sentia, amava e sofria? Forçando-se a abandonar o desalento, persistira, empurrando e empurrado... Pés descalços e alvas vestes, uma sensação íntima de bem-estar... Aquele certamente seria Jesus! Contrito, quedou-se, o rosto na poeira, as lágrimas abrindo claros sulcos na face suja e disforme, sem coragem sequer de alçar os olhos e fitar o rosto daquele que considerava o seu Salvador!

Eis que mãos gentis levantaram-no, lábios sorriram-lhe bondosamente. O Mestre conversou com ele ali, sob o sol da manhã. As outras pessoas deixaram de existir, somente a Ele via e ouvia. Conhecia-o, pois era o mesmo do sonho surpreendente, do qual agora a recordação aclarava! Sem dúvida, era Ele, o instrutor amigo que lhe desvendara os arcanos do passado! Sob o suave influxo da voz de Jesus, abriram-se as comportas repressivas das pregressas existências e desnudaram-se os segredos: quanta ignorância, quanta selvageria, quanto desatino a marcar sucessivas reencarnações, sobrecarregando a consciência do ser atual, mudanças, desagravos! No corpo marcado e disforme, espelhava-se o espírito enfermo, clamando por imediato e intransferível reajuste. Escolhera as dores do presente, intentando serenar os remorsos pungentes; a companheira de outras vidas, conivente e por ele incentivada a desmandos maiores, recebera-o como desconforme filho, preservando as iluminadoras virtudes do amor sincero, purificando-o no cadinho de redentora maternidade, amparando e confortando o amado de outrora.

Dilatada visão, em segundos reviu, em ampla tela mental, os acontecimentos determinantes da opção a que se rendera, acerbo sofrimento resignadamente enfrentado, caminho fadado à solidão e à incompreensão.

Docemente, o Mestre amparou o jovem com os fortes braços, conduzindo-o a pequena elevação coberta de fresca relva, nela acomodando José, sob a sombra de alguns arbustos.

Então Ele falou, e suas palavras sábias e justas, impregnadas de profunda compreensão e acendrado amor, espalharam-se na manhã clara e luminosa. José olhou-se e enxergou o mesmo corpo disforme e repulsivo aos olhos dos homens, em nada diferente de antes... Mas a dor... A dor diluíra-se ao contacto das mãos do Rabi, ao calor dos olhos compadecidos e acolhedores...

O rapazinho deixou-se estar, escutando e aprendendo. As atribulações não mais o afligiam, pois o Mestre ocupava-lhe a mente e o coração. Ainda não conseguia entender, em toda a profundidade, o que estava acontecendo, mas aquela deveria ser a sensação de um milagre!

Jesus esclareceu e curou. Filas de pessoas doentes do corpo e da alma desfilaram à sua frente, em uma interminável sucessão de sofrimentos e emoções. Ao anoitecer, todos se foram, instados pelos discípulos que cercavam Jesus, defendendo-o dos inconsoláveis, chamando o Mestre para o imprescindível descanso. Sobre a relva, o jovem continuava, pacientemente esperando...

Calmamente Jesus veio até ele e o rapazinho observou o cansaço expresso no rosto de nobres e belos traços. O Rabi acomodou-se ao lado do extasiado José, suspirando satisfeito com a possibilidade de refazimento físico, e seus olhos, repletos de piedade e luz, fitaram-no compreensivos e ambos repartiram a paz do momento sob as primeiras estrelas.

Olhar distante, à meia voz, o Mestre disse:

– Queres a troca, eu o sei. Antes, porém, apreciaria saber: estás consciente da responsabilidade que envolve tua escolha? Haverá momentos em que a porta larga da deserção e do retorno a transatas experiências acenar-te-á com tal veemência que precisarás de muita força de vontade para perseverares no caminho estreito. Quando isso ocorrer, lembra-te de mim com especial empenho, e certamente receberás o amparo. Não te julgues jamais isento da possibilidade de erro, mas nunca deixes de levantar e prosseguir, fazendo das quedas o estímulo para outras tentativas, proporcionando a oportunidade de novas experiências e aprendizagens. Entendes-me?

As mãos envoltas em safirina luz elevaram-se, impostas sobre a cabeça do deslumbrado jovem. Uma impressão estranha e indescritível invadiu-o, como se o corpo houvesse adquirido imponderabilidade, mergulhado em oceano de luz e bem-estar, flutuante em fluido leve e perfumado. Os membros, enrijecidos e vergados, distenderam-se, adquirindo aspecto normal, e ele movia-os temerosa e instintivamente, testando-os. Depois, as deformidades foram-se, as cordas vocais obedeceram ao seu maravilhado comando, liberando a voz clara e sonora. Atônito, compreendeu que finalmente seu corpo obedecia aos comandos da mente, exteriorizando as ações com a normalidade sempre sonhada. Estava curado!

Rindo e chorando, apalpava-se, desacreditando da felicidade, temendo subitamente despertar de um sonho muito bom. Repentinamente, a lembrança dos desatinos e infâmias cometidos insinuou-se sorrateiramente, cobrindo com sombras a alegria do momento. O remorso transformou-se em cruel aguilhão:

– Mestre, posso ser curado, eu que tanto fiz contra outras criaturas?

Sorrindo, Jesus aquiesceu:

– Trabalharás em prol dos que sofrem, ensinar-lhe-ás a resignação e a paciência, contar-lhes-ás o acontecido contigo, testemunhando a minha Verdade, a Verdade de meu Pai. Voltarás ao lar, abandonarás a aldeia que te rejeitou, levando a mãe que sempre soube amar o filho que foste, acima das convenções e preconceitos. Seguirás teu caminho sem temor, pois não caminharás só. Trabalho honesto e boa vontade para com os que cruzarem teu caminho farão o restante. Tuas ações serão iluminadas e a messe reconhecida aos olhos de Deus, qualificando-te como servo bom e fiel. Tu lavrarás a difícil seara das almas humanas, recolhendo em teu benefício os frutos da redenção e do esclarecimento.

Sempre sorrindo, as mãos nos ombros do jovem, o Mestre

continuou, sob o luar derramado de imensa esfera prateada em estrelado céu:

– Confia sempre, mesmo nas horas mais difíceis, colocando a existência no sagrado ministério, e receberás auxílio e forças para prosseguir. Acima de tudo, nunca esqueças que efetuaste uma permuta e nós avalizamos a solicitação, mediante tua sincera disposição em servir.

Sorrindo, levantou-se, a face iluminada e serena:

– Agora vem conosco cear, pois deves estar com fome. Ficarás alguns dias em nossa companhia, preparando-te condignamente para a tarefa. Depois, seguirás com minha bênção.

Os dias passaram rapidamente para o deslumbrado e renascido aprendiz. Em meio a Jesus e seus discípulos, descobriu o verdadeiro significado da palavra felicidade, advinda do dever cumprido e da consciência em paz. Compreendeu a finalidade da existência e o destino do ser, constatando quão iludidas estão as criaturas que se apegam tão somente à matéria, deixando de lado a alegria de servir e amar.

Aquele homem revestido de infinita beleza, a resplandecer nos mínimos gestos e atitudes, manso e humilde, grandioso e sereno, ensinou-lhe a exata noção de dever e responsabilidade, aclarando a juvenil mente para as sublimes exigências da missão a que se propusera. Subitamente, a saúde física somente adquiria importância na medida em que lhe facultava os meios para exercer as tarefas mais facilmente e com maior disponibilidade, claramente percebendo que a educação do espírito constituía o requisito premente e indispensável para o êxito do ministério a que se propunha. Assustou-se, perdeu o sono, inquietou-se. O Rabi, lendo seus pensamentos e conhecendo-lhe os temores, chamou-o:

– Acalma-te, José! Não aprendeste ainda a confiar?! Achas que meu Pai encarregar-te-ia de investidura acima das forças? Estás esquecendo de uma única coisa: confiando e orando, suprir-te-emos a temporária insuficiência de conhecimento; de tua boca fluirão palavras intuídas por lumes espirituais e essas angelicais criaturas encarregar-se-ão de esclarecer a ti e aos outros. Com o tempo, tua própria iluminação interior facultará o acesso aos sofredores sem tal concurso, pois então também saberás.

O jovem asserenou, entregando-se confiantemente, realizando a parte que lhe competia, atento aos ensinamentos, absorvendo sequiosamente as palavras de Jesus.

Certo dia, após comovedora preleção noturna, Jesus anunciou a partida na manhã seguinte, pois outros o aguardavam distante dali, ansiando por sua presença, aflitos, em sofrimento.

O jovenzinho ficou a olhá-lo até que todos se perderam na curva da estrada, o som das vozes dos discípulos diminuindo, diminuindo, até cessar completamente.

Ele se fora!

O caminho de volta revelou-se suave e caricioso. Os pedregulhos pontiagudos já não lhe magoavam os pés, agora calçados com rústicas sandálias, amorosamente doadas pelo discípulo João. Jamais tivera um calçado, impossibilitado pelos aleijões, e o presente parecera-lhe precioso, permitindo mais liberdade. Quando a fome surgia, acampava às margens de regatos, recolhendo das águas o peixe; e das árvores, os frutos. Demorou-se, aproveitando cada momento, fruindo da alegria de exercitar o corpo saudável. A figura de Jesus não o abandonava e sua presença manifestava-se na exuberância da natureza, recado constante da bondade e solicitude divinas.

A casa humilde, ao longe delineada, encheu de alegria o coração de José, fazendo-o disparar estrada afora; cuidadosamente adentrou, surpreso com o silêncio e o aspecto de abandono, a louça suja sobre a mesa, as flores dos vasos despetaladas e secas. Encontrou-a no quarto, adormecida sobre o leito, feições inchadas pelo choro constante, agarrada a uma de suas roupas, como se através dela buscasse recuperá-lo. Uma imensa onda de amor e piedade invadiu-o: tão linda, embora os sofrimentos houvessem marcado com amargas linhas o rosto delicado e as mãos finas estivessem maltratadas pelos pesados serviços. A magreza do corpo denunciava que há muito ela deixara de alimentar-se adequadamente. Com certeza, a exaustão e a debilidade haviam terminado por mergulhá-la no profundo sono. Suavemente, tocou-lhe os frágeis ombros.

Após algumas tentativas, o rapaz conseguiu despertá-la. Não o reconheceu de imediato, tomando-o por importuno freguês, dispensando-o secamente, dizendo-se enferma. Afinal, raciocinava a pobre, não mais precisava prostituir-se, pois o filho amado desaparecera, provavelmente vitimado por alguém muito mau! Quando ele ajoelhou aos pés da cama, enlaçando-a com amorosos braços, conheceu-lhe o familiar toque, maravilhando-se.

Naquele mesmo dia, ao entardecer, abandonaram a aldeia sem que ninguém o percebesse, seguindo os conselhos de Jesus. Quase nada levavam, pois bem pouco possuíam.

Anos depois, quem se aventurasse em ermas paragens da Palestina, encontraria confortável e rústica casa, cercada de frondosas árvores. Sob elas, grandes bancos de madeira ofereciam abrigo à sombra, cercados de flores caprichosamente cuidadas, a espalharem doce e suave perfume, oferecendo ao viajante a encantadora visão de coloridos tapetes. Aos fundos, entreviam-se as árvores do pomar, cujos frutos pendiam generosos dos galhos sobrecarregados. Mais além, férteis campos, cultivados com esmero.

A casa ampla, planejada e construída para abrigar a muitos, apresentava evidentes sinais de haver sido aumentada gradativamente, evidenciando o acréscimo significativo de moradores com o decorrer dos anos. Aquele que a erguera certamente subestimara o número dos que ali buscariam auxílio, e, ao correr dos tempos, novos cômodos haviam sido anexados ao corpo principal. Ao contrário de edificações que perdem a beleza no acaso das reformas, a natureza soubera premiar seu dono, espalhando trepadeiras pela branca construção, unindo as diversas alas com primorosas pérgulas em flor, espalhando matizes e perfumes.

No homem rijo e forte, de bronzeada pele e sorridente semblante, e na senhora de alvos cabelos, recolhidos à nuca em severo coque, dificilmente seriam reconhecidos o rapaz deformado e a infeliz prostituta de outrora. Serenos, acolhiam os que neles buscavam seguro porto para as tempestades da vida. Sofredores, aleijados, estropiados, rejeitados por suas famílias e pela sociedade, acomodavam-se todos em limpos e arejados quartos, sempre guarnecidos com flores frescas e singelas, colhidas pela senhora no caprichoso jardim. Auxiliada pelas criaturas que o mundo condenara ao exílio, ela desempenhava suas tarefas, transformando a casa em lar, a palavra doce e amiga e o sorriso nos lábios. Ao amanhecer, o cheiro de pão invadia os ares, avisando: mais um dia começava na Pousada do Mestre, com amor, carinho, vozes que se alteavam fraternalmente, risos...

O que acontecera ao rapaz a quem Jesus devolvera a saúde e restaurara o arcabouço físico, naqueles dias perdidos no tempo, quando o Mestre Nazareno ainda palmilhava as estradas?

No mesmo dia do retorno de José à aldeia natal, ele e sua mãe abandonaram a choupana de tristes recordações, seguindo pela estrada; embora o moço não houvesse delineado o destino de suas andanças, no intimo algo lhe dizia que chegaria ao lugar certo na hora certa. Durante dias palmilharam os empoeirados caminhos; nas aldeias, o jovem parava, buscando ocupação como diarista, obtendo como pagamento comida e pouso, para logo depois seguirem viagem.

Meses decorreram nessa rotina insólita. Jamais ocorrera à jovem mãe indagar do filho as razões que o impeliam. Escutando-o, observando-lhe o brilho nos olhos e a iluminada face ao falar de Jesus e seus ensinamentos, compreendia que algo além de seu entendimento acontecera com o filhinho, determinando que ele guardasse no coração aspirações superiores às comuns.

Aquele fora um dia calmo e quente e, ao anoitecer, quando a canícula finalmente amainava, mãe e filho aproximaram-se de grande cidade. Ali dormiriam, devendo prosseguir no dia seguinte. Por uma das soberbas e enormes portas adentraram-na, mergulhando no bulício das ruas. Incomodados com tamanha atividade, após se informarem sobre modesta estalagem, desviaram o roteiro para calmas e obscuras ruelas.

A pequenina rua, suja e enlameada, iluminava-se pelo luar e por alguma luz que espreitava das casas humildes. Em uma das esquinas, foram surpreendidos pela presença de suspeito grupo, rodeando um homem de alta estatura, ricamente trajado, que tentava defender-se valentemente do ataque, lutando pela vida. Um dos salteadores havia lhe retirado pesada bolsa, privando-o do dinheiro e das jóias que o adornavam. Não contentes com o furto, intentavam subtrair-lhe a vida, irados com a reação e a aparência do rico senhor, a inveja e a revolta a impulsioná-los. O homem lutava desesperadamente, assustado com a perspectiva da morte iminente. Embora seus gritos enchessem os ares, as portas das casas mantinham-se cerradas e ninguém ousava aparecer e questionar o violento drama que se desenrolava na malcheirosa ruela.

O jovem compadecera-se da sorte do desconhecido. Pereceria, embora forte fosse e adestrado em luta, pois os assaltantes eram em maior número, neutralizando seus precisos e demolidores golpes. Serenando a aflita mãe, correra em seu auxílio. Dois homens fortes e decididos foram demais para os ladrões e eles, sobraçando a rica bolsa, sumiram nas vielas, praguejando e amaldiçoando o intruso que lhes obstara o crime.

O rapaz, após verificar as boas condições da quase vítima, despedira-se, pretendendo prosseguir caminho em companhia da mãe. Ainda aturdido, o rico senhor retivera-o, convidando ambos a seguirem até sua casa, onde melhor conversariam.

Surpresos com o luxo e a riqueza da mansão, os acanhados visitantes relutantemente aceitaram a oferta de pouso. Durante a ceia, falaram e, em vista da surpresa do anfitrião no tocante à solidariedade manifesta por José, o moço discorreu sobre o Nazareno, contando sua história em detalhes. Um misto de dúvida e incredulidade ensombrecera o rosto do rico judeu. Então, reconhecendo sua incapacidade para julgar o que ouvia da boca de seu jovem benfeitor, indagara do rapaz se ele aceitaria um prêmio por sua ajuda. A primeira reação de José fora negativa, pois nada fizera a não ser auxiliar! No entanto, acabara por deixar que o anfitrião expusesse suas idéias, temeroso de ofendê-lo.

– Deste-me de volta a vida, pois já a considerava aniquilada, nas mãos daqueles miseráveis! Como vês, sou rico e poderoso e os bens acumulam-se em meus cofres. Pelo que entendi de tua narrativa, andas ao léu, buscando algo que não consegues precisar... Pois bem! Quero dar-te a oportunidade de asserenares em um lugarzinho somente teu. Amanhã bem cedinho, levar-te-ei a minhas terras e escolherás um lote que te satisfaça! Está decidido! Acredita, é o mínimo que posso fazer por quem me devolveu a vida!

No dia seguinte, percorreram uma imensidão de terras. Confuso, o jovem intimamente questionava o porquê de tudo aquilo até que, em ermo local, divisara a pequena propriedade e o coração saltara em seu peito. Beirando a estrada, seria fácil acessá-la!

– Podeis dar-me esta, generoso senhor?

– Mas outras há de maior valor, meu jovem! Vê, esta nem casa tem, um mero pedaço de terra na beira do caminho, passagem de viajantes e andarilhos... Péssima escolha, meu amigo!

– O coração manda-me selecionar justamente esta!

– Seja feita tua vontade, meu jovem benfeitor! Mas, pelo menos, permitir-me-ás erigir confortável casa, de teu agrado e escolha, complementando o presente e garantindo-te o conforto!

Assim se fez. Embora o agradecido homem apresentasse ao rapaz plantas e mais plantas, todas interessantes e luxuosas, a casa fora construída a partir de um esboço traçado pelo jovem na poeira da estrada, onde se mostravam inúmeros e singelos cômodos alinhados, todos voltados para um pátio central, ornado com aprazível jardim.

– Para que queres tantos quartos? Não seria mais adequada uma casa menor, talvez com um salão de festas?

A intuição de José prevalecera, apesar da insistência do doador em promover algo melhor, sob sua ótica pessoal, para seu protegido. Breve a casa estava pronta! Parado, fitando-a, as dúvidas invadiram o coraçãozinho do antigo aleijado. Estaria ficando louco? Para que tudo aquilo? Quem habitaria os quartos? Eram tantos! Para que uma sala de refeições tão ampla?

Mudaram-se. Era primavera e, trazidas pelo vento cálido, sementes de distantes terras, caindo miraculosamente ao lado do casarão de desnudas e brancas paredes, germinando, as gavinhas enroscando-se nas paredes, subindo e arrebentando em coloridos e perfumosos cachos de flores.

O primeiro dos pequeninos chegara ao anoitecer e medroso aproximara-se da porta, timidamente batendo. Depois outros vieram, e mais outros... Muitos buscaram agasalho e alimento, partindo depois; outros ficaram, doentes e estropiados, os corações maltratados e doloridos, ocupando os leitos que se multiplicavam pelos quartos outrora vazios...

Como se tácito acordo houvessem firmado, mãe e filho jamais questionaram o rumo de suas existências a partir do momento em que Jesus nelas adentrara, aceitando com alegria e reconhecimento a tarefa.

Pousada do Mestre!

A principio, o rico e reconhecido senhor, que se tornara amigo do estranho e corajoso jovem, relutava em aceitar tamanha loucura, mas suavemente, sem que percebesse, Jesus também se instalava em seu coração e ele se tornava importante colaborador da obra. Assim, mais fácil fora ir aumentando a casa e expandindo o trabalho de renovação espiritual...

À noite, à luz da candeia, o jovem percorria os quartos dos que não podiam se locomover, falando-lhes de Jesus, levando sua Verdade. Fitando-os, enchia-se de ternura e gratidão, recordando o tempo em que o corpo encarcerava sua alma lúcida e inteligente. Quantos ali não estariam em idêntica ou pior situação? Os ensinamentos do Mestre, a antevisão de uma vida após a morte e a possibilidade de múltiplas existências, constituíam bálsamo para os sofredores e, gradativamente, a revolta e a angústia começaram a abandonar aquelas pessoas, os fatos constrangedores de suas existências transformando-se em lições preciosas. José abraçava-os, falando-lhes do amor incondicional de Jesus, consolando-os, prometendo não desampará-los, criando e mantendo condições emocionais e espirituais para que aquelas almas enxergassem a encarnação sob o verdadeiro prisma evolutivo.

O dia-a-dia nos campos, a rotina da casa, os pequenos detalhes da vida em comum, tudo se transformava em motivo de conversação entre ele e aquelas pessoas, às vezes até monólogo, conforme a gravidade do caso. Fé, esperança, paciência... Tudo passa na voragem do tempo, mas o homem detém em suas mãos a construção do amanhã a partir do hoje!

Na sala, aguardavam-no para o Evangelho. À mesa, a esposa e os filhos. A mãe pede-lhe uma vez mais:

– Fala sobre Jesus, filho, conta-nos o que Ele te disse quando mal andava e como te ajudou a levantar.

As palavras saem facilmente e, enquanto fala, tem a certeza de que amanhã será um novo dia de trabalho pela subsistência de muitos e pela retirada da venda de olhos ainda fechados para a Verdade. Não está mais só. Olhando a família e os abrigados, sente-se feliz e em paz com sua consciência: dever cumprido! A permuta feita há anos parece-lhe cada vez mais vantajosa: amor em lugar de sofrimento; trabalho substituindo a inércia dos aleijões; renúncia às ilusões que impedem o crescimento do ser; enfrentamento das próprias imperfeições...

A figura inesquecível de Jesus e a mesma emoção do passado permanecem em José:

– Senhor, favorecestes vosso humilde servo, acreditando-me capaz de auxiliar-vos na redentora missão. Retirastes-me das amarras do corpo físico disforme, oferecendo a proposição sublime: trabalho e amor aos semelhantes. Nas horas difíceis, jamais me abandonastes, cumprindo cada palavra do que dissestes. Obrigado, Senhor!

Depoimento

Séculos se passaram e ainda posso sentir o perfume das flores que engalanavam a Pousada do Mestre! Senhor, certamente cantavam vossa glória, oferecendo- vos cores e aromas em humilde louvor! Que saudade! Aqueles dias perdidos no tempo ainda apresentam tamanha nitidez que sons e odores persistem, posso senti-los! Foram anos de muito trabalho e amor, repletos de realizações, e sua recordação enche-me de alegria.

Que buscavam aquelas pessoas ao adentrarem a imensa casa consagrada ao Mestre muito amado? Alimento? Pouso? Certamente, mas também algo muito maior, solicitação premente do espírito pronto para revelações, ansioso por mudanças. Raramente surgia alguém destituído de problemas físicos ou mentais, mero viajante a solicitar guarida. Esses partiam, levando as palavras de Jesus, na maioria das vezes sem se sensibilizarem com as profundas verdades nelas contidas. Mas os outros, os outros careciam urgentemente do mesmo que me enviara ao Rabi! Grande número deles integrou-se à pousada, somente nos abandonando quando a morte veio visitá-los, tornando-se irmãos muito queridos, agregados à família consangüínea.

Após conhecer o Mestre, cedo percebi que saber a realidade de nossos espíritos como seres atemporais e eternos, em constante processo evolutivo, faculta-nos a tranqüilidade e a resignação necessárias ao crescimento interior e à superação dos obstáculos que nós mesmos colocamos em nossos caminhos, através de nossos erros e culpas. Que mais fez Jesus senão retirar vendas de enceguecidos olhos? Suas curas eram acompanhadas do esclarecimento salutar, no sentido de alertar sobre novas incidências no erro, instando a criatura ao autoconhecimento imprescindível às mudanças.

E as noites com Jesus! Quando a multidão dispersava, Ele aproveitava para nos contar, com surpreendente clareza e propriedade, as verdades que desconhecíamos, desvelando um novo mundo às nossas extasiadas consciências.

Pão para o corpo: alimento da carne; pão para o espírito: Jesus. Assim funcionava a Pousada do Mestre, nos idos tempos da Palestina, cenário de amor e evolução. O passado? Atendendo às doces considerações do Mestre, deixei de conceder-lhe excessiva importância, a partir do momento em que somente me serviu como racional explicação para as dores do presente. Havia muito a fazer na Seara do Mestre e a permuta sempre me pareceu mais do que justa! Não havia tempo para remorsos improdutivos! Aprendi que somos criados para a felicidade, contudo costumamos buscá-la em coisas vãs, mergulhados em ilusão! Houvesse o Mestre deixado-me aleijado, a tarefa poderia ser mais difícil, mas, ainda assim, a transformação não deixaria de operar-se em meu interior, ensejando a plenificação do ser, pois independe das exterioridades. Curado, tornei-me mais apto para o trabalho, principalmente o de desempenho físico, e as pessoas já não me fugiam ao convívio. Mas será que, iluminado pelas verdades do Pai, essa luz não se irradiaria, atraindo e pacificando, mesmo estando eu aleijado e disforme? Tenho certeza de que sim!

A quem me dirijo? A todos, mas em especial àqueles portadores de deficiências físicas. Acreditai-me, acima das restrições corporais paira o espírito, sedento de conhecimento, ansioso por alçar vôo nas asas da Verdade. "Conhecereis a Verdade e ela vos libertará"! Sofremos, falta-nos fé para superar nossas dificuldades e a fé somente encontra seguros alicerces na Verdade, inquestionável em qualquer tempo. Buscai-a, ao invés de lamentar o arcabouço físico, transitório receptáculo do imortal espírito. Cuidai do espírito primeiramente e todas as outras coisas virão por acréscimo, inclusive a saúde física. Mas não vos inquieteis, pois a tarefa é longa e contínua. Uma encarnação não basta para aprendermos o muito que não sabemos e colocarmos em ordem a contabilidade divina, exigindo retornos à carne e à Terra, bendita escola onde cursaremos todos os graus até que não mais nos candidatemos à vaga de viajante e discípulo. Ainda assim, muitos de vós retornareis, ligados a profundos elos, propondo-vos a missões de Amor junto a afetos ou desafetos do passado.

José

O Cruzado

"Não penseis que vim trazer paz à Terra. Não vim trazer paz, mas espada. Com efeito, vim contrapor o homem ao seu pai, a filha à sua mãe e a nora à sua sogra. Em suma, os inimigos do homem serão seus próprios familiares." (Mateus, cap. X, v. 34 a 36).

"Quando Jesus declara: 'Não creais que eu tenha vindo trazer a paz, mas sim a divisão', seu pensamento era este: 'não creais que a minha doutrina se estabeleça pacificamente; ela trará lutas sangrentas, tendo por pretexto o meu nome, porque os homens não me compreenderão, ou não quererão compreender-me. Os irmãos, separados por suas respectivas crenças, desembainharão a espada um contra o outro e a divisão reinará no seio de uma mesma família, cujos membros não partilhem da mesma crença. Vim lançar fogo à Terra para expungi-la dos erros e dos preconceitos... Do conflito sairá triunfante a verdade. À guerra sucederá a paz; ao ódio dos partidos, a fraternidade universal: às trevas do fanatismo, a luz da fé esclarecida'." (O Evangelho Segundo o Espiritismo, cap. XXIII).

Sinuosa e áspera, estendia-se a vereda morro acima, ladeada de floridos arvoredos, que a transformavam em perfumada e colorida alameda. Ao longe, avistada do vale, encantava o olhar. Terminava em antigo mosteiro, construído com sólidas e escuras pedras, enverdecidas pelas heras e musgos durante o passar dos anos. Trepadeiras lutavam contra a pétrea rudeza das paredes, incrustando suas persistentes gavinhas nos arcos que guarneciam os vitrais, sobre eles derramando pencas de flores.

Encantadora visão! O viajante que dali se aproximasse sentiria imediatamente doce e salutar influxo, inspirado pela beleza do lugar; no entanto, vencendo a estrada, ao chegar perto da pesada porta de madeira de lei, estendendo as mãos para a aldrava de ferro, mal ressoassem as surdas batidas, sentiria o coração opresso, angustiado. A harmonia que a natureza insistia em revelar aos cegos olhos dos homens era substituída pela rudeza dos corações ali enclausurados, sob a severidade da vida monástica, com todos os seus dogmas e mistérios.

Escurecia quando o homem chegou ao convento.

Durante a íngreme subida, a luz do dia ainda presente permitira que se deslumbrasse com a formosura do local; largas nesgas de róseo e dourado céu distendiam-se em incrível azul, e os contornos das árvores e da ampla construção delineavam-se quase negros contra o poente. Alma sensível, o rapaz detivera-se não raras vezes, apreciando a perfeição das nuvens e a poética vibração daquele cenário de sonho, envolto em mágica luz áurea. Depois, notando que a noite descia célere, tratara de apressar-se, alcançando o edifício.

Estendeu a mão para a peça de enegrecido ferro, fazendo soar surda e única batida; a porta entreabriu-se e pôde perceber soturna figura de velho sacerdote, a encará-lo com sombria desconfiança pela pequena abertura. Ignorando-lhe a hostilidade, o rapaz curvou-se respeitosamente, solicitando:

– Meu pai, um pobre viajante suplica a caridade de ser acolhido entre as augustas paredes dessa casa de Deus! Escurece rapidamente, tenho fome e sede! Auxiliai-me, em nome de Jesus!

O homem, de baixa estatura e rotunda figura, não abrandou o olhar, fitando-o reprovadoramente. Depois, com indisfarçável irritação, cedeu-lhe passagem, dizendo bruscamente:

– Mais um! Julgam-nos ricos e receptivos a quaisquer pedidos absurdos! Por que viajais se não tendes onde vos alojardes? Deveríeis ficar em casa... Que seja! Segui adiante por aquele corredor e chegareis à cozinha... Frei Damião com certeza vos dará um prato de sopa e pão! Amanhã bem cedo, bem cedo realmente, ponde-vos a caminho, pois uma única noite é o bastante!

Sorrindo levemente, surpreso com a irascível atitude do servo do Senhor, o rapaz enveredou pela escura passagem, que nenhuma candeia iluminava. Onde desembocaria? Tão sombria se mostrava que, quem sabe, nas profundezas dos infernos! Riu nervosamente, persignando-se, enquanto resmungava:

– Que escuridão... Não consigo enxergar um palmo adiante do nariz! Valha-me, Deus!

A antevisão de bruxuleios de luz a pequena distância alegrou-o; baixinho agradeceu ao santo de sua predileção, estugando o passo. Enormes velas de cera iluminavam o aposento ao qual se referira o mal-humorado sacerdote. Maciças mesas de madeira ladeadas por bancos e um enorme fogão de lenha a um canto animaram-no, pois indicavam que ali provavelmente se comeria! Sobre a grade de ferro, avantajado caldeirão fervia, exalando delicioso aroma. Um homem magro e alto, de grisalhos cabelos e serenos olhos, deixou a grande colher de pau com que mexia o líquido fervente, achegando-se:

– Sede bem-vindo à casa do Pai, meu jovem! Vejo, por vossas roupas e pela poeira que nelas está depositada, que sois viajante de longínquos lugares! Certamente tendes fome e sede. Assentai-vos, assentai-vos aqui, neste canto da mesa, meu filho!

Com ligeireza, depôs rústica tigela sobre o alvo tampo, instando-o a acomodar-se. Depois, encheu uma terrina com sopa, acrescentando enorme fatia de macio pão. Os olhos do moço brilharam e ele atacou a comida com vontade, sob as vistas complacentes do sacerdote. Somente então o rapaz reparou que, debaixo do grande avental imaculadamente branco, seu anfitrião portava trajes eclesiásticos consideravelmente surrados. Diferia visceralmente do homem que o recepcionara à porta, demonstrando alegria em auxiliar e pacientes modos. Finalmente satisfeito, limpando a vasilha com o derradeiro naco de pão, o viajante suspirou longa e prazerosamente, alisando o estômago com movimentos gentis, dizendo:

– Senhor, acabais de livrar-me das torturas da fome! Agradeço-vos do fundo do coração! Ah! Cozinhais muito, muito bem... Um verdadeiro banquete para alguém como eu, que enfrenta as asperezas de uma viagem longa e sem conforto, quase sempre comendo do que me dão ou das raízes e frutos das matas... Hoje, graças ao bom Jesus, adormecerei com a barriga cheia e quente! Por favor, complementaríeis a hospitalidade, destinando-me um lugarzinho para descansar o corpo fatigado e dormir o sono dos justos?

Sorrindo bondosamente, a criatura levou-o a humilde quarto contíguo à cozinha, onde dois leitos, revestidos com alvos e rústicos panos, encostavam-se às paredes. Designando um deles, o religioso ajuntou:

– Aqui está! Dormireis em meu quarto, pois de outro não dispomos. Espero que não vos importeis, meu irmão...

O rapaz surpreendeu-se. Em um mosteiro tão grande, teria que repartir o espaço com o sacerdote, arriscando-se a importuná-lo? Por outro lado, questionava-se quanto à insólita localização do quartinho, certamente uma antiga despensa, transformada em aposento de dormir... Por que o velho não ocupava aposento junto aos demais confrades? Muito estranho! Encabulado, sugeriu ao ancião:

– Senhor, poderei muito bem dormir no celeiro ou na estrebaria... Assim não vos causaria incômodo... Dizem que ronco...

O velho sacerdote enrubesceu e, como que hesitante entre piedosa mentira e desagradável verdade, sucintamente tentou explicar:

– Constitui uma das regras de nossa congregação que, se decidir auxiliar alguém, devo realizar tal intento nos limites de meus humildes aposentos... Não disponho de autorização para acessar-vos quaisquer outros locais, mesmo que sejam os citados...

Caso minha presença vos incomode, pois é bem verdade que também ronco, resta-nos a alternativa de colocar o colchão no piso da cozinha... Assim teremos maior privacidade.

O velho piscou o olho para o rapaz, acrescentando:

– Podemos escolher, meu amigo! Roncamos em conjunto ou separadamente... Não vos preocupeis, pois a mim tanto faz...

Atrapalhado com as palavras do religioso, o viajante apressou-se em energicamente discordar da generosa proposição do sacerdote cozinheiro, dizendo-se feliz com o arranjo. Imensa satisfação iluminou o magro e enrugado rosto do anfitrião e ele, pegando no braço do jovem, conduziu-o a um dos leitos, dizendo:

– Naquele canto encontrareis bacia com água e uma toalha limpa... Lavai-vos... Podereis usar a roupa de dormir que está no cabide ao lado... Passareis uma ótima noite! Se me exceder nos roncos, não hesiteis em cutucar-me... Dizem que faço tremer as paredes! Não sei, pois nunca me ouvi sequer ressonar...

E o velho dirigiu-se para a porta, rindo agradavelmente. Ao fechá-la, acrescentou:

– Tenho que servir a ceia dos companheiros de fé. Ficai à vontade, meu amigo. Somente peço não vos afasteis daqui enquanto estiverem comendo, para evitar desagradá-los. Bons sonhos, meu amigo!

Cerrou a porta cuidadosa e silenciosamente, e o rapaz pôde ouvi-lo movimentando-se na enorme cozinha, depositando sobre as mesas as louças. Pelo retinir, deduziu serem de superior qualidade, bem diferentes da tosca tigela em que comera... Meia hora depois, ecoava no enorme monastério o bronze, anunciando a hora da ceia. Dois a dois, desceram os sacerdotes para o amplo refeitório, em profundo silêncio e compenetrada postura. À frente, luxuosamente paramentado, o superior adiantava-se solenemente, cabeça erguida, olhos frios e entediados.

Curioso, o rapaz espreitava a cena por uma das frinchas da porta, murmurando para si mesmo:

– Que corja de enfatuados! Lá está o que me recebeu tão mal! Não é para menos que se assemelha a um barril... Que gula, meu irmãozinho! Ora, ora! Muito trabalho deve ter o meu novo amigo para alimentar essa gente toda... Interessante... Mal o olham, como se não existisse... Turma de esnobes! Observemos mais atentamente!

Movendo-se silenciosamente entre as mesas, o velho sacerdote substituía as pesadas terrinas de preciosa prata por outras mais fumegantes, à medida que esvaziavam, não deixando o pão faltar. Após o suculento caldo, depôs com esforço os enormes assados e as frutas. E vinho, do mais puro, fabricado na própria comunidade religiosa. Embora farto, o viajante baixinho monologava:

– Escondestes de mim o vinho e a carne, meu velho! É certo que a sopa estava excelente, mas viriam muito bem!

Depois, pensando melhor, concluiu:

– Ficaríeis com os assados mexidos, não é, meu velho? E esses sacripantas provavelmente saberiam que os servistes a mim, pobre viajor sem eira nem beira... Incomodar-vos-iam com reproches! Entendo-vos o zelo, meu pobre amigo! Não faz mal, não sou orgulhoso! Comerei das sobras, pois é impossível que dêem cabo de tantas iguarias!

Longo tempo durou a refeição. Cansado de espiar, exausto após o longo dia de caminhada, o hóspede encolheu-se debaixo dos lençóis, cobrindo-se com a rústica coberta de lã, adormecendo profundamente. Ao despertar, notou que o companheiro de quarto já havia abandonado o leito, agora primorosamente arrumado; o moço perguntou-se quanto tempo ele dormira, pois ainda era madrugada lá fora. Deteve-se na cama, desfrutando o calor das cobertas, escutando os pássaros que começavam a abandonar seus ninhos, saudando as primeiras luzes matinais. No mais, tudo era silêncio. Onde estaria o gentil ancião? Levantou-se finalmente, espantando a preguiça e a vontade de permanecer no leito, livrando-se do camisolão que o envolvia da cabeça aos pés. Com relutância envergou a mesma roupa empoeirada do dia anterior, ansiando por uma muda limpa. Que fazer?! Na sacola de viagem, tudo estava sujo... Saiu para a manhã que surgia, utilizando a porta da silenciosa cozinha. Estava nos fundos do mosteiro e dali a visão não era tão poética como a da entrada, mas certamente mais prática: celeiro, cocheira, galinhas e patos ocupados em ciscar o terreno ainda úmido do orvalho da noite... Mais além, um ruidoso chiqueiro de porcos... Uma horta cuidadosamente cercada... A porta do celeiro estava entreaberta... Encaminhou-se para lá, encontrando o religioso a ordenhar luzidia vaca; o balde estava quase cheio do grosso e branco líquido e ele cantava baixinho, entremeando o canto com frases carinhosamente dirigidas ao animal.

– Isso, Princesa, vamos lá, minha amiga! Que beleza, que beleza! Leite puro, da melhor qualidade, não é? Se encher o balde, poderemos guardar um pouco para as crianças de Eulália... Estão tão fraquinhas... Mas estão melhorando, se estão... Graças ao teu leite, Princesa, e a nosso Senhor Jesus Cristo...

Não lhe notou a presença, a não ser quando exclamou:

– Senhor, vejo que levantais muito cedo!

– Ah, meu amigo! Acordei-vos? Mil desculpas! Tenho que me aviar senão o tempo foge ao meu controle e deixarei de cumprir minhas obrigações! Ajudai-me com este balde, por favor. Deveis estar com fome, meu amigo. Leite bem fresquinho e pão, eis o de que precisais! Vamos, em minutos estaremos comendo... Farei companhia!

Sentado à mesa, o rapaz procurava informar-se:

– Vejo que fazeis sozinho o serviço todo desse enorme convento... Não compreendo! Por que ninguém vos auxilia? Ontem, espiei-vos à ceia. Sois muitos, mas notei que o trabalho compete a vós somente... Que fazem eles?

– Estudam e oram, meu amigo. Trata-se de uma história longa e sem importância, meu jovem, que certamente vos entediaria. A única coisa de que tenho consciência é a oportunidade ofertada por nosso Senhor Jesus Cristo de servir com muito amor.

– Mas os outros também servem, e de forma bem mais cômoda e menos sacrificada. Reparei em vossas mãos. Que fazeis além de cozinhar e limpar? Roçais, cultivais, ordenhais os animais? Parece-me demasiado para um só e em vossa idade...

Sorrindo da indignação do moço, o religioso atalhou:

– Vedes com demasiada severidade, meu amigo! O trabalho constitui fonte de alegria e prazer. Bem sei... Muitos consideram o que faço indigno das pessoas de nobre estirpe, à qual pertencemos todos nesta casa. No entanto, acredito na dignidade de todo e qualquer labor a serviço do bem. Quando se dirigem à capela para orar, faço o mesmo em meu local de labuta e bem sei que Jesus não olha se estou frente ao altar, genuflexo, ou em meio aos campos, ou limpando banheiros, ou talvez estercando a horta... Assim sendo... Além do mais, sobram-me preciosas horas para o estudo e não me impedem o acesso à biblioteca. Por incrível que pareça, meu amigo, aprendo muito mais agora do que nos tempos em que dispunha de muitas horas para isso... Que mais posso desejar?

– Que tal um ajudante por alguns dias? Hein? Os telhados necessitam de consertos antes das chuvas e será perigoso vos pendurardes neles... E bem sei que acabareis fazendo isso! Pretendia prosseguir, mas tenho algum tempo disponível e gostaria de prestar-vos um serviço, como agradecimento pela hospitalidade e carinho. Depois irei adiante, pois importantes tarefas estão me aguardando.

Três meses duraram os tais reparos e estenderam-se além dos telhados, pois o prior soube explorar devidamente o trabalho não remunerado do jovem hóspede e sua amizade pelo velho religioso. O moço continuava a observar o amigo, intrigado com sua rotina de vida. Enquanto os companheiros se entregavam às convencionais formas de prece, meditação e estudo, Damião desdobrava-se nas tarefas da casa e no atendimento aos necessitados, sempre com alegre disposição. Jamais reclamava, nunca se queixava de cansaço! Muito mais novo, sentia-se exausto no final do dia, e o velhinho ainda encontrava tempo para uma conversa após a ceia, em frente a um chá ou a um púcaro de leite adoçado com mel. De onde viria tamanha energia? Indagado a respeito, limitava-se a rir, até que, certo vez, provavelmente cansado das lamúrias do companheiro e de sua incessante curiosidade, Frei Damião concordou em esclarecer:

– Tudo o que faço me dá prazer! Sirvo a Jesus e aos meus irmãos não por imposição de meus superiores e sim por ter a consciência de que isto é o certo, acreditando realmente nas palavras do Mestre quando iguala o amor a Deus ao amor a nosso semelhante. Cada amanhecer traduz oportunidade bendita no serviço do Messias! Respeitados os limites da resistência física, não encontro justificativas para não aproveitar muito bem o tempo; indolência e reclamações assoberbam mais a criatura do que o trabalho realizado com alegria, e idade não é sinônimo de incapacidade para as tarefas. A saúde está na razão direta de nosso aprimoramento espiritual, que, admitamos ou não, passa obrigatoriamente pelas obras. Não basta que afirmemos ter fé ou nos afundemos nos textos sagrados se não praticarmos, não vivenciarmos os ensinamentos de Jesus. Para tanto, necessário se faz aproveitar bem cada dia de nossas existências, laboriosamente preparando o terreno para as sementes do Divino Semeador. Senti-vos incomodado com as atitudes de meus companheiros de crença, como se eles estivessem me explorando ou maltratando. Realmente, seria bem melhor para eles se assumissem outras posturas, mais condizentes com as do Mestre, mas não nos cabe julgá-los ou exigir alguma coisa... Na hora certa, de acordo com as mudanças evolutivas desencadeadas no decorrer da existência de cada um, acabarão por perceber seus enganos, para o bem deles mesmos, reafirmo. Quanto a mim, que já tenho esta compreensão, seguirei cumprindo meu dever com o coração leve e a alma agradecida.

O jovem observou que os desfavorecidos se aproximavam do mosteiro pelas portas dos fundos, sempre e tão somente atendidos por Damião. Apesar do que ouvira do velho sacerdote, a curiosidade continuava a importuná-lo, suspeitando que algo maior impulsionava os demais monges a tratá-lo daquela forma estranha. Sabia que muitas comunidades religiosas descartavam o trabalho com os pobres, mas isso não justificava o ostracismo em que o amigo vivia; às suas perguntas, Damião esquivava-se, e ele pressentia intrigante mistério por detrás de tudo aquilo.

Certa noite, quando todos haviam se recolhido, restando somente os dois a limpar o chão da enorme cozinha e refeitório, o moço resolveu relatar ao discreto amigo os planos que trazia em sua mente.

– Frei Damião, assim que terminar os últimos reparos, e falta pouco, somente a cerca dos fundos, precisarei partir, apesar da amizade e do apreço que vos dedico, pois pretendo engajar-me na grande cruzada que partirá brevemente para as terras dos infiéis. Nela seguramente estarei e garanto cumprir meu dever de bom cristão! Passaram em nossa aldeia natal, aliciando jovens para o sagrado acontecimento... Achava-me nas montanhas, caçando... Uma pena! Assim, fiquei para trás, todavia os homens deixaram recado, a fim de encontrá-los em local determinado, até data que breve findará. Tenho a esperança de levar a palavra de Jesus, a ferro e fogo se preciso, aos bárbaros que não o aceitam como salvador! Certamente sabeis que os cultos pagãos e os deuses réprobos ainda prevalecem em muitos lugares, cabendo a nós, verdadeiros cristãos, salvar os infiéis das penas do inferno, ainda que à custa de suas míseras vidas! Em nome do Mestre, empunharei a espada, eliminando os que se atreverem a negar-lhe a grandeza! Tudo terminado, retornarei triunfante e aí então pensarei em casar, ter filhos e tocar adiante a terrinha onde meu pai sempre labutou. A bem da verdade, Frei Damião, a antevisão dessa rotina de homem certinho e caseiro assusta-me. Prefiro as aventuras, cada dia em um lugar, as novidades, a agitação...

E foi por aí adiante, expondo idéias e projetos, em meio a muitas considerações e juízos pessoais, falando sem parar. Repentinamente, ao olhar para o velho sacerdote, assustou-se. Ele chorava! As lágrimas deslizavam silenciosa e doloridamente por suas magras faces, caindo sobre o piso onde ele se ajoelhara para a limpeza, misturando-se à água suja que dele escorria! Assustado, o candidato a cruzado instou-o a levantar-se, acomodando-o em um dos muitos bancos que guarneciam as mesas, indagando ansioso:

– Estais bem? Sentis alguma dor, meu amigo? Onde dói? Dizei-me! Tendes trabalhado demais e o culpado sou eu, que não vos ajudo como deveria! Por acaso, a notícia de minha próxima partida causou tristeza? Ficastes nervoso? Acalmai-vos, pois retornarei seguro e vitorioso. Trar-vos-ei um sabre e podereis mostrá-lo a todos!

O velho continuava a chorar silenciosamente e o moço desesperou-se. Que falara para causar tamanha dor ao bom religioso?

– Por que chorais? Em nome de Deus, dizei-me!

– Choro porque não conheceis Jesus, meu amigo. Tendes dEle a visão deturpada e infantil dos homens de nossa época, acreditando que Ele, que se sacrificou na cruz por toda a Humanidade, que sempre foi todo bondade e amor, aprovaria as lutas fraticidas que se cometem em seu nome... Quão pouco os homens compreendem Jesus!

A resposta do velho causou surpresa, pois imaginara que Frei Damião se alegraria com seus propósitos, orgulhando-se dele! Todavia, encontrava repulsa e resistência à cruzada, tida por santa por todos que conhecera até então! Justamente ele, um religioso, um servo de Jesus, levantava a voz contra o massacre dos malditos infiéis, alegando fraternidade?! Seu dever era divulgar a doutrina do Mestre e não ser condescendente com os bárbaros! Assim pensando, pronunciou-se:

– Não obstante a gratidão e o respeito por vossa pessoa, decepcionais-me! Precisamos varrer da face da Terra essas religiões que negam Jesus e submeter os pagãos ao jugo do Cristianismo, à revelia de suas vontades, não vedes? Que melhor maneira de fazê-lo do que nos unindo em enormes e invencíveis exércitos, juntando forças para o aniquilamento do inimigo? À frente tremulará a bandeira com a cruz, a mesma cruz onde Jesus morreu para expiar nossos pecados! Explicai-vos, pois não entendo vossa absurda colocação, considerando-a sacrílega!

– Trata-se de uma longa história, longa e dolorosa, que procuro calar para não reavivar pungentes recordações. Pretendia ocultá-la, mas vejo a obrigação espiritual de revelá-la, como possível meio de despertar vossa razão e derrubar errôneas crenças. Se assim quiserdes, começaremos esta noite mesmo a narrativa que expõe o passado de uma criatura iludida com o falso poder das espadas e das idéias controladoras. O amor de Jesus guiou esse homem de volta ao aprisco de suas ovelhas, permitindo-lhe a reparação do passado de atrocidades. Não vos enganeis, julgando que o Mestre, ao perecer na cruz, fê-lo para livrar-nos de nossos pecados! Eu diria que Ele não teve outra alternativa, devido à ignorância dos homens, que exigiam provas daquilo que Ele pregava. O Mestre aceitava as criaturas da forma como eram, simplesmente. Veio revelar-nos a Verdade, falar de amor e perdão, esperança e recomeço, mas os nossos erros, meu irmãozinho, os nossos erros constituem responsabilidade nossa; a semeadura depende de nosso livre-arbítrio, mas a colheita é obrigatória e os frutos adequados à semente. Jesus constitui o caminho seguro para a reparação, todavia, a retificação exige duro trabalho individual no aprimoramento de nossos sentimentos. Fizestes-me uma pergunta assaz interessante: conheço eu algo melhor do que as cruzadas para levar o Cristo aos infiéis que ainda não o conhecem? Atrevo-me a responder com outra: e vós, vós conheceis o verdadeiro Jesus? Conheceis sua doutrina de amor e perdão, de liberdade e crescimento individual, ao doce e perfeito ritmo de cada ser? Como podereis levá-lo a outras criaturas se estais cego, se ainda desconheceis sua lei de Amor? Cego guiando cegos... Não pretendo reprovar-vos, contudo abrirei meu coração e depois fareis a escolha! Qualquer que seja ela, meu filho, estarei em paz com minha consciência, pois nada terei ocultado.

Nunca uma limpeza pareceu demorar tanto! Dir-se-ia inacabável... Finalmente terminaram, dirigindo-se ao quartinho de frei Damião, onde o velho sacerdote, após os preparativos e orações habituais, sentou-se no leito, ficando calado por momentos, como se procurasse por onde começar a história, fitando o companheiro envolto na manta de lã, protegido do frio.

– Lembro-me da juventude como se tantos anos não houvessem decorrido... Olhando-me ao espelho, vejo as marcas cruéis do tempo, todavia o coração ainda é jovem! Muito embora tenha me esforçado no sentido de deixar para trás a vida de outrora, as lembranças persistem e ainda não possuo a elevação espiritual que me tornaria inatingível, aceitando-as como resultado de aprendizagem difícil e inevitável... Ainda dói, meu amigo, dói muito... A história que escutareis pertence a mim e aos que comigo conviveram, faz parte de minhas memórias. Podereis chamá-la, se assim o quiserdes, de memórias de um homem antes e depois de Jesus... Parece-vos estranho? Escutai.

..*

Doces brisas agitavam a tarde cálida de primavera; um regato murmurante, estimulado de trechos em trechos por incipientes corredeiras, estendia-se na paisagem de sonho. Árvores, das quais somente se viam as floridas copas, em matizes que iam do branco ao rosa escuro, passando pelo lilás e culminando em intenso roxo, ladeavam o curso das águas, indicando que a mão do homem tivera o cuidado de plantá-las, antevendo o belíssimo efeito que ofereceriam no futuro. Estreito trilho serpenteava rumo à correnteza e um casal de enamorados por ele seguia a passos lentos e cadenciados, de mãos dadas, alheios à estonteante formosura do local, somente tendo olhos um para o outro.

Na pia batismal haviam me colocado o nome de Teodoro. Era jovem, mal completara dezoito anos, alto e forte, de músculos enrijecidos pelos esportes, principalmente os relacionados às artes marciais. Consideravam-me um belo rapaz e a insistência das mulheres envaidecia-me... Contudo, nenhuma delas despertava meu interesse, somente uma, linda e única criatura, povoava meus sonhos: Helena.

De família modesta, ao contrário da minha, os encantos da bela Helena justificavam o ardor da paixão que acelerava o sangue em minhas veias, transformando-me em um menino encabulado na sua presença. Alta, esguia, nívea pele e verdes olhos, longos cabelos de claríssimo louro... Acima de tudo, excedendo-lhe a estonteante beleza física, um quê de doçura e sensibilidade incomuns... Acostumado a avaliar as mulheres tão somente pela aparência, como era costume então e infelizmente ainda agora, com certeza deixei de constatar muitos dos elevados atributos de minha eleita... Hoje, com as ilusões de supremacia masculina caídas por terra, sinto-me livre para reconhecê-los. O pai de Helena, autodidata, considerado simples professorzinho de aldeia por nós, os nobres e pretensos sábios, desde muito cedo colocara ao alcance de suas mãozinhas as ferramentas que lhe alimentariam os gostos para o saber: os livros. Por certo perguntareis como, já que livros constituíam raridade a que somente os mais ricos tinham acesso, mas a explicação é simples: contratado para as primeiras letras, nosso professor trouxe consigo a filha, na qualidade de sua ajudante, pois bem percebia o trabalho que daríamos, indiferentes aos estudos que éramos. Quão encantadora se revelava, em seus vestidinhos singelos e escrupulosamente limpos, muitas vezes puídos e remendados com capricho pela mãe, a rara inteligência excedendo as nossas, todavia sempre modesta, recatada! Tinha eu então oito anos e ela, sete. Apaixonei-me imediatamente, com a candura de meus poucos anos e a precoce veemência de um adulto. Aguardava ansiosamente as aulas de seu pai, rezando para que ela não faltasse, chegando mesmo a astuciosamente sugerir a minha mãe que exigisse sua vinda, explicando:

– Poderá servir-nos, auxiliando nas lições, pois o mestre tem muito trabalho com os menores...

As aulas passaram a ser a melhor parte do dia! Surpreendi agradavelmente meus pais, pelo afinco com que me lançava aos estudos, temeroso de fazer feio diante daquela que constitua meu primeiro amor.

A imensa biblioteca de nossa casa, considerada um luxo para muitos dos nobres da região, a maior parte semi-analfabeta, fascinava a menina humilde. Com a autorização expressa de meu pai, começou a explorá-la, lendo constantemente. Naquela época, a bem da verdade, as melhores obras constituíam privilégio dos mosteiros... Até hoje assim é... Contudo, graças a meu genitor, possuíamos cópias interessantíssimas e mesmo preciosos originais. Meu pai! Criatura inteligente e sensível, acima de seu tempo, que herdara enorme patrimônio e invejável fortuna, muito diferente dos senhores com quem convivia, apreciava as artes e o conhecimento, preferências que lhe conferiam os títulos de tedioso, esnobe e maluco. Afinal, quando somente se conversava sobre caçadas, conquistas amorosas e riquezas acumuladas, onde se encaixaria um homem afetuoso, culto, leal e extremamente honesto? Eu também não o compreendia, embora o amasse muito. Preferiria um pai que se entretivesse com armas, falasse alto como os outros e se destacasse nas reuniões sociais. Em contrapartida, Helena adorava-o e ele retribuía a afeição, maravilhando-se com o apurado gosto da formosa criaturinha. Intrigava vê-los juntos: o alto e elegante senhor e a pequenina pobremente vestida, percorrendo a biblioteca, enquanto ele apontava os caminhos dos tesouros ali depositados, contidos nas elevadas estantes de madeira de lei. Nenhum de seus filhos jamais se interessara por tudo aquilo!

Atingimos juntos a adolescência e juntos a superamos; aos dezoito anos, continuava a amá-la apaixonadamente, muito embora guardando respeitosa distância, conforme os costumes da época e mais, muito mais, pelo natural recato de minha jovem amiga. Naquele dia, segurando-lhe a mãozinha, em corajoso ímpeto abri meu coração, expondo os sentimentos há muito guardados. Ela olhou-me simplesmente, com aqueles maravilhosos olhos verdes que rivalizavam com as tenras folhas da primavera, nada dizendo, mas tive a exultante certeza de que também me amava!

Não houve empecilhos, pois meu pai estimava-a sobremaneira. Lembro-me de seu riso alegre e satisfeito ao saber de minhas pretensões de desposá-la, exclamando:

– Que belos netos terei! Belos e inteligentes! Estupenda escolha, meu filho! Nunca te esqueças de que estás colocando um verdadeiro tesouro a teu lado! Não basta amar somente com a paixão do corpo, sendo imprescindível grandeza de alma. Queira Deus saibas ser digno de tão doce criatura!

O casamento realizou-se em meio a grandes festas, que duraram sete dias. Nossa enorme casa tornou-se pequena para tantos convidados e hóspedes e todos celebravam minha felicidade. Mal sabia eu que tudo estava prestes a ruir!

Ao final do sétimo dia, quando os derradeiros convivas partiam para suas casas, surpreendeu-nos a chegada de reduzida comitiva. Vinham exaustos, empoeirados, atestando que há muito percorriam estradas. O rosto de meu pai turbou-se de imediato, mas ele manteve a costumeira dignidade, estendendo aos recém-chegados sua hospitalidade, convidando-os a sentarem à farta mesa, destinando-lhes alojamento para a noite que rapidamente se aproximava. Após a refeição, o oficial em comando retirou de sujo alforje amarelecido documento, estendendo-o meu pai, que o leu de cabeça baixa e cada vez mais pálido à medida que seus olhos percorriam o escrito. Depois, enrolando-o, disse-nos:

– Recrutam para a cruzada dois de meus filhos: Teodoro e Eliasírio.

O emissário, reparando na tristeza de seu anfitrião, indagou acintosamente:

– Porventura vos aborrece servir vosso rei, meu senhor?!

– Mentiria caso dissesse aprovar tais eventos, erroneamente relacionados à fé... No entanto, curvo-me à autoridade do rei, até porque nada adiantaria rebelar-me. Seria considerado traidor, coisa que não sou e jamais serei. Também não me compete dar-vos explicações, senhor oficial, a respeito de minhas convicções. Parece-me que irão, mesmo que à força! Assim sendo, resta-me indagar quando terão que ir...

– Em um mês no máximo estaremos todos reunidos, prontos para marchar contra os infiéis! Amanhã mesmo partiremos de vossas terras, findando o recrutamento! Que se cumpram as vontades de nosso soberano!

Pesava-me profundamente a separação da mulher amada, mas uma belicosidade reprimida começava a manifestar-se em mim e não entendia a preocupação de minha jovem e linda esposa a respeito do que eu faria no campo de batalha, de meu comportamento como soldado, da certeza de que eliminaria vidas... Natural que se afligisse com a possibilidade de minha morte ou de que fosse ferido em combate, mas aquela preocupação com os outros... Eram gentios! Bárbaros sanguinários que sequer conheciam Jesus! Repreendi-a severamente, desprezando suas lágrimas, censurando seus pontos de vista a respeito da guerra santa. Outra surpresa me aguardava: meu pai pensava como ela! Recomendava comedimento, caridade para com os inimigos! Estariam ambos loucos? Na despedida, perdi preciosa oportunidade de abraçá-los mais demoradamente, dizendo-lhes com estulta arrogância:

– Sou cristão! Mostrarei a esses ignorantes e idólatras quem é Jesus!

Não me responderam, limitando-se a abraçar-me novamente com muita força, como se estivessem tentando adiar o momento da partida. Helena chorava e suas doces palavras de amor, murmuradas a meu ouvido, tinham o sabor de adeus, mas eu, insensível que era, nada percebi, totalmente voltado para a aventura que se iniciava.

A grande escadaria de pedra que levava à nossa casa, ladeada por enormes vasos floridos... A figura linda e delicada de minha jovem esposa, os longos e perfumados cabelos loiros recolhidos em grossa trança entremeada de fita, seu vestido azul claro de mangas transparentes e rodada saia, o xale de franjas a protegerlhe os ombros do vento frio da manhã... Minha mãe, os olhos vermelhos de tanto chorar... Meus irmãos... A velha ama... Hoje, perdidas as ilusões, essas imagens adquirem força e importância cada vez maior!

Eliasírio e eu partimos para a batalha santa, como todos a designavam. Ele era dois anos mais novo do que eu e não concordava com minhas idéias; à feição paterna, apreciaria continuar em nossa extensa e bucólica propriedade, em contacto com os animais, calmo e pacífico como sempre fora. Suas idéias e atitudes irritavam-me e em vão tentei estimulá-lo, mostrando-lhe as vantagens de ser um herói, um conquistador, tentando com ele repartir minhas esperanças e preferências, ensinando-lhe truques de lutas, nas quais me destacava. Exasperava-me sua tristeza, suas lágrimas envergonhavam-me perante os demais e, muito breve, desligar-me-ia dele emocionalmente, abandonando-o à própria sorte, envolvendo-me de forma total e alienante com os preparativos da grande cruzada e as manifestações de força e poder expressas pelas armaduras, espadas, lanças, estandartes bordados, jogos de guerra... O fanatismo religioso imperava de permeio com as armas e as exibições de agilidade e destreza bélicas; a vaidade fazia os cavaleiros exibirem-se diante dos olhares curiosos que nos cercavam... Podia-se sentir a inveja no ar... Eu sonhava sonhos de excelsa grandeza: retornaria herói, famoso por minhas façanhas, rico pelos saques, requisitado pelo rei como presença indispensável na corte...

Quanta incoerência, hoje percebo! Que honra pode haver na morte? Para que precisava de mais riquezas se meu pai era riquíssimo e eu, seu primogênito? Ainda que a fortuna familiar fosse dividida entre retirar os irmãos, todos teríamos com que viver longos anos na abastança e poderíamos repassá-la a nossos descendentes!

A marcha que nos levaria ao odiado inimigo foi longa e, durante toda a viagem, sacerdotes ricamente paramentados encarregavam-se de zelar por nosso bem-estar espiritual, procurando manter o exército em constante estado de excitação e fanatismo religiosos. Rezavam-se missas em latim, das quais quase nada se entendia. Falava-se de Jesus com entusiasmo e presunção, retratando-o como o responsável pelas conquistas que se fariam em seu nome e por sua glória. Os mais entusiastas, em seus desvarios, despiam-lhe a túnica e o manto nazarenos, envolvendo-o em reluzente e rica armadura, marcada com o símbolo da cruz. Aceitei-o daquela forma, como a maioria dos que engrossavam as fileiras do extenso exército, acreditando que Ele guerreava conosco, espada nas mãos tintas de sangue, lutando por definitivo lugar no coração dos descrentes, em meio a gemidos e gritos de dor e desespero! Pobre ignorante que eu era! Nada conhecia dos Evangelhos de Jesus, guardados a sete chaves pela Igreja, ocultos aos olhos do vulgo e incompreendidos pelos que se diziam representantes do manso Cordeiro na Terra.

Os mouros eram exímios lutadores; se nos considerávamos bons, logo percebemos que precisaríamos de muita astúcia e ingentes esforços para conseguir vencê-los. As baixas entre os nossos foram muitas nos primeiros combates e, à visão dos companheiros mortos e das atrocidades da guerra, estranhas inclinações e desconhecidas habilidades emergiram. Não havia em mim o desejo de servir ou de obedecer às ordens emanadas de meus superiores e sim um desesperado anseio de comandar, criar estratégias bélicas, fazer-me obedecido, temido. Aqueles oficiais, considerava-os uns idiotas! Incapazes de articular os planos de batalha, limitavam-se a mandar homens para a morte, acreditando que somente coragem e sorte seriam bastantes para garantir a vitória! Eu, inocente soldado de primeira viagem, conseguia enxergar onde estavam os erros que culminariam em derrota! Assim, após amargar frustrações e acessos de impotente ira, ousei aproximar-me de meu superior imediato e sugerir-lhe algumas ações visando ao melhor aproveitamento dos homens e ao aniquilamento de nosso forte inimigo. Esperava reação adversa, mas, para minha surpresa e alegria, acatou-me os alvitres com alívio e, pouco a pouco, fui ganhando a confiança de muitos, principalmente quando começamos a suplantar os infiéis graças a meus planos de combate. Eu era um estrategista nato! Jamais questionei de onde viriam tais habilidades, se eu jamais dantes havia participado de uma ação bélica...

Muitos comandavam, pois numeroso era o contingente de soldados; acima de todos, a figura do rei, representada pelo homem a quem ele concedera o superior comando, delegando-lhe poder de vida e morte, carta branca para tudo o que se relacionasse com aquela guerra considerada santa. Imaginai, meu jovem amigo, as intrigas que abalavam o acampamento, rivalidades que faziam tremer as estruturas e rolar cabeças! O povo, pobre e silencioso povo, o grosso da massa que oferecia o peito ao primeiro e crucial embate com o inimigo, o povo morria sem saber que a verdadeira batalha era travada no íntimo dos poderosos, em seus corações egoístas e ambiciosos! Naquele tempo, parecia-me natural e inquestionável a supremacia que detínhamos em relação aos pobres coitados, como os considerávamos. Que morressem, pois para isso serviam! Quão tolo e arrogante eu era!

Quis o "acaso" que um fato imprimisse novos rumos a minha vida...

O combate desenvolvia-se acirrado e difícil, a relativa distância de importante cidade, defendida com unhas e dentes pelos exércitos infiéis, que buscavam rechaçar-nos a todo custo para bem longe dela. Além de constituir estratégica e importante cidadela inimiga, certamente guardaria muitos tesouros, a julgar pelo empenho dos combatentes e pelos informes de nossos espiões.

O inimigo adiantara-se para lutar em campo aberto conosco, evitando assim que nos aproximássemos e, embora porfiássemos em superá-los, não obtínhamos sucesso, havendo avassaladoras baixas em nosso lado, com certeza bem maiores do que as que lhes infligíamos. Após cruenta peleja, abençoada trégua deu-nos a chance de ansioso descanso em nosso acampamento extremamente vigiado. Por toda parte reinava a tristeza, principalmente entre os soldados, acabrunhados com a perda dos amigos mais próximos, temerosos da morte que viria pela mão daqueles que haviam julgado vencer com facilidade.

No silêncio da noite, somente perturbado pelos brados das sentinelas ao renderem seus turnos de guarda, eu não conseguia conciliar o sono. Terminei saindo para a noite estrelada, sentindo o vento da noite agitar-me os cabelos, refrescando o corpo suarento. Singular agitação levou-me a selar o cavalo silenciosamente, fazendo sinal ao soldado para que não se preocupasse comigo, mergulhando temerariamente na estrada que o luar clareava. Ainda hoje me pergunto como pude arriscar-me tanto... Que força me guiava, cegando os olhos dos companheiros de luta para minha questionável saída? Ser aprisionado significaria tortura e lenta e dolorosa morte! Além do mais, havia o risco de ceder aos maus tratos e entregar segredos ao inimigo... Quanto andei não saberia precisar, como se estivesse envolto em angustioso manto energético, impulsionando-me sempre para mais adiante.

Na quietude prateada, o ruído das águas despertou minha atenção, fazendo-me parar; amarrei o animal em oculta árvore, adentrando o pequeno bosque, guiado pelo murmúrio cada vez maior da queda d'água. Ao vislumbrar o etéreo cenário, logo percebi que alguém mais tivera a mesma louca idéia, arriscando-se como eu. Sob a luz do luar, seu corpo jovem e desnudo brilhava, em pé sobre larga e chata pedra, os longos e negros cabelos agitados pela brisa noturna. Em um breve instante, projetou-se nos ares, mergulhando na piscina natural formada pelas represadas águas da cascata, seu riso abafado e prazeroso perdido no ar. Escondi-me entre os arvoredos, excitado e curioso. Há pouca distância, sobre a relva, vestes coloridas, jóias de exótica ourivesaria... Minha linda banhista viera da cidade dos infiéis! De onde mais, a não ser dali?! Quem seria aquela maluca que se atrevera a tal façanha e como burlara a vigilância dos guardas mouros? Com toda a certeza, alguém muito decidida e voluntariosa... Isso não se encontrava entre as classes menos privilegiadas e muito menos as grossas correntes de ouro e o magnífico bracelete circundado por preciosas gemas, displicentemente largados sobre os vistosos e brilhantes panos... Tudo excluía humilde e obscura origem! A formosa e imprudente ninfa das águas provavelmente seria uma princesa!

Em um primeiro ímpeto, quis abordá-la ali mesmo, mal saísse do banho, servindo-me de sua beleza. Helena? Na guerra, meu amigo, de acordo com nossa pequenina evolução, revelamos o que há de pior em nós, impulsionados pelo medo da morte e pelos sentidos exacerbados. Depois, poderia levá-la para o acampamento e os oficiais fariam a festa! Tais idéias em nada me repugnavam, devo afirmá-lo, constituindo meu padrão de pensamentos na época. Contudo, o propósito que me ocorreu em seguida superava em muito a crueldade do inicial. Pensando melhor, conclui que aquela não seria a primeira vez em que a mocinha se evadia da cidade à noite para o banho refrescante: seu cavalo tranqüilamente aguardava, atado a um arbusto, como se conhecesse o local; a confiança e a tranqüilidade da linda criatura em meio à penumbra provava que ela ali estivera outras vezes... Ela continuava na água, inocentemente brincando na bacia formada pela descida da cascata ou sob o forte véu que despencava das alturas. Voltaria certamente!

Aguardei que se fosse, controlando a vontade de apoderar-me dela enquanto vestia as roupas sobre o corpo molhado, observando-a conduzir o cavalo para a estrada, tendo o cuidado de permanecer escondido e contra o vento para não ser descoberto. Então, regressei ao acampamento, adormecendo placidamente entre os ásperos e sujos panos, arremedo de leito naquele inferno.

Na noite seguinte, a sorte favoreceu meus propósitos. Aproveitando incursão de indiscreta lua entre as nuvens, evadi-me do acampamento, tendo o prévio cuidado de envolver as patas do cavalo em panos, abafando o ruído de seus passos. Vagarosa e cautelosamente, aproximei-me da cidade moura imersa em sombras... Alguns archotes tremulavam nas altas torres de vigia... Com extremo cuidado, tratei de atar o animal a uma árvore, a segura distância, chegando mais perto, rastejando pelo chão, esgueirando-me pelos arbustos, rodeando os muros... Podia vislumbrar os contornos de grandes residências em pontos mais altos do acidentado terreno; obedecendo a singular intuição, quedei-me atrás de uma moita de perfumosas flores silvestres, aguardando não sabia o quê. O tempo escoava lentamente, fazendo-me tremer de ansiedade e receio. E se eu estivesse errado, prestando-me ao papel de tolo? De repente, fugindo das nuvens, enorme e clara lua iluminou a escura noite e pude discernir a hera e as trepadeiras que se enroscavam nos muros de pedra, cobrindo-os quase que inteiramente. Alguém muito caprichoso deitara sementes naquele trecho da muralha e as flores preenchiam os ares cálidos com inebriantes odores. De minha jovem princesa, nem sinal!

As horas assemelhavam-se a séculos de espera... Sentia-me decepcionado, frustrado, irado mesmo com tudo aquilo que imaginara certo e justo acontecer. Decidi ir embora, acreditando haver falhado em minhas suposições, antes que me descobrissem ali. Mal dera os primeiros passos quando meus olhos detectaram inusitado movimento em uma das vivendas. Os altos muros não a vedavam completamente, pois ocupava elevada posição; tratava-se de imponente palacete, com suas torres, janelas rendadas e caprichosos arcos ressaltados pelo esplêndido luar; trepadeiras em flor enroscavam-se nas colunas dos terraços superiores e, pelo número de sentinelas a protegê-lo, deduzi pertencer a alguém muito importante. Encantador caminho de pedras, constituindo escada de largos degraus, serpenteava artisticamente, ladeado por imensos vasos de flores, descendo terreno abaixo, acabando não se sabe onde, internamente oculto pela muralha da cidade. Pude ver a sorrateira movimentação de uma figura por detrás das trabalhadas grades, sua silhueta delgada recortada contra a tênue luz que vazava do interior da vivenda. Depois, já no exterior, deteve-se a conversar rapidamente com o mouro alto e forte que fazia a guarda do palacete, como se algo combinassem. Compreendi que ambos estavam de acordo para as escapadas da jovem... Imprudentes! Agradeci a Deus pela privilegiada visão com que fora agraciado, facultando-me enxergar claramente àquela distância!

Uma outra questão deixava-me intrigado! Como passaria ela pelas altas torres de vigia? Ao que sabíamos, somente havia aquela forma de adentrar a cidadela ou dela sair, pois o inexpugnável paredão protegia-a inteiramente. Sempre escondido, escutei suave estalido, semelhante ao detonar de uma mola, e, para meu espanto e júbilo, ela praticamente emergiu dos floridos arbustos, por uma portinhola secreta na muralha, puxando com muito cuidado o animal, um soberbo garanhão negro, cujas patas estavam protegidas com lã para que não fizesse ruído. Ri surdamente, presa de extrema excitação... Minha encantadora presa caíra na armadilha!

Nada mais me prendia ali! Marquei cuidadosamente o local em minha memória e regressei ao acampamento ainda adormecido e vigiado por inúmeros soldados. Senti que seria difícil conciliar o sono no restante da noite e assim foi. Mal amanhecera, adentrei a tenda do oficial superior, passando por cima da hierarquia militar, contando-lhe a surpreendente descoberta. Juntos engendramos um plano de tomada da cidade moura e, a bem da verdade, estava ele tão atarantado que eu praticamente tudo coordenei. Naquela mesma noite, um magote de soldados fortemente armados esgueirou-se pela oculta abertura na muralha, dominando rápida e silenciosamente os soldados que protegiam a casa da bela e inconseqüente jovenzinha e dali se espalhando por toda a parte; na calada da escura noite foi fácil subjugar toda defesa, pois a maior parte dos moradores da cidade eram mulheres, crianças e velhos, uma vez que os homens estavam ocupados, combatendo-nos em campo aberto, justamente para que não tivéssemos a chance de chegar até onde residiam. Cruel ironia!

Não fizemos prisioneiros! Todos, com uma única exceção, foram mortos das mais diversas formas, por expressa ordem minha. Samira, a banhista da cascata, a linda Samira, como eu suspeitara, era nada mais nada menos do que a filha do odiado xeque, do responsável pela morte de muitos de nós. Eu mesmo adentrei os portais rendados de seus aposentos de dormir, surpreendendo-a em plácido sono, alheia ao que ocorria por culpa de sua imprudência. Ouso, em nome da decência, privar-vos dos escabrosos e terríveis detalhes de meu comportamento, indigno de um ser humano. Extrema e derradeira crueldade, deixei-a viva, em meio aos mortos da cidade de seu pai!

Para finalizar, ordenei aos soldados que queimassem os elevados postos de sentinela, a fim de que os soldados infiéis vissem, de seu acampamento, os clarões. Supremo e irônico acinte, substituímos o colorido estandarte mourisco pela bandeira da cruzada, branca com uma cruz azul bordada em seda e pedrarias!

Toda essa operação foi realizada a toque de caixa, silenciosa e eficazmente, pela elite de nosso batalhão, sem que o restante do exército tivesse conhecimento do que ocorria na calada da noite. Por quê? Eu pretendia os louros todos! E eles vieram... E como vieram! Rapidamente fui alçado a privilegiadíssimo posto de comando, atuando como estrategista de guerra, com poder para decidir e ordenar, detendo infinitas oportunidades de externar toda a belicosidade latente em mim. Consideravam-me um herói e todos me bajulavam, menos uma pessoa... O olhar de meu irmão, reprovador e triste, caiu sobre mim... Ignorei-o, atribuindo à inveja e ao despeito sua atitude!

Impiedoso e sanguinário, prossegui, estabelecendo táticas desumanas, decretando a morte de muitos, indiferente às vidas dos soldados inimigos ou às dos nossos, contanto que a vitória nos favorecesse. Prisioneiros? Para quê? O sangue corria, empapando a terra. A cada batalha, a cada cidade tomada, mortes desnecessárias, estupros, sevícias, saques... Nada me fazia recuar, nada! Era extremamente severo e inflexível com os que não concordavam comigo; alguns se atreveram a desertar de seus deveres de soldados, por não suportarem as atrocidades perpetradas; mandei enforcá-los e pendurar seus corpos em postes ao redor de nosso acampamento, para que servissem de exemplo aos que ousassem rebelar-se ou fugir aos compromissos com a cruzada. Meu irmão, Eliasírio, foi um deles...

Conseguis atinar com a gravidade dos delitos por mim cometidos, caro amigo? Tudo gerado por minha insânia, pela ânsia de poder e glória que me avassalava a alma! Jesus constituía a desculpa ideal para meus erros... Assim como os poderosos, utilizava-o para mascarar espúrios interesses.

Rapidamente, a fama de nossos exércitos espalhava-se e, à mera menção do nome Teodoro, tremiam todos, principalmente os infiéis, pois tinham a consciência de que lidavam com um louco assassino. As vitórias sucediam-se e tudo corria bem para nós. A história de Samira e seu pai estava perdida em meio a muitas outras, simples episódio de guerra e conquista, sem maiores implicações. Assim julgava eu, pois sequer me recordava dos fatos ocorridos naquela noite quente...

Há quase um ano e meio estávamos longe de casa quando, após importante e triunfal contenda, decidiram conceder-me uma folga para visitar a família. Na realidade, nosso soberano desejava de nós, nobres engajados na luta religiosa, fundos para a continuação da mesma, uma vez que os cofres estavam praticamente exauridos e os ânimos exaltados pela falta de dinheiro e pela consciência de que a luta poderia arrastar-se por muito tempo ainda. Isso não me amofinou em absoluto, uma vez que, sendo meu pai extremamente rico, muito mais do que poderiam supor, certamente não negaria ajuda financeira a seu ilustre e famoso filho, permitindo a continuidade de nossa santa luta em defesa dos princípios religiosos cristãos. Quão cego persistia em ser, meu Deus!

A casa pareceu-me, vista de longe e recortada contra o céu avermelhado do crepúsculo, deserta e triste... Em vão procurei a presença de crianças e servos... O estandarte azul que meu pai costumava hastear no ponto mais alto da torre norte ali não estava... Palavras em latim desenhavam-se nele: Humildade e Sabedoria. Minha mãe e irmãs encarregavam-se de bordar o pano de cerúleo azul, caprichosamente moldando as letras em relevo com seus afilados e ágeis dedos, as agulhas furando o tecido e as vozes delicadas palrando, em meio a risos e alegria. A tarefa repetia-se ano após ano, pois o vento e o sol desbotavam a flâmula e meu pai fazia questão de que estivesse sempre em ordem. Os dizeres não me falavam ao coração naquela época de muito orgulho e pouca sabedoria, mas o pavilhão conferia a nossa casa um aspecto nobre, o que me agradava sobremaneira. Uma saudade enorme de meus familiares pungiu-me o peito, fazendo com que esporeasse o cansado animal, disparando para o solar. Tudo estava mergulhado em opressivo silêncio; a escadaria apresentava-se juncada de folhas secas e, nos enormes vasos de flores que a ladeavam, paixão de minha mãe que pessoalmente os cultivava, as ervas daninhas vicejavam. Com alívio entrevi pequenino rolo de fumaça fugindo da chaminé da cozinha e fiquei mais tranqüilo, pois era sinal de que estavam em casa. A porta da frente estava destrancada e penetrei na penumbra do recinto, deparando com estarrecedora cena: os imensos painéis bordados que guarneciam o átrio estavam rasgados, pendendo das paredes; os móveis despedaçados espalhavam-se pelo chão; a poeira cobrira tudo, em meio a excrementos de animais.

Subi as escadas que levavam ao andar superior em desabalada

carreira, constatando que a desoladora visão repetia-se em cada um dos aposentos; no quarto que pertencera a mim e a Helena e no qual passáramos nossas primeiras noites de amor, um pequenino berço jazia destroçado. Um medo atroz impulsionou-me de volta à escadaria, fazendo-me despencar degraus abaixo vertiginosamente, em transe quase, indo de encontro a velho servo que espreitava, temeroso do visitante e de sua desconhecida identidade. Reconhecendo-me, animou-se, exclamando:

– Senhor, voltastes finalmente! Graças a Deus! Que tristeza, meu senhorzinho! Eles vieram em noite escura e tempestuosa e vosso pai, sempre tão bondoso e hospitaleiro, fez com que entrassem e se assentassem à mesa para a ceia. Bem que vossa mãe chamou o amo de lado, alertando-o quanto à aparência dos viajantes, mas ele não se importou, acalmando-a com palavras gentis. Pobre amo, não via maldade em nada... Nós, os criados, estranhamos a cor da tez dos hóspedes, mas calamos... De nossa parte, considerávamos melhor recolhê-los ao celeiro e lá lhes darmos água e comida! Mas quem somos nós para dar opinião na vida do senhor? Ele até pareceu alegrar-se com os viajantes, coisa que nos agradou, pois nos últimos tempos estava sempre triste pelos cantos, principalmente quando recebia notícias da cruzada. Nunca entendemos o que se passava com ele, até porque as novidades eram sempre a nosso favor e davam o patrãozinho como verdadeiro herói, a dizimar infiéis a torto e a direito!

Observando que eu o fitava com estranhos olhos, o velho apressou-se em encurtar a narrativa, temeroso de minha ira:

– Como eu dizia, senhorzinho, sentaram-se todos à mesa. Nunca havia visto gente tão calada e esquisita! Mal tocaram na comida! As coisas arrastavam-se quando o senhor, talvez para quebrar o clima tenso, perguntou ao que parecia o chefe da expedição se ele tinha notícias da guerra santa. Para quê! Os olhos do sujeito tornaram-se apertados e com surda voz ele disse a vosso pai:

– Sim, temos notícias. Os mouros, a quem chamais de infiéis, caem, sacrificados na honra e no coração pelos estratagemas, perfídias e artimanhas de um cão cristão, a quem denominam Teodoro!

O servo olhava-me medrosamente, como se temesse minha reação, mas continuou quando lhe fiz imperativo gesto:

– Depois dessas palavras ofensivas, antes que alguém pudesse ensaiar qualquer reação, caíram sobre todos, matando-os a golpes de espada. Até os pequeninos, vossa mãe, as meninas, ninguém foi poupado. Somente eu fiquei ali em pé, petrificado, esperando minha hora, mas eles não me mataram... O homem de rancorosos olhos subiu as escadas juntamente com os outros e eliminou ele mesmo a senhorinha Helena e a criancinha... Eu sei que ele fez isso porque, depois que se foram, achei a pobrezinha estrangulada com o torçal de seda que lhe prendia o manto... A menininha foi sufocada com o travesseiro... Como se não bastasse, violentaram-na, senhor! Deus nos proteja! Ela havia dado à luz há somente cinco dias... A mim, antes de irem embora, disseram que deveria transmitir-vos um recado... Por isso me pouparam, senhor, só por isso!

– Fala, homem, por Deus!

– Faz tempo, senhor! Preciso lembrar... Sinto medo excluir, pois ficareis bravo comigo, senhor... Repeti um monte de vezes, nesses meses todos, para não esquecer... O excomungado disse bem assim: "Na pele sentireis a dor experimentadas ao encontrarmos nossos familiares mortos, nossas filhas estupradas, nossas casas invadidas. Lutamos com brio e coragem por aquilo em que acreditamos, mas não há honra nos atos de um homem que mata crianças e mulheres sorrateiramente, para vencer o inimigo pelo desespero. Minha pobre filha, desonrada e louca, suicidou-se por não poder conviver com o peso do remorso e da humilhação. Por infantilidade, ela colocou o pior dos inimigos dentro das casas de nosso povo! Cada vez mais execramos esse Cristo que determina e apóia tanta vilania. A vingança pertence-nos e, embora não possa apagar o que foi feito, com toda a certeza acalmará nossos corações que bradam por justiça!"

O servo olhava-me e havia piedade em seus olhos. Carinhosamente, procurando aliviar meu sofrimento, rebuscou na memória algo que servisse de consolo, ainda que um pouquinho:

– E vosso irmãozinho Eliasírio? Bom menino! Poderá auxiliar-vos a superar o sofrimento... Nas horas trágicas, necessitamos de um ombro amigo, senhor, e vosso irmão com certeza vos ama e admira muito!

Calei-me. Como dizer que o mandara enforcar e pendurar seu corpo até que apodrecesse? Todos mortos por meu orgulho! Todos vitimados por minha ânsia de poder e reconhecimento!

Estranha febre lançou-me ao leito. Queria morrer, como se fosse a solução para os problemas que eu mesmo criara. Ainda não entendia por que tudo saíra de forma errada, questionando: eu somente queria servir Jesus, propagar sua doutrina pelas terras dos infiéis... Dia após dia, noite após noite, delirava, chamando por Helena, por minha mãe, por meu pai, por meus irmãos menores... Até o pequenino ser que não conhecera povoava os delírios... Minha filha! Sequer fora informado de que Helena esperava um filho nosso! Percebia, de vez em quando, o frescor das compressas que o velho servidor aplicava sobre minha ardente fronte e ouvia sua voz murmurando sentidamente:

– Perdoai-me, senhorzinho, por favor... Não pude salvar vossa família! Eu também sofro muito, mas nada posso fazer para trazer os pobrezinhos de volta e muito menos vós o podeis! Nesses casos, meu senhor, temos que entregar tudo nas mãos de Deus e ter resignação... Ficareis bem, retornareis à frente de batalha...

Escutando-o, considerando-me vítima, mentalmente retrucava: retornar? Estava cansado de tanta ingratidão! Dera o melhor de mim pelo Cristo e o que me restara?! Solidão e desespero! Passado o primeiro impacto, retrocedi aos antigos conceitos, considerando-me certo e injustiçado. Varri de minha mente o recado do pai de Samira, preferindo imputar a outros a culpa do que acontecera, permanecendo na cegueira por mais tempo. A inicial reação de arrependimento perdera-se, o que constituiria a porta de entrada para muitos sofrimentos futuros, resultantes de meus próprios atos.

Passada a doença, voltei ao campo de batalha. Se não o fizesse, seria considerado traidor e a idéia repugnava-me. Esta foi a explicação que me dei, mas a verdadeira razão de minha volta residia no fato de que eu gostava de guerrear, de matar. Ao regressar, meus negros cabelos haviam se tornado grisalhos pelo sofrimento da perda e estava amargo, desiludido, embrutecido ainda mais...

Se me achavam feroz antes, imaginai o novo Teodoro! Assustava até os cristãos, que de mim se afastavam com medo das violentas e imprevistas reações! Lançava-me à luta com insano ardor, como se desejasse ser transpassado pelo aço das cimitarras; em minha mãos, a espada adquiria vida, ceifando existências com sanguinária precisão. Minha fama espalhou-se ainda mais entre os infiéis e os ódios multiplicaram-se. Ah, meu amigo, se as criaturas tivessem consciência do poder do pensamento! Assim, além de minhas próprias tendências agressivas, intensas vibrações de semelhante freqüência reforçavam-nas. Vivia eu em um inferno particular, de indescritíveis proporções. As perdas dos entes queridos eram consideradas injustas e arbitrárias, clamava pelos mortos com desespero e revolta, culpando-os por me abandonarem. Jesus, aquele Cristo em armadura guerreira, passou a despertar em mim estranhos e contraditórios sentimentos, que iam do temor à raiva, mas jamais passavam pelo amor. Todas as outras mulheres do mundo, já que Helena se fora, constituíam caso à parte, indignas do mais simples respeito humano, sequer de piedade. Ah, meu irmão, em uma guerra, as maiores vítimas são seguramente as mulheres e as crianças! Enorme lista de abusos acrescentou-se à que eu ostentava antes da vingança do mouro, pois me esmerava em crueldade e insânia.

A cruzada encerrou-se, principalmente porque nosso rei, aborrecido com os crescentes dispêndios e sem poder contar com o auxílio de seus empobrecidos cavaleiros, talvez entediado com a matança, certamente descontente com as poucas vantagens auferidas, resolveu dar por acabado mais um capítulo das nada honrosas contendas dos cristãos contra os infiéis. Ambos os lados deixavam sobre o solo empapado de sangue corpos inanimados e, por detrás de cada um deles, famílias em abandono, corações despedaçados. Esta, meu irmão, é a minha visão hoje, todavia, naquela época, não pensava assim, julgando-me o único a sofrer as dores da perda, insulado em meu egoísmo.

Nada mais restando em termos familiares, resolvi fixar-me na corte, escudado pelo imenso patrimônio paterno, suficiente para longa existência de luxo e desperdício. Desejava aproveitar a vida, uma nova companheira talvez...

A fama dos feitos de guerra precedera-me, sendo recebido com honrarias de herói; mais uma vez mergulhei de cabeça em prazeres inconseqüentes, com rapidez me adaptando ao estilo dos nobres da corte. Que diferença dos dias operosos na propriedade do campo! No fundo, enfastiava-me, contudo simulava felicidade, enganando a mim mesmo! Ócio e lazer contínuos... Dentro de mim, a consciência insistia em sinalizar que algo estava muito errado, todavia não abaixava a guarda, prosseguindo em um mundo irreal, fingindo, afivelando máscaras e mais máscaras de ventura, poder, orgulho, superioridade...

Nessa época, envolvi-me com muitas mulheres, todas lindas, perfumadas, bem vestidas e vazias, fúteis! Fugia das honestas, virtuosas e inteligentes, mesmo formosas, como se temesse qualquer mudança em meu modo de ser, impulsionada por suas benéficas presenças. A saudade de Helena atormentava-me! Sonhava encontrar alguém que guardasse qualquer semelhança com ela, no entanto fugia disso, com medo de sofrer ainda mais... Os gemidos de amor, as palavras ternas, os carinhos, tudo se apresentava frio, sem a veracidade do que compartilhara com Helena... Plágios do amor! Depois, a solidão era sempre maior, muito maior e dolorida. Ansiava pela voz de Helena, pelo toque suave de suas mãos, por sua sabedoria e equilíbrio! As outras mulheres pareciam-me tolas e ignorantes... Minha Helena, não obstante o humilde sangue plebeu que lhe animava as veias, excedia-as em sensibilidade e inteligência, em graça e beleza. Pensando assim, afastava qualquer possibilidade de relacionamento com criaturas afetuosas e sinceras, decretando minha falência amorosa.

Acedendo à solicitação do rei, praticamente uma imposição, aceitei vantajosa união com linda e fútil jovenzinha, que me devotava alucinada paixão e cujo pai intercedera junto à real pessoa no sentido de ter-me como genro. Infeliz escolha do pobre homem! Surrei-lhe a filha, traí-a com qualquer uma que se insinuasse, humilhei-a! Pobrezinha! Morreu em trabalho de parto e a primogênita acompanhou-a. Senhor Jesus, que ela possa me perdoar!

Novamente só, voltei meus olhos para o Cristo, resolvendo servi-lo. Com maior propriedade, deveria ter assim colocado: servir-me do Cristo. Ainda me sentia injustiçado, questionava os desígnios de Deus, insultava o Mestre em minhas constantes bebedeiras, praguejando contra Ele, culpando-o pelos infaustos acontecimentos no solar paterno e, principalmente, pela perda da bela e gentil Helena. Contudo, depois das armas, a carreira religiosa era a de maior prestígio e poder, desde que o candidato não se atoleimasse com falsas santidades e inútil caridade. Realmente acreditava nisso! Na qualidade de religioso, poderia viver bem, com conforto e riqueza, e ascender a altos postos no reino, o que não seria difícil com minha inteligência e sagacidade. Além do mais, uma vez que religiosos poderiam pegar em armas se assim o desejassem, nada me impediria de participar das guerras de que tanto gostava. Decidido, doei substancial quinhão do patrimônio familiar à Igreja, ingressando em conceituada ordem. Tudo aparência, pois o coração continuava dissociado dos ensinamentos e vivências de Jesus! Definitivamente, ainda não o conhecia!

Como padre, excedi-me uma vez mais... Embora me considerasse perfeito, bom, leal a Jesus, neguei o Mestre em cada momento do sacerdócio. Então, incluía-se entre minhas atribuições atuar como confessor de algumas ricas e nobres famílias. Ouvir segredos, opinar, consolar, aconselhar, todos são dificílimos deveres de um representante de Deus, exigindo verdadeiro amor fraterno, equilíbrio emocional e uma gama de sentimentos puros, sem falar na imprescindível humildade. Nada disso se alinhava em meu currículo. Assim, destituído de tais virtudes, ouvi mal, aconselhei pior, utilizei segredos de confissão para intrigar e manipular, auferindo proveito próprio; explorei a boa fé de meus tutelados, em uma sucessão de erros e enganos sub-repticiamente perpetrados.

Os anos foram passando e, cada vez mais fortalecido pela impunidade e excelentes resultados materiais, continuava exercendo sombrio poder. Portava-me com discrição e falsidade e todos me consideravam um exemplo de probidade e amor. Cometi horrores com a serenidade com que praticaria o bem... Pior: acreditava-me certo!

Recordo-me de um triste episódio dentre muitos, exemplo do modo como me comportava. Apesar da vergonha, sinto-me impelido a relatá-lo para que possais aquilatar até onde podemos chegar movidos pelo egoísmo, vaidade e sede de poder. Um dia, jovem e lindíssima senhora, esposa de idoso e rico nobre, solicitou meus préstimos de confessor. Vesti-me cuidadosamente, perfumei-me, afivelei na face a máscara de contrição e adentrei seus aposentos, deparando com a bela mulher a aguardar-me ansiosamente. Há muito notara os lânguidos olhares, os suspiros disfarçados, típicos de alguém apaixonado. Embora houvesse jurado castidade, tais votos nada significavam. Jurara sim, mas quem cobraria o cumprimento da jura? Quem fiscalizaria? Disse-me ela, agarrando minhas mãos:

– Padre, alegra-me que tenhais vindo, pois sofro demasiado, sinto-me enlouquecer! Necessito de vossa ajuda!

E ela arrastava-me para um pequenino sofá de seda rosa, fazendo-me sentar a seu lado, explicando nervosamente:

– Imaginai, senhor, o que é ser casada com um velho decrépito, um octogenário que teima em permanecer vivo apesar de minhas orações para que se vá, pois muito já viveu! Seus beijos repugnam-me, seu toque provoca arrepios! Odeio-o de todo coração!

Ajuntei cautelosamente:

– Mas, senhora, casastes com ele...

– Sim, mas somente para salvar minha família da miséria, de uma pobreza indigna, restaurando o patrimônio dilapidado por meu falecido pai... Não é justo ser obrigada a esbanjar a juventude ao lado desse velho nojento!

Olhou-me de forma sorrateira, aduzindo:

– Além do mais, apaixonei-me desesperadamente...

Calava-se a infeliz, fitando-me com significativos olhares. Simulei espanto, ainda mais quando me enlaçou:

– Senhora, que fazeis?!

– Amo-vos, morrerei se não for vossa! Preciso de ajuda para eliminar o traste a quem chamam de meu esposo!

Uma semana depois, o velho conde desencarnava, em meio a muitas dores, deixando rica e linda viúva. Fomos amantes por muito tempo até que finalmente a substitui por outra, enfarado de seus carinhos e ciúmes. Cansara-me dela, como de tantas que haviam passado após Helena.

A existência continuaria a desenrolar-se naquele turbilhão de iniqüidades se um fato não viesse abalar minhas pretensamente seguras estruturas, praticamente me empurrando rumo a mudanças.

Encantadora jovem, quase adolescente, de rara formosura e inteligência, começara a freqüentar o seleto grupo que cercava o rei. Oriunda de nobre família, a todos fascinava e, como não poderia deixar de ser, nosso soberano sobre ela deitou seus cobiçosos olhos, desejando anexá-la à extensa lista de amantes reais. Inusitadamente alheio a tal propósito, também me interessei pela moça, passando a cortejá-la cautelosamente, como convinha à reputação de sacerdote zeloso e íntegro. Ela permanecia inacessível a minhas discretas investidas, manifestando indiferença e até certo asco quando me aproximava. Enfureci-me, pois não aceitava rejeição. Tratei de tornar-me íntimo, conquistando a confiança dos pais, enquanto astutamente manipulava, conseguindo a transferência do sacerdote que assistia espiritualmente a família há anos para distante convento. Então, tudo se tornou fácil e passei a atender os familiares de minha recente paixão, inclusive e principalmente na qualidade de confessor. Após algumas sessões de confissão nos aposentos da quase menina, compreendendo que nada conseguiria por bem, agarrei-a, lançando-a sobre o leito, acreditando que, consumado o ato, ela calaria, acedendo ao assédio. Para meu constrangimento e ira, seus gritos movimentaram toda a casa, trazendo familiares e servos indignados com minha conduta. O caso foi levado imediatamente ao rei; fosse outra, nosso soberano daria um jeito, colocaria panos quentes, sugeriria ao possesso pai cautela, submetendo-me a um arremedo de censura diante dos ofendidos, dando o lamentável episódio por encerrado, provavelmente me elogiando, às ocultas, pela aventura amorosa. Mas tratava-se do objeto de sua também desesperada paixão! Ultrajado, não hesitou em transferir-me para bem longe da corte, neste longínquo mosteiro, à guisa de castigo e por medida de segurança, uma vez que eu me celebrizara como hábil conquistador e ainda era um belo homem, rivalizando com os mais garbosos da corte. Aqui cheguei profundamente revoltado com a ingratidão real e comigo mesmo, por haver ficado cego a ponto de não detectar os inconfundíveis sinais de obsessão afetiva em nosso monarca.

Confidencial pergaminho, entregue ao prior do convento pelos soldados que me escoltavam, recomendava especial severidade, ordem inflexivelmente cumprida, tudo com o intuito de rebaixar-me, quebrando o orgulho, humilhando, espezinhando. Assim, instalaram-me no quartinho que conheceis, agora muito melhorado, terrível na época; descarregaram sobre meus atléticos e fortes ombros todo o serviço do convento; afastaram-me das mulheres, forçando a abstinência sexual, cerceando qualquer aproximação feminina, mesmo das camponesas rústicas e nada atraentes da aldeia; privaram-me de qualquer meio de manipulação no tocante aos companheiros religiosos, determinando que não conversassem comigo, ignorando minha presença. Ninguém ousou desobedecer às ordens até o dia de hoje, e já se passaram muitos e muitos anos! Ignoram-me como se eu fosse uma sombra...

Os primeiros tempos foram dificílimos e eivados de profunda revolta e aterradores ódios. Orgulhoso, acostumado a fazer valer minha vontade, impetuoso, impaciente, egoísta, manipulador, mulherengo... Sentia-me enlouquecer! Trabalhava como louco, tendo que aprender a fazer quase todas as coisas, pois me tornara um inútil na corte, somente preocupado em desfrutar a vida. Um velho servo do mosteiro, quase cego e surdo, entravado por pertinaz reumatismo, foi encarregado de ensinar-me e o fez a duras penas, pois eu era grosseiro e petulante, teimoso e recalcitrante. A cada serviço mal feito, meu superior não hesitava em usar o açoite, a título de penitência, com a desculpa de que estava domando meu mau gênio, restituindo-me ao bom caminho da religião. Em seus olhos lia a satisfação em fazer-me sofrer e ele não perdia a oportunidade de infernizar minha existência. Por que, se nada eu lhe fizera? Hoje sei que a razão pode estar em desafetos do pretérito... Quem sabe?

As coisas atingiram um ponto tal que tentei o suicídio. Fui para o pequeno bosque vizinho ao mosteiro e lancei-me do galho de uma grande árvore, dependurado pelo pescoço; felizmente alguns camponeses, que por ali passavam na exata hora, cortaram a corda, conduzindo-me a cabana de velho aldeão, onde me deixaram. Ali, em meio à mata, o silêncio cortado somente pelo canto dos pássaros, finalmente conheci Jesus. Este homem, em cujos olhos lia a mesma paz e a mesma humildade de minha Helena, este homem, um camponês inculto do ponto de vista dos estudados, revelou coisas que me abriram os olhos para a realidade do espírito imortal. Então, o sofrimento havia me preparado para finalmente abaixar a cerviz... No começo, suspeitei-o louco, mas, com o decorrer dos dias, conforme ele relatava fatos que ninguém conhecia a não ser eu, comecei a interessar-me por suas calmas e despretensiosas conversas, aguardando ansiosamente que retornasse à noitinha, após a lida no campo.

Certa noite, depois da frugal ceia, ele tomou assento em frente a mim, convidando-me à prece. Nela, meu anfitrião dirigia-se a um Jesus amoroso e compassivo, amigo e fraterno, bem diferente daquele que eu julgava conhecer. Para meu susto, mergulhou em estranho transe e, instantes depois, por suas cordas vocais, Helena, a minha doce Helena, manifestava-se, assim falando:

– Teodoro, meu amor! Quão difícil foi chegar a ti! Desde que deixei o orbe terrestre, tenho tentado comunicar-me contigo, alertar-te, evitando maiores sofrimentos para ti e para outros contigo ligados. Tu, porém, não me ouvias, surdo a meus amorosos apelos, cercado de criaturas em idênticas vibrações deletérias, impedindo qualquer auxílio do mundo espiritual. Agora, abatido sobre um leito, ao lado de alguém com elevadas aspirações e propósitos, finalmente consigo realizar meu intento! Vai até o espelho e contempla tua imagem, meu querido. Os sinais do tempo marcaram teu corpo, vincando-te o ainda belo rosto. Teus cabelos estão completamente grisalhos e começas a adentrar a maturidade. No entanto, qual inconseqüente menino, persistes nas infantis ilusões, ignorando, principalmente, a verdadeira face do Cristo. Outros também não o conhecem, mas não se dispuseram a servi-lo! Tu, não obstante os abusos, achas-te de tal forma jungido ao Mestre da Galiléia por inquebrantáveis laços, que sempre retornas a Ele, ainda que de forma totalmente errônea e prejudicial a ti mesmo e aos que se acercam, crendo poder receber a orientação iluminada pelos conceitos cristãos. Rodeias, foges, negaceias, mas acabas sempre atuando em nome dEle... Todos os teus caminhos levam a Ele... Hoje te dizes um religioso e envergas a sotaina como tal; todavia, comportas-te pior do que os ateus. Mataste e fizeste matar, lançaste lama sobre inocentes, aconselhaste desastrosamente, manipulaste... Estás renegando o Cristo a cada minuto! Jamais procuraste entendê-lo, sequer tentas buscá-lo nos Evangelhos! Teodoro, adentra a biblioteca do mosteiro, debruça-te sobre os Evangelhos do Mestre, lê atentamente, com o coração em Jesus e longe do mundo, e acharás. Busca, meu amor!

O rústico camponês continuava a falar, transmitindo os pensamentos de Helena:

– Lembras-te da guerra? Quanta crueldade em teus atos e idéias! Exultaste com o sofrimento de teus semelhantes... Persististe, mesmo depois do sacrifício de todos nós, tua família... Consciente da culpa quanto aos desmandos por mim cometidos em vidas passadas, curvo-me perante a justiça divina, o que não me impede de enxergar teus tristes envolvimentos em variadas situações e o profundo abismo em que mergulhas cada vez mais... O Cristo bem colocava quando dizia do escândalo necessário, mas da responsabilidade daquele que o deflagra... Imputas a outros a culpa por teus pesares, todavia a verdadeira causa está em ti, meu querido. Pára e pensa! Aproveita a humildade e a paz do momento para reflexionar e retificar teus conceitos, tuas crenças! Olha a tua volta, sai de teu egocentrismo, pois não és o centro do Universo! Orgulho e vaidade vãos! Os sofrimentos e dores, as perdas e desilusões são comuns a todos os seres humanos e constituem os aguilhões que nos impulsionam ao progresso e perduram até que aprendamos a lição do amor a nossos semelhantes e a nós mesmos. Jesus é o caminho mais rápido e coerente para isto! A Terra constitui abençoada escola e redentor hospital, sendo que ninguém está isento de padecimentos, tantos maiores quanto mais elevada nossa imperfeição espiritual. Castigo de Deus? Jamais! Colheita obrigatória do que plantamos... Contudo, assumes posição superior às leis divinas, revoltando-te quando colhes o semeado por ti mesmo, revidando e ferindo, como se fazer o outro sofrer aliviasse nossa dor, isentando-nos da reparação e da aprendizagem.

Após breve pausa, Helena continuou:

– Abre teu coração, continuamos a amar-te. Morremos fisicamente, no entanto estamos vivos em espírito. Nada impede que o amor aos nossos entes queridos persista após a viagem de retorno à pátria espiritual! Compreendemos as dificuldades pelas quais estás passando, mas nada poderemos fazer para auxiliar se não quiseres e não empreenderes as imprescindíveis mudanças... Tais mudanças dependem de teu livre-arbítrio e do empenho e vontade com que te houveres no abençoado intento.

A voz calou-se e o velho saiu do transe como se nada houvesse ocorrido. Mostrou, para meu desespero, não se recordar do conteúdo do longo monólogo de minha amada, pois eu me refugiara em inabalável mutismo, não obstante a boa vontade de Helena. O que acontecera comigo? Enervei-me, exigindo explicações da pobre criatura, cobrindo-o de impropérios, desejando que reagisse para ter a desculpa de agredi-lo fisicamente. Havia tristeza e bondade na forma mansa com que respondeu:

– Perdoai-me a ignorância, meu irmão. Sou um lavrador bronco, analfabeto, rude trabalhador de alheias terras, como podeis ver por minhas mãos rachadas, calejadas, fruto do amanho do solo nem sempre gentil. Por desconhecidas razões, Deus confiou-me tarefa difícil e bendita: a de servir como intermediário aos que já se foram, aos quais costumais chamar de mortos. Afora isto, nada sei, cabendo a vós, meu senhor, analisar o que ouvistes e determinar a veracidade da comunicação de seja lá quem for. Podeis crer ou não...

Olhei-o perplexo. Humilde, sem instrução alguma, no entanto exprimia-se com rara dignidade e enorme coerência. Senti-me enrubescer de vergonha, no mínimo por minha falta de educação.

Estava em sua casa, comia de sua comida, curava-me com suas poções e ungüentos, dele necessitara para não perecer... E tratava-o daquela forma!

Uma pergunta atormentava-me: seria realmente Helena ou o fruto de minha saudade, da fragilidade orgânica resultante do suicida ato?

Resolvi apresentar sincero pedido de desculpas ao velho e olvidar a manifestação. Provavelmente não se repetiria! Estava enganado: Helena retornou várias vezes e, a cada vinda, mais me convencia de sua identidade. Impossível mistificar o terno timbre de sua voz, os profundos conceitos por detrás das mínimas palavras, os detalhes de nossa infância e do pouquíssimo tempo de casados! Era ela realmente!

O ancião revelou-se intrigante caixa de surpresas; seu conhecimento do Evangelho era incrível, principalmente porque nós, os religiosos, sonegávamos do vulgo o acesso aos escritos que poderiam dilatar-lhes os restritos horizontes, libertando-os da prisão cujas grades consistiam na ignorância. Por outro lado, entre os sacerdotes, nem todos se interessavam por livros ou pesquisas... Eu mesmo jamais conhecera Jesus daquela forma! Pouco a pouco, fui despindo o Mestre da absurda armadura de guerra, retirando-o do posto de comandante dos exércitos pretensamente santos, permitindo que Ele surgisse luminoso e impoluto, fraterno e verdadeiro. Tomei consciência de que Ele nada tivera a ver com o banho de sangue em que chafurdara meu espírito imperfeito e ignorante das leis divinas, muito menos com minhas façanhas posteriores à batalha, vestido com a sotaina e coberto pelo manto de falsa santidade. Quanta vergonha, meu Deus! Quanto remorso! Entrei em pane, navegando pelos perigosos mares da baixa estima, da culpa, da desesperança. Uma vez mais, Helena auxiliou-me:

– Teodoro, meu amor, Jesus costumava dizer aos arrependidos que "o amor cobre a multidão dos pecados". Jamais lançou anátema sobre os que erraram, precipitando-os nos fundos poços do julgamento que impede a reconstrução das existências, pois, além de recomendar o amor e a caridade, tinha a perfeita noção de que os humanos ainda errariam muito antes de chegarem ao reino dos céus. Para Ele, o planeta Terra representava a oportunidade de errar, levantar, reparar e prosseguir, vezes sem conta... Se o Mestre, perfeito em tudo e por tudo, perdoava, quem és para te negares a fazê-lo também? Começa por exercitar o autoperdão, pois quem não se perdoa, quem se acha bom demais para eventualmente se perder nos caminhos existenciais, quem é demasiado orgulhoso para suplicar o perdão para si mesmo com certeza será incapaz de perdoar seu irmão em erro... Se persistires no remorso constritivo e inútil, como farás o bem, remédio salutar receitado pelo Cristo aos que se propugnam a retificar os desacertos do passado? Levanta-te desse leito e vai à luta, mas à verdadeira, àquela que constrói, que ampara, que ama sem nada esperar! Descobrirás que é muito mais fácil destruir do que edificar, pois a verdadeira edificação exige sacrifício e renúncia, perseverança e amor, reforma íntima e assunção de novas diretrizes existenciais. Com o passar do tempo, as tuas dores acalmar-se-ão e serás feliz com Jesus, uma felicidade bem diversa daquela ensinada pelo mundo, mas certamente a verdadeira. Descobrirás, também, que continuarás inserido no mundo, vivenciando as experiências comuns a todos, sem, no entanto, acederes aos seus desmandos.

Recuperava-me a olhos vistos e não demonstrava nenhuma vontade de retornar ao mosteiro, sentindo-me em maravilhosa afinidade com o homem que, além de ser o instrumento de cura de meu corpo, tornara possível profundas mudanças rumo, finalmente, a Jesus. Para minha infelicidade, assim julgava eu, o superior do mosteiro ordenou minha volta ao saber que melhorara e estava apto para o trabalho. Não satisfeito com os recados que enviava através dos aldeões que subiam até o convento, abalou-se de sua fortaleza de pedras, vindo cobrar-me o descaso pela vida religiosa e seus sacrossantos deveres. Brigava pela volta do servo da casa, do empregado sem soldo, daquele que fazia o serviço de muitos... Esperava revolta e rebeldia, mas desconhecida humildade fez-me calar e segui-lo mansamente. Subindo a ladeira, a visão do mosteiro cinzento pareceu-me tão triste! Que diferença da floresta sempre verde, dos raios de sol filtrados pelas copas das seculares árvores, do trinado dos pássaros e dos tapetes de flores silvestres, que se derramavam encostas abaixo! Acinzentado e desnudo, o mosteiro feria os céus e o caminho que a ele conduzia, serpeante e árido, ladeava-se de espinhos e matos, nada oferecendo de belo. Quem se aproximaria da casa de Deus com esperançoso coração se o aspecto era assustador?

Assumi a rotina de trabalho com otimismo e coragem, suportando as repreensões com calmo e estóico silêncio. Dantes eu resmungava, praguejava, agredia verbalmente os companheiros... Servir representava suprema humilhação! Agora, com os sentimentos profundamente modificados e com a firme intenção de continuar a mudar cada vez mais, recordava a cena inesquecível do Mestre lavando os pés dos discípulos, em inequívoca demonstração de boa vontade e humildade. Surpreenderam-se todos com a transformação, mas preferiram atribuí-la a desarranjo mental desencadeado por minha tentativa de suicídio e, julgando aproveitarem-se de mim, adicionaram tarefas e mais tarefas ao rol já extenso que me cabia. Aceitei sem discussões, vindo a descobrir que o tempo se multiplicava, sobrando espaço inclusive para o estudo e a meditação, dantes por mim desdenhados. Incrível!

Identificava-me cada vez mais com o Mestre e seu amor inundava minha alma, transferindo-se para meus semelhantes. As palavras de Helena e as de meu benfeitor da floresta jamais me abandonaram. Tempos depois, soube que o amigo ancião partira para a pátria espiritual, mas não me entristeci em absoluto, pois estava imbuído das certezas da vida após a morte e da trajetória do espírito imortal, em sucessivas encarnações, rumo à perfeição. Meu amigo cumprira, e muito bem, a missão a ele confiada; de minha parte, restava a gratidão e o afeto que o tempo não destrói. No que se refere a minha bela Helena, após meu retorno ao convento, nunca mais comigo se comunicou através de um encarnado.. Sinto-lhe, contudo, a presença e as intuições luminosas da alma generosa e gentil. Que mais poderia querer? Vistes as árvores e as flores no caminho? Plantei-as, depois de retirar as muitas pedras e renovar o terreno com a enxada, perseverantemente, até que o solo desabrochasse em verde e cores mil. Também a hera e as trepadeiras... Todo esse cuidado mudou o aspecto exterior do mosteiro, suavizando as asperezas, tornando-o menos sombrio. Diariamente, encanto-me com a paisagem e, ao influxo de minhas amorosas vibrações, as flores explodem em cor e perfume e os pássaros fazem seus ninhos nos galhos dos arbustos... Lindo, não vos parece? Devo confessar, a bem da verdade e sem qualquer presunção de julgamento, que não obtive os mesmos excelentes resultados com nossos irmãos religiosos da casa... Ainda não... Resistem à mudança, seus corações estão cristalizados, endurecidos pela imperfeição, fechados ao amor. Não importa! Ainda não é o momento... Paciência! Somente me entristece o fato de, em uma região tão pobre e com tantos necessitados, a casa de Deus tão pouco oferecer aos que a procuram, alheia às aflições de seus tutelados espirituais; deveria ser um oásis de reconforto e segurança, mas continua a timbrar por insultuosa indiferença. Nesses anos todos, o máximo que consegui resume-se na permissão de atender os pobrezinhos bem longe dos membros de nossa ordem, nos fundos da construção e da forma mais discreta possível... Ainda assim, tenho muito a agradecer, pois poderiam ter-me impedido! Como os compreendo! Entre as altas e orgulhosas paredes de pedra da casa que se diz de Deus, ainda está aprisionado um Cristo de reluzente armadura e dourados grilhões, resultado das construções mentais de cada um dos religiosos e da imperfeição espiritual dos que se dizem cristãos. Contudo, o tempo segue sua rota inexorável e o espírito evolui, não obstante a resistência das criaturas. Foi assim comigo e assim será com eles... Então Jesus surgirá em seus corações, despido das ilusões do mundo, verdadeiro! Conhecê-lo-ão manso e humilde, amigo e solidário, sábio e iluminado.

..*

Perplexo e calado, o candidato a cruzado escutava o sacerdote. Deixara de entender algumas partes da surpreendente narrativa, atribuindo-as a caduquice do velho, principalmente as referentes a comunicações espirituais, vidas pretéritas, transformações de sentimentos...

Questionava a veracidade do relato, em especial no que concernia ao horror das guerras santas, pois sempre as tivera em alta conta, entretecendo sonhos de grandeza e religiosidade, e agora o velho deitava tudo por terra! A medo, ousou:

– Senhor, com todo respeito, peço-vos alguns esclarecimentos... Trazeis um Cristo completamente diferente daquele que a Igreja nos apresenta... Esse vosso Cristo deixaria em paz os cães infiéis?! Permitiria que permanecessem bárbaros e sacrílegos, ofendendo os céus com suas crenças?! Não nos cabe, como cristãos, impor a religião certa, a única digna de uma criatura decente?! Será que todos os cruzados se houveram com tanta atrocidade como vós?!

Sorrindo compreensivamente, o monge tentou explicar:

– Vede bem, meu jovem amigo. Tendes relativa razão no tocante a minhas atitudes em campo de batalha, mas posso afiançar-vos que o comportamento dos soldados cristãos em nada se assemelha ao ensinado por Jesus. Por outro lado, saindo do aspecto pessoal, já analisastes quanta fome e miséria, brutalidade e abusos têm sido semeados em nome de uma fé que deveria vivificar e redimir? Pelo Cordeiro que se deixou imolar, homens orgulhosos arvoram-se em juízes e executores, arregimentando exércitos imensos, subtraindo aos lares pais e filhos varões, relegando ao abandono mulheres, crianças e idosos. Sabeis quantos morreram de fome por conta disso? Parece-vos que Jesus assim o desejasse? Esse seria o procedimento dEle? Como ensinar fraternidade, tolerância, perdão, humildade e amor com uma arma nas mãos? Hipocrisia e incoerência!

O rapaz mergulhou em profundas cismas. Frei Damião deixou-o quieto, compreendendo as dúvidas que aguilhoavam aquela alma; anos atrás, experimentara semelhantes ansiedade e angústia, frente à necessidade de repudiar as ilusões caprichosamente engendradas; recolheu-se em prece, solicitando ao Mestre que amparasse aquele amigo em hora tão difícil e decisiva.

No dia seguinte, como não poderia deixar de ser, o futuro soldado de Cristo estava mais confuso e perturbado. Indagações diversas povoavam-lhe a mente e sérios arranhões em seu arcabouço de crenças deixavam-no inseguro. Frei Damião desdobrava-se na rotineira lide, parecendo muito bem, tratando-o com o mesmo carinho de antes. À noite, cumpridas as derradeiras funções na grande e aquecida cozinha, o moço sugeriu ao religioso nova conversa. Preparara-se cuidadosamente para o diálogo, esquematizando uma série de perguntas, estabelecendo uma linha de defesa de seus princípios, centralizada na conveniência e importância das cruzadas como agente de divulgação do cristianismo e salvação de almas.

Sentados nas camas, despejou sobre o ancião:

– Estou enlouquecendo! Deitastes por terra tudo aquilo em que acreditei até hoje! Desde que adentrei esta casa de Deus, impressionastes-me com atitudes e posturas respaldadas em sentimentos elevados, testemunhos irrepreensíveis de amor ao próximo e humildade. Tenho-vos em conta de amigo leal e sincero, atribuindo a vossas colocações extrema importância. Por isso estou perdido, nem sei por onde começar!

Damião sorriu, ajuntando:

– Falai, meu amigo, o que quiserdes, não me ofendereis em absoluto!

– Envergastes as vestimentas de cruzado, empunhastes portentosa espada, dizimastes infiéis sem conta! Vosso nome, Teodoro, ainda repercute como símbolo de coragem e vitória! Hoje renegais o passado que, para a maioria, seria motivo de orgulho! Vós mesmo asseverastes haver despido Jesus das malhas guerreiras, trocando as lutas em campos de batalha pelas tarefas junto aos humildes, aos deserdados. Entendo-vos o afã em servir o Mestre dessa maneira, mas tendes de concordar que fugis ao padrão vigente em nossos dias. Aprendemos com a Igreja a odiar os infiéis; foi-nos ensinado, dia após dia, que precisamos porfiar em convertê-los ou, se isso não for possível, varrê-los da face da Terra, qual erva daninha em campo de trigo! Religiosos assumem tais posturas e nosso soberano ordena que nos apresentemos com armas nas mãos! Somos pressionados de todo lado a agir dessa forma. Desde pequenos ensinaram-nos assim e agora discordais de tudo! Dizeis que é preciso amar e servir, deixando a cada um o livre-arbítrio de suas escolhas e decisões, mesmo que seja alguém que blasfeme contra Jesus! Fico me perguntando: acaso não temeis pela perdição das almas dos infiéis, descrentes do verdadeiro Deus? Queimarão no inferno se nós não os salvarmos! Vós, mais do que eu, sereis responsável, pois sois um religioso! E se eles aumentarem, a ponto de sufocar a verdadeira religião? Em pouco tempo poderíamos ser engolidos por idéias pagãs! Mais ainda, senhor: como ousais espalhar vossa crença insólita? E se eu, como bom cristão, entregar-vos ao prior? Sois temerário!

Não esperou resposta alguma, prosseguindo na catadupa de idéias, como se as alinhavasse ao sabor da tempestade que lhe agitava a mente:

– Esse Cristo, esse Cristo do qual falais com tanta intimidade... Fomos ensinados a temê-lo! Será certo amá-lo tão somente? Não será Ele fruto de vossa cabeça um tanto senil? Remais contra a maré! Onde todos concordam, divergis! Lançais a semente da dúvida! Vede meu caso. Estava certo do que queria, mas pintastes um quadro tal de mortes e atrocidades... Se desisto de seguir para a frente de batalha, considerar-me-ão covarde e traidor; se persisto, temo arrepender-me... Roubastes meu sossego!

O velho religioso dirigiu-se mansamente a carcomido baú, de onde retirou alguns pergaminhos amarelecidos pelo tempo, lendo um deles ao acaso: "Não penseis que eu vim trazer a paz sobre a Terra; eu não vim trazer a paz, mas a espada."

Sorrindo para o perturbado companheiro, explicou:

– Jesus disse isto, sabíeis?

Ao negativo meneio do jovem, prosseguiu:

– E seus discípulos registraram-lhe as palavras... Consta dos Evangelhos do Mestre! Ao contrário do que poderíamos pensar, Ele referia-se ao profundo processo de mudança que sua doutrina ocasionaria naqueles que nEle acreditassem, a ponto de suscitar dissensões e inevitáveis afastamentos. Se não me engano, há pouco estáveis culpando-me disto... Ora, meu amigo, rompimentos com superadas crenças geram instabilidade, insegurança, conflitos... Tudo isso, por sua vez, acaba com a inércia, comumente confundida com paz, deixando a criatura sobre brasas, como estais agora... As dúvidas são como espadas, forçando o rompimento inadiável... Processo doloroso, mas necessário... Se optardes pela mudança em vossos sentimentos, passareis por difíceis momentos, haverá ocasiões em que desejaríeis a inércia e a passividade dos inconseqüentes. Por acaso desejais perfilar ao lado dos que não vivem, vegetam? Assevero-vos que Jesus excede as mesquinharias mundanas, sendo o caminho mais curto para a verdadeira vida. Para viver Jesus, no entanto, imprescindível estarmos mergulhados no mundo sem o deletério entorpecimento de nosso espírito imortal, fazendo parte dele, com ele interagindo, sem sermos dominados por suas tentações e ilusões. Sereis chamado a severos testemunhos, somente vivenciados a contento se aceitos amorosamente, como mecanismos de aprimoramento do ser. Todavia, tendes o livre-arbítrio para sair daqui e envergar a túnica com a cruz, cingir à cintura afiada espada e com ela transpassar o coração de vosso irmão... Não importam as crenças, ele continuará vosso irmão, pois filhos do mesmo Pai... Fácil! Tereis a aprovação do mundo, sereis um herói... No entanto, não importa quantos eliminardes, um dia descobrireis que o verdadeiro inimigo reside dentro de nós, na forma de sentimentos mal trabalhados, emoções perniciosas, vícios indomáveis, desastrosas paixões... Destruir é fácil; construir, dificílimo, pois a cada dia de nossas existências, ingente luta contra nossas inclinações se faz requisitada e nem sempre temos a coragem e a perseverança indispensáveis ao sucesso. Ademais, trata-se de batalha silenciosa e anônima, pessoal e intransferível, somente testemunhada por nós mesmos, destituída das glórias e aplausos do mundo e, na maior parte das vezes, sentir-nos-emos navegando contra a maré das crenças e valores das massas e, o mais penoso, sofreremos a incompreensão dos que nos são caros. O processo exigirá desapego e renúncia! Abri-vos meu coração, repassando o brado de alerta a que não poderia furtar-me como discípulo do Cristo, mas a escolha do caminho compete somente a vós, meu amigo...

Frei Damião sorriu com ternura, complementando:

– Quanto a quaisquer outras perguntas, permiti que responda com indagações, às quais vós mesmos acrescentareis respostas, que deverão respaldar-se nos Evangelhos de Jesus e não em colocações de pseudo-sábios. Quando foi que Jesus forçou alguém a alguma coisa? Não permitiu Ele a cada um o seu momento evolutivo? Por acaso institucionalizou religiões? Ligou sua doutrina a poderes pessoais ou estatais? Nomeou representantes com atribuições de mando ilimitado? Recomendou mandar, controlar, coibir? Ou será que colocou o amar e o servir acima de tudo?

Na manhã seguinte, mal surgira o sol, o rapaz deixou o mosteiro. Fizera sua escolha: a cruzada. Recusara-se a acreditar em tudo aquilo que o ancião dissera, fugindo à verdade, preferindo as ilusões à realidade. Sete dias depois, achava-se no centro de mais uma expedição, recebendo a túnica com a cruz, a espada, o reluzente escudo. O acampamento fervilhava e todos ansiavam pela contenda; as promessas de feitos heróicos e a contagem de mortes futuras aumentava à medida que os ânimos exaltados não encontravam vazão para tanta agressividade latente. Em meio à balbúrdia, o rapaz sentia-se confuso e triste, pois começara a identificar situações análogas às narradas por Frei Damião com tanta sinceridade... Saudades do amigo, da psicosfera calma do convento, receio e suspeita de ter-se enganado na escolha do caminho...

O mouro de escuros olhos e morena pele atingiu-o com facilidade. O golpe da cimitarra rasgou-lhe o ventre, expondo as entranhas; caído ao solo, sentiu-se flutuar, o sol não mais ardia; suaves mãos amparavam-no e ele questionava como um mulher tão linda surgira do nada, em meio à batalha que intensa persistia à sua volta. Era alta e esbelta, com verdes olhos, semelhantes às tenras folhas da primavera, e a farta cabeleira loura estava contida por tênue rede de fios prateados, caindo-lhe em clara cascata pelas costas, revelando o rosto perfeito e as delicadas orelhas, de onde pendiam pequeninas e refulgentes pedras preciosas... Sentiu que a conhecia, embora não se recordasse de onde... Sorriu, retribuindo o sorriso afetuoso da moça, agarrando-se à mãozinha que lhe segurava o braço, temendo que ela se fosse, miragem em meio à tarde de intensa claridade. A dor causada pelo infiel passara como que por encanto e o temor da morte deixara de existir... Ousou indagar da encantadora visão:

– Quem sois? Estais em um campo de batalha e correis perigo, senhora! Não sois uma estranha, mas não consigo lembrar de quando nos vimos antes...

– Proximamente, da narrativa do querido Teodoro, a quem chamais Frei Damião, na figura de Helena. Remotamente, do tempo de Jesus, quando também portáveis uma espada e a levantáveis contra os seguidores do Mestre. Como soldado de Nero, o sanguinário imperador romano, perseguistes os cristãos encarniçadamente, encaminhando-os à tortura e à morte. Fizestes muito mais do que obedecer a ordens: encontrastes real prazer em perseguir e maltratar os indefesos cristãos, principalmente as donzelas bonitas, que sofreram ultrajes e violações antes de serem lançadas à arena de sacrifício. Tantas foram que não vos recordais de mim... Não importa, contudo, pois faz parte do passado e o Mestre ensinou-nos a perdoar, até porque a justiça divina não coloca em nosso caminho aquilo que não seja necessário à evolução. Hoje resgatais parte de vosso delituoso pretérito, como outrora quitei o meu... Hoje dizeis engrossar as fileiras dos servidores do Mestre, mas ainda não o compreendeis, como antes meu amado Teodoro também não conseguia ... Fostes alertado, contudo ainda não estáveis preparado para a verdade. Que importa? Sempre haverá tempo para recomeçar...

Que estaria a celestial criatura dizendo? Quis raciocinar, refutar, contudo algo interiormente lhe dizia que ela estava coberta de razão. Fechou os olhos, relaxando, deixando-se envolver pela tranqüilidade do momento, alheio aos barulhos da peleja que prosseguia a seu redor. Os gemidos dos moribundos vinham de bem longe, o cheiro de sangue na terra ressequida, o sol inclemente... Entre o presente e o passado, seu espírito pairou, livre, pronto para as reminiscências...

Estava na cidade das sete colinas! Viu-se jovem e belo, os musculosos braços e peito bronzeados pelo sol de Roma, os peitorais do uniforme rebrilhando... Relembrou os cárceres lotados, os gritos de medo, o cheiro da palha apodrecida que forrava o chão... Caminhou pelos corredores sombrios, revivendo as cenas dantescas de sevícia, o terror nos olhos das jovens estupradas pelos soldados romanos... Tantas, meu Deus!

A voz de Helena fê-lo retornar ao presente, animando-o a acompanhá-la; colocou as mãos no ventre rompido, sentindo-as pegajosas do sangue que escorria; estranhamente, não havia dor... Amparado pela moça, levantou-se, seguindo-a através dos espaços deixados pelos corpos dos mortos que juncavam o chão, surpreso por ser ignorado pelo inimigo, horrorizado com o elevado número de companheiros caídos. Olhou para trás, deparando com seu próprio corpo deitado sob a ardência da tarde, eviscerado, o sangue esvaindo, empapando a terra árida do campo de batalha. Entrou em pânico, quis correr ao encontro do inerme envoltório carnal, mas foi detido pela jovem companheira:

– Deixai, meu amigo, calma! Tudo ficará bem... Estais vivo, pois aquilo que ali jaz nada representa neste momento, a não ser o vaso que abrigou o espírito imortal durante uma jornada terrena. Mais uma reencarnação termina, outras virão segura e oportunamente, ensejando novas chances de crescimento. Jesus não tem pressa, meu amigo! Cada criatura em processo encarnatório será analisada segundo seus conhecimentos, obras e intenções, sendo-lhe facultado o recomeço. Assim evoluímos todos nós, sem privilégios divinos, sem pressa, tendo nosso livre-arbítrio respeitado, acatado.

Plúmbeas nuvens escureciam os céus da tarde, roubando-lhes o azul, amortalhando o cenário dos corpos caídos; grossos pingos de chuva não tardaram a desabar, encharcando mortos e feridos, formando caprichosos meandros avermelhados em meio à enxurrada provocada pelo forte aguaceiro.

O moço estacou assombrado com a visão que seus olhos presenciavam. Longa fila de espíritos abandonava o triste sítio, amparados por entidades benfeitoras. Um ou outro agarrava-se ao respectivo cadáver, recusando-se a aceitar a perda da vida física, bradando desesperadamente por ajuda. Surpreso, constatou a presença de impressionante legião de espíritos vampirizadores, empenhados em absorver os fluidos vitais que ainda impregnavam os corpos... Outras entidades apossavam-se de determinados desencarnados, envolvendo-os em negras vibrações. Fitou inquisitivamente Helena, que com tristeza explicou:

– Atraímos os que como nós vibram... Mesmo que quiséssemos, não poderíamos auxiliá-los, pois fixam suas conturbadas mentes em faixas vibratórias tão baixas que impossível aproximarmo-nos, restando somente aguardar com paciência as transformações que o sofrimento fatalmente impulsionará.

Os encarnados sobreviventes à contenda reagrupavam-se, abandonando a luta. Novas pelejas suceder-se-iam, mais mortes... O jovem lembrou-se das derradeiras palavras de Frei Damião na hora da partida:

– Escolhestes a cruel luta pelas armas... Respeito-vos a escolha... No entanto, caso permitais, meu amigo, ousaria repetir as palavras ouvidas da boca de meu pai e de Helena na hora da partida: sede misericordioso no combate, cumprindo vosso dever de soldado com piedade cristã, sem jamais esquecer que cada um dos combatentes, não importa a cor e o credo, é filho de Deus, vosso irmão em Cristo, merecedor de respeito. Jesus estará convosco e com eles, pois o Mestre não faz distinção, entendendo que os problemas e as contendas decorrem única e exclusivamente de nossas imperfeições e intolerâncias, não havendo certos ou errados, mas tão somente criaturas ainda em desequilíbrio, distanciadas da divina lei do amor. Com o passar dos séculos, todas essas lutas religiosas cessarão, acompanhando o desenvolvimento moral do homem. Então, o verdadeiro amor, incondicional e pleno, reinará absoluto, os homens viverão em paz. Infelizmente, hoje ainda acreditais necessitar da espada para afirmar e instalar o reino do amor sobre a Terra... Ainda assim, toda vereda trilhada pelo indivíduo é abençoada, pois inevitavelmente, não importa quanto tempo demore, conduzirá ao bem a criatura.

Lágrimas silenciosas rolavam dos olhos do recém-desencarnado. Compreendia tarde demais que fizera a escolha inadequada. Fitou Helena e havia um brado de socorro refletido em seu olhar. Docemente, ela enlaçou-o, dizendo:

– Vamos, meu amigo, vamos! Amanhã será um novo dia!

Depoimento

Todos os caminhos conduzem a Deus, embora inicialmente conspurcados pelo desamor resultante de nossas imperfeições espirituais. Encarnações sucedem-se e, com o decorrer dos séculos, vamos purificando-nos, dificultosa e lentamente, em um processo do qual ninguém escapa. A justiça divina, insculpida em nossa consciência, atua inexoravelmente, mas com piedoso assessoramento daqueles que suplantaram as dificuldades iniciais, apresentando-se para a tarefa de acompanhamento dos irmãos menos evoluídos. Nunca estamos sós, pois sempre secundados pelos que nos amam, tanto encarnados como desencarnados. Pudéssemos compreendê-los e senti-los, não haveria motivo para tantos desesperos e reclamações...

Quando relatei ao jovem e iludido amigo minha história em uma das cruzadas, muitos aspectos do pretérito achavam-se sob o abençoado manto de esquecimento. Assim, desconhecia que estivera aos pés da cruz, assistindo, como soldado romano, ao suplício do Justo, testemunhando a integridade do Mestre na decisiva hora, presenciando a forma impoluta como exemplificara o que havia pregado em seu messianato. Pobre espírito ignorante, não o compreendi, desprezando-o, classificando-o como um farsante, um vencido... Seu manto serviu de pano para nossos jogos, sua doutrina provocou risos e chacotas!

Séculos após, convertido ao Cristianismo deturpado de então, deixei-me embalar por sonhos de poder e glória, servindo-me de Jesus para acessá-los, ousando travesti-lo de guerreiro impiedoso, crendo que o doce Mestre da Galiléia pudesse impor, cobrar, ordenar e avalizar matanças, permitir estupros e torturas em nome de seus preceitos... Ainda não o conhecia!

Como religioso, deixei sua doutrina fora de minha vida, afivelando no rosto máscaras de bondade, pureza e fraternidade... Exterioridades somente! Sepulcro caiado de branco por fora e podre por dentro...

Finalmente, quando comecei a entendê-lo, iniciou-se a dificílima tarefa de iluminação interior, processo individual e intransferível, levado a efeito paulatinamente, caindo e levantando, persistindo sempre.

Muitos passaram pelo mosteiro naquela fase... Em um deles, através da intuição, imprecisa percepção do espírito acrisolado ao corpo físico, de-

tectei um dos companheiros de outrora, que como eu havia lutado contra a propagação da doutrina do Mestre. Tentei avisá-lo... Refutando meus conselhos, veio a desencarnar em sangrenta batalha, ainda iludido com a idéia de impor a ferro e fogo o cristianismo aos infiéis, atávica pretensão de controlar os anseios religiosos das pessoas, como se isso fosse possível.

Ainda hoje, as criaturas arvoram-se em defensoras da doutrina do Mestre, esquecidos de praticá-la em sua pureza e simplicidade maravilhosas, sem cobranças ou julgamentos. O sangue continua a correr, a Humanidade persiste mergulhada no desamor; caminhos e pseudoverdades são rotulados, atribuídos ao Cristo e empurrados aos companheiros de existência terrena. Acreditamos piamente estarmos fazendo o bem.

Jesus pacientemente nos aguarda. Enquanto isso, estamos vestindo o Mestre com nossas fantasias, mentindo para nós mesmos, fingindo estarmos felizes...

Teodoro

Ester

"Por isso vos digo: tudo quanto suplicardes e pedirdes, crede que já recebestes, e assim será para vós." (Marcos, cap. XI, v. 24).

"A prece é uma invocação, mediante a qual o homem entra, pelo pensamento, em comunicação com o ser a quem se dirige... O Espiritismo torna compreensível a ação da prece, explicando o modo de transmissão do pensamento, quer no caso em que o ser a quem oramos acuda ao nosso apelo, quer no em que apenas lhe chegue o nosso pensamento... Dirigido, pois, o pensamento para um ser qualquer, na Terra ou no espaço, de encarnado para desencarnado ou vice-versa, uma corrente fluídica se estabelece entre um e outro, transmitindo de um ao outro o pensamento, como o ar transmite o som.

Está no pensamento o poder da prece, que por nada depende nem das palavras, nem do lugar, nem do momento em que seja feita." (O Evangelho segundo o Espiritismo, cap. XXVII).

– Mãe! Mãe!

A criança corria pela ensolarada e poeirenta estrada com a velocidade que suas curtas perninhas permitiam. O caminho estendia-se, ladeado por rasteira vegetação, perdendo-se no horizonte de límpido azul. A pequenina vila, situada em verdejante vale, cercada por frondosas árvores onde os pássaros estabeleciam álacre sinfonia, assemelhava-se a tranqüilo oásis.

– Mãe! Mãe!

A casa de floridas trepadeiras agarradas à

branca fachada ainda estava longe, mas a criança insistia em seus chamamentos. Queria chegar, chegar! A seus brados ansiosos, rostos surgiam em janelas, corpos espiavam das portas, vozes diversas indagavam:

– Que foi, menino? Para que essa gritaria toda?!

Calava o pequeno por instantes, continuando a desabalada carreira. No peito, o coraçãozinho precípite batia, a ofegante respiração sinalizava o fracasso das forças.

Enfim, a casa! Subiu os poucos degraus de pedra de uma só arrancada, praticamente aterrissando no aposento principal, misto de quarto e cozinha. Em frente ao fogão, a mulher voltou-se assustada:

– Jeziel! Por que estás a correr como doido?! Já não te disse que deves andar como todo mundo, sem essa aflição toda? Consomes-te em pressa, filho!

– Mãe, sei de tudo isso que me repetes sem cessar... "Devagar, Jeziel, devagar"... No entanto, quando souberes da novidade, entenderás minha agonia e talvez até corras mais do que eu! Ouve! Sabes o tal Profeta? O Rabi? Aquele que dizias desejar conhecer? Pois bem! Está na aldeia vizinha!

Os olhos da criança brilhavam, as faces enrubesciam de emoção, aguardando, em ansiosa expectativa, a manifestação materna:

– Como sabes disso, menino?! Nenhuma das vizinhas mencionou o fato e bem conheces como não se guardam segredos ou novidades por aqui... Tu, quero crer, não saíste da vila... Saíste?

Diante do negativo meneio, ela balançava a cabeça, concluindo:

– Jeziel, Jeziel! Estás a sonhar de novo...

– Não, mãezinha, é verdade! Saí para caçar...

– Jeziel! Passarinhos novamente? Pobrezinhos! Tens o que comer em tua casa, não precisas sair a matá-los...

– Tu não me deixas contar! Como estava tentando falar, sai em busca de caça... Mas não encontrei um só passarinho...

Diante do olhar francamente desaprovador de sua mãe, tentou remediar a situação:

– Pronto! Vi alguns sim, mas não fiz nadinha contra eles, nadinha... Antes encontrei Jediadah, o moleiro, com um carregamento de trigo para a pousada. Conversa vai, conversa vem, peguei uma beirinha na carroça e ele veio me contando. Faz dois dias que Jesus está em sua aldeia! Lembras do coxo, aquele a quem sempre davas comida quando por aqui passava a esmolar? Curou-se, está andando normalmente! E só com uma conversinha com o Rabi!

E o menino desatou a narrar histórias e mais histórias, sob o olhar espantado da jovem senhora. De vez em quando, Marta arriscava alguma pergunta:

– Será que tudo isso é verdade, filho? O povo aumenta, exagera...

– A senhora é muito incrédula! Que interesse teria Jediadah em mentir?

– Ora, não se sabe...

– Mãe, escuta, por favor! Escuta! Já pensou se Ele cura Ester?!

– Filho, estás a sonhar novamente! Tua irmãzinha não tem jeito, nasceu assim... Imóvel, muda, parece não nos ver ou escutar...

– Mas Ele pode curá-la! Ele pode, mãe! Vê o caso do coxo, por exemplo. Seria menos sério do que o de Esterzinha? Duvido!

A mulher aproximou-se de uma das camas, fitando a criança com entristecido olhar: que seria da filhinha quando se fosse? Desde o parto conturbado, há quase dois anos, não era a mesma. Perdera a saúde, sem falar que o tempo excessivo para o nascimento provavelmente lesara o juízo da menina... Seu olhos nadaram em lágrimas... Não bastasse a doença da pobre criaturinha, enfrentava sérios problemas com o esposo, que desde então acentuara seu pendor pela bebida, imputando-lhe a responsabilidade do problema. Amiúde exclamava:

– És a causadora de tamanha desgraça! Tivesses aviado-te na hora do parto, ela seria normal! Nasceu roxinha, esperaste demais para colocá-la no mundo...

As injustas palavras enchiam a mãe de revolta e indignação:

– Pois sim! Como se alguém tivesse o poder de apressar ou retardar isso...

– Cala-te! Eu sei o que digo!

Nos últimos tempos, o comportamento do esposo preocupava-a sobremaneira. Após o complicado trabalho de parto, febres contínuas, resistentes a medicamentos e chás caseiros, tosses persistentes e sanguinolentos escarros sinalizavam séria doença e a jovem mulher intuía, bem no íntimo, que sua vida rapidamente se escoava. Uma pergunta afligia seu coração: que seria das crianças? O pai, a julgar por suas atitudes, não se interessaria em delas cuidar... Estava mais preocupado em aproveitar a vida, como assim ele considerava as noitadas em bebedeiras e na cama de mulheres; embora calada, descobrira a existência de outra em especial, sedutora criatura, jovem, linda e descompromissada com familiares deveres. Que seria de seus filhos? A menininha exigia tantos cuidados! Se ela, que era mãe, sentia nos ombros o peso da responsabilidade e do cansaço, a outra provavelmente repudiaria tão árduo encargo!

Procurou afastar os pensamentos tristes e preocupantes, voltando-se para o menino:

– Estás todo sujo... Olha tuas roupas... Troca-te, mas antes toma um bom banho no regato. Esfrega bem as orelhas! Estou vendo a sujeira daqui, Jeziel! A comida estará pronta quando chegares...

– E Jesus, mãe?

– Ora, Jesus... Pensaremos e resolveremos depois... Temos tempo!

– Nem tanto! Jediadah disse que logo Ele seguirá adiante! Precisamos ir ao encontro dEle!

Tudo era tão fácil para as crianças! Viajar... Sem dinheiro, uma criança enferma ao colo... Com o marido não podia contar... E quem garantiria a veracidade das histórias? Arriscava-se a fazer uma viagem inútil...

– Veremos, meu filho, veremos...

O dia transcorreu na tediosa rotina de sempre. À noite, o esposo não regressou, mas o fato transformara-se em algo corriqueiro nos últimos tempos; as vizinhas alertavam-na, oferecendo detalhes sobre a aventura extraconjugal do companheiro, todavia nada podia fazer, temendo enfrentar o temperamento colérico e instável do consorte, sem mencionar a dependência financeira, precisando para os inevitáveis compromissos... Assim, calava, aguardando que as coisas melhorassem, orando para que o inconseqüente retornasse calmo ao lar. A última ausência fora terrível, com privações de alimentos e doenças dos filhos, ela passando noites insones a suas cabeceiras, procurando aliviar os sintomas das enfermidades com ervas e chás caseiros, ligando-se a Deus, implorando auxílio. Quando o jovem esposo finalmente chegara à casa simples e asseada, mostrara-se irritado, descontando nos familiares e nos poucos móveis e utensílios a ira, surrando-a impiedosamente; como se não bastassee, virara a caminha da doentinha, jogando-a ao chão, enquanto bradava violentamente:

– Inútil! Por que não morres? Tenho eu que me matar de trabalhar para sustentar um verme com tu?

Isso fora há seis meses. Desde então, as ausências ocorriam periodicamente, mas não tão demoradas, e o cônjuge aparentava maior serenidade, embora indiferente a tudo e a todos. Graças a seus próprios esforços, auxiliada por Jeziel, iniciara uma horta nos fundos da casa, pacientemente retirando pedras e estercando a árida e improdutiva terra, até que o solo se abrira em vegetais e hortaliças viçosos, que ela usava na alimentação familiar, permutando o excedente com os vizinhos, a troco de gêneros diversos. As dificuldades enfrentadas com a irresponsabilidade do esposo haviam servido de lição, determinando que se precavesse para o futuro. Conseguira também mudas frutíferas, plantando-as, surda às irônicas observações do marido a respeito do tempo que levaria para a colheita. Foram maneiras de minorar as necessidades, a penúria, além de salutar terapia para a tristeza e a ansiedade que ameaçavam fragilizá-la. Discutir? Melhor calar e trabalhar, pois não poderia deixá-lo. Olhava a pequenina com especial apreensão, raciocinando:

– Se eu, que me considero normal, pronta para o trabalho, estou em tal situação, que dizer da coitadinha?

A notícia da passagem do Profeta, conquanto despertasse seu interesse, evidenciava a impossibilidade de até Ele chegar; a aldeia vizinha parecia-lhe distante, inalcançável; a enferma exigiria cuidados especiais para a viagem, sem falar no fato de o pai provavelmente se opor, descrente que era das coisas espirituais. Sentada à beira do catre revestido de panos escrupulosamente limpos, com pesar contemplava o retalho de linho branco, onde o ataque de tosse havia depositado róseas manchas, segundos antes: sangue. A cada dia, as marcas tornavam-se mais pronunciadas, denunciando o rápido caminhar da doença. Mesmo com cuidados médicos, difícil debelar o mal; como estava, entregue à própria sorte, impossível! Não lhe restaria muito tempo de vida!

Vencida pelo cansaço, Marta adormeceu, despertando aos primeiros albores do novo dia. A manhã radiosa da Galiléia, com seus perfumes, brisas e céu de puríssimo anil, encheu-lhe o coração de esperança. A imagem do Rabi formou-se em sua mente e ela riu. Não o conhecia! Será que a mania de fantasiar de Jeziel era contagiosa? De tanto ouvir o filho discorrer sobre o enviado, estava a imaginá-lo, apossando-se dos detalhes entusiasticamente descritos pelo menino: belo, forte, cabelos à altura dos ombros, macios e levemente anelados, olhos claros... Balançou energicamente a cabeça, tentando afastar os insistentes pensamentos, mas eles retornavam sempre ao Mestre. Teria Jesus, realmente, os tais poderes? Haveria doçura em seus olhos e ternura em suas mãos, entendimento e compaixão pelas dores do mundo?

Não entendia a vida... Uns ditosos, outros penando amargamente... Por que Jeziel era forte como um tourinho, esbanjando saúde e vitalidade, e sua Ester, tão doente? Seria sua a culpa, como o marido não se cansava de repetir?! O filho viera ao mundo em estrelada noite, com uma facilidade enorme, mal sentira as dores do parto. Uma criança linda, risonha, de bem com a vida e com as pessoas... Ester, ao contrário, dilacerara-lhe o corpo em atrozes dores na hora do nascimento, como se presa, imantada ao materno ventre, recusando-se a adentrar o mundo... Olhando-a, não raro sentia inexplicável angústia, um medo imenso invadindo-a, como se aquela criaturinha indefesa de alguma forma pudesse atingi-la... Um desejo de fugir para bem longe, abandonar tudo... Todavia, amava a filhinha, ela não sobreviveria sem sua atenção de mãe... Que seria de seus filhos, especialmente de Esterzinha, caso viesse a falecer? Sentia-se cada vez mais fraca, mal dava conta dos serviços da casa, a febre corroendo-a dia e noite, minorada por tisanas e chás, mas sempre ali, avisando-a do lento esgotar da vida...

Divagava, sentada à soleira da porta, arregimentando energias para realizar as rotineiras tarefas domésticas; as lágrimas desciam pelas pálidas faces, a pergunta mil vezes repetida saía-lhe dos lábios em angustioso murmúrio:

– Que será das crianças?

A imagem de Jesus ocupou-lhe novamente os pensamentos. Que faria Ele em tal situação? Pouco tempo lhe restava e pressentia que, quando se fosse, sua alma não desfrutaria de sossego... Confiar no esposo, acreditando que assumiria seus deveres de pai? Tolice! Aprendera a duras penas que as pessoas somente oferecem aos outros aquilo que têm para ofertar... Encantara-se com a bela estampa do alegre jovem, com sua conversa fácil e sedutora, com o toque ardente de suas mãos... A vida em comum bem cedo se encarregara de jogar por terra as juvenis ilusões, mostrando a face egoísta, volúvel e inconseqüente do companheiro. Amava-o ainda, embora magoada com tamanhas indiferença e irresponsabilidade. Ao casar, o moço certamente não tinha noção do verdadeiro papel de um chefe de família, talvez julgando que o casamento se resumiria em eterno namoro e cama. Enrubesceu violentamente, lembrando-se de que há muito não a procurava, evitando seus carinhos. Como doía a rejeição!

– Mestre, que faríeis em meu lugar?

– Senhora, bom dia! Lindo dia, não vos parece?

Fitou com alheado olhar a carroça e o homem que a conduzia. Notando-lhe a estranheza, ele aprestou-se em acrescentar:

– Jediadah, senhora! Meu nome é Jediadah! O moleiro... Vim atrás de Jeziel, vosso filho. Ontem conversamos muito... Trata-se de um rapazinho inteligente e educado... Despedimo-nos, mas estive a pensar durante toda a noite, cheguei a perder o sono... E hoje, ao sair da estalagem onde pernoitei, decidi-me! O menino mostrou tamanha vontade de conhecer o Mestre Jesus que me comoveu... Falou sobre o grave problema de Ester, dizendo que também não estais bem de saúde... Então, vim buscar-vos, senhora! E Jeziel, e Ester... Cabereis todos em minha carroça, que não se trata certamente de um carro de luxo, mas poderá levar-nos com segurança até o Rabi. Até arrumei um colchão emprestado na estalagem, improvisando um leito para a menininha e a senhora. Assim podereis descansar enquanto viajamos... Jeziel ajudará na condução dos burros e iremos conversando!

– Senhor, nem sei o que dizer... E meu esposo? Tenho que lhe prestar satisfações...

Um sorriso constrangido animou as simpáticas feições do homem:

– Senhora, nas estalagens se fala muito... Fiquei sabendo que vosso esposo empreendeu viagem relativamente longa, com certeza a negócios... Assim me informaram quando resolvi com ele falar a respeito da intenção de conduzir-vos a Jesus... Com todo o respeito, ouso dizer que tereis tempo suficiente para ir, resolver vossas pendências e retornar bem antes dele... Depois, contar-lhe-eis e eu posso, inclusive, responder por meu convite, que se prende estritamente à vontade de auxiliar... Que achais?

A mulher avaliou o homem, atentando nas feições que o sol das estradas tisnara, nas fortes mãos, inequivocamente as de um trabalhador, nas roupas limpas, na barba cerrada e escura, tratada e aparada com cuidado... Tudo nele inspirava confiança, sem falar nos olhos castanhos que a fitavam com respeito e bondade. Havia gentileza e educação em seus gestos e modo de falar... Certamente não se tratava de um bandido! Um pensamento veio-lhe insistente: não se perguntava, momentos antes, sobre o que faria Jesus em seu lugar? Certamente o Mestre não ficaria ali, morrendo aos poucos, sentindo piedade de si mesmo, na soleira de uma porta, a filha imóvel em uma cama... Nem pensar! Ela também não deixaria escapar a possibilidade de resolver seus problemas, ainda que fosse o de Ester, pelo menos!

– Muito bem, senhor Jediadah, seguiremos em vossa companhia! Mas como voltaremos?

– Fácil! Daqui a dias trarei novo carregamento, dessa vez pequeno, e vireis comigo.

– Assim sendo, se não incomodamos, tereis companhia! Precisamos encontrar Jeziel! Foi â fonte encher os potes com água... Prepararei Ester...

Um pensamento repleto de apreensão delineou-se: não tinha um tostão sequer e muito menos víveres para a inesperada viagem! Como se lhe adivinhasse as preocupações, o homem tratou de complementar:

– Ficareis em nossa casa, em companhia de meus pais... São idosos e adoram ter com quem conversar! Ah, adiantei-me, pedindo à estalajadeira que preparasse algumas coisas para o trajeto... Parece que ela exagerou...

E o moço levantava grande cesta de vime repleta de alimentos, cuidadosamente velados por alvos panos.

Os olhos da mulher enterneceram-se e ela conteve a custo as lágrimas. Aquele estranho possuía a rara sensibilidade de auxiliar sem ofender ou constranger... Era evidente que percebera as dificuldades que enfrentavam e se antecipara, em tudo pensando...

– Senhor, Deus vos dê em acréscimo! Neste instante, meu coração encontra serenidade graças a vossa generosa solicitude. Que semelhante paz vos acompanhe sempre!

Encabulado com o agradecimento, o homem desconversou, apressando-se em dizer:

– Vou atrás de Jeziel! Deveis precisar de água para os preparativos... Apressai-vos para que possamos vencer bom caminho antes que o sol se torne inclemente.

Meia hora após, seguiam os quatro pela estrada. Deitada ao lado da pequenina, a moça meditava sobre o destino. Há pouco julgava impossível chegar até o Rabi... No entanto, com a interferência de um desconhecido, teria a oportunidade de socorrer-se do amor do Mestre. Acaso?

A voz de Jeziel interrompeu a seqüência de suas idéias:

– Mãe, olha só o que temos na cesta! Pão fresquinho, mel, queijo, frutas e até um bom pedaço de carne assada. E leite para Ester!

– Jeziel! Onde estão teus modos?! Pediste ao senhor Jediadah autorização para remexer no farnel?

– Deixai para lá, senhora! Jeziel pode conferir o que logo comeremos... Parece-me que estamos todos com fome! Eu, por mim, tenho o estômago nas costas... E tu, Jeziel? Que tal pararmos naquela sombra para comer e esticar as pernas?

Que serenidade naquele companheiro de viagem! Há muito não se sentia tão protegida e, ao mesmo tempo, inusitadamente livre, com a maravilhosa sensação de estar viva e com direito à felicidade! Abençoou intimamente o fortuito encontro do filho com o moleiro Jediadah...

A noite descia quando chegaram à aldeia; assemelhava-se a muitas outras da região e ela mentalmente questionava onde residiria seu benfeitor. A voz calma de Jediadah prestou a informação:

– Vedes aquela casa ao longe? Logo a alcançaremos e um bom caldo certamente nos esperará! E pão fresquinho... Minha mãezinha faz maravilhas na cozinha!

– Não sois casado? Desculpai-me a curiosidade, mas considero impossível não tenhais uma companheira, principalmente por serdes pessoa cordata e muito, muito simpática.

A escuridão da noite ocultou a tristeza nos olhos do moleiro. Limitou-se a explicar com brevidade haver perdido a esposa, vivendo com os pais. Então, chegavam à casa confortável e impecavelmente limpa e arrumada, a ponto de encantar a visitante. Tudo simples, mas cuidado com zelo.

– Senhor Jediadah, vossa casa é linda! Quantas flores...

– Estimo que aprecieis, senhora. Vinde, vou levar-vos ao quarto. Podereis lavar-vos da poeira da viagem e a ceia será servida...

A velha senhora, de alvos cabelos e serenos olhos, e o ancião forte e risonho receberam-nos como pessoas da família, alegres com a notícia de que procurariam Jesus, passando a narrar fatos e a transmitir enriquecedores conceitos aprendidos do Mestre, surpreendendo a moça com a elevação de seus sentimentos. A anciã, observando a criancinha acomodada ao colo da mãe, que pacientemente se esforçava para fazê-la engolir alguns goles de leite, interessou-se, indagando dos motivos de seu problema.

– Enfrentamos sérias dificuldades em seu nascimento... O parto foi longo, difícil, a parteira praticamente teve que arrancá-la de dentro de mim... O pai insiste em que a culpa é minha...

– Credes que Jesus possa curá-la, minha filha?

– Sim, somente Ele poderá operar tal milagre! Tenho fé que sim!

– Amanhã bem cedinho ireis onde as gentes se reúnem para vê-lo e ouvir suas palavras... São muitos, sempre uma multidão aflita, suplicante... Podereis abrir vosso coração sem medo... Para tanto, que tal vos recolherdes? O Mestre começa bem cedo o seu trabalho...

Despertou às primeiras horas do amanhecer, com a álacre algazarra dos pássaros nos beirais da casa; inicialmente, sentiu-se perdida no tempo e no espaço, mas a súbita lembrança do dia anterior sobressaltou-a: o Mestre!

A anciã não se enganara... Embora fosse muito cedo, enorme multidão aguardava a presença de Jesus. Jediadah acompanhara-os, levando nos braços Ester, fitando penalizado o semblante pálido e abatido de Marta. Estava doente a jovem senhora, provavelmente muito enferma a julgar pela extrema magreza e abatimento; o moço recordou o momento em que ela saíra do quarto com a menina no colo, horas atrás. Mal tinha forças para carregar a pequenina! Então se oferecera para levá-los, a pretexto de também ver o Mestre. Retirara-lhe dos braços a criança e pudera notar a dificuldade da jovem mãe em respirar; agora, aguardando a chegada do Profeta, perguntava-se qual seria a mais necessitada: mãe ou filha?

Grande agitação anunciou a chegada daquele a quem esperavam. Jesus caminhou entre a massa, parando vezes seguidas, escutando uns e outros. Seus passos dirigiram-se para o lado onde Marta tomara lugar e ela mal podia acreditar na sorte. Com tanta gente, seria abençoada com uma palavra do Mestre?

Ei-lo à sua frente! Em um primeiro impulso, Marta prosternou-se; depois, movida por estranha força, levantou-se, tomando a filha dos braços de Jediadah, estendendo-a para o Mestre:

– Curai-a, eu vos suplico!

– Sabes o que me pedes, mulher?

– Sim, peço-vos a cura de uma criança inocente! Pouco tempo me resta de vida, Senhor, ninguém a aceitará assim!

Jesus fitou a mulher. Ela continuava a oferecer-lhe a menina, suplicante e humilde, as lágrimas deslizando por suas faces emaciadas. Com doçura, disse-lhe:

– À noite, mulher, na casa de Efraim... Lá me hospedo. Quero falar-te em particular, pois bem diverso do que pensas será o rumo das coisas...

Jediadah apressou-se em informar que conhecia o local; Jesus apenas murmurou:

– Convém que a acompanhes, Jediadah.

Surpreso, o jovem moleiro indagou:

– Mestre, conheceis-me?

Sorrindo levemente, Jesus prosseguiu. Instantes depois, a multidão silente prendia-se a suas palavras. Mal terminara a preleção, foram obrigados a volver ao lar, pois a doentinha piorara sensivelmente, seus olhinhos movimentando-se nas órbitas, aflitivamente, como se desejasse gritar, comunicar-se com o mundo. Pobre Ester!

O dia parecia não terminar nunca! Perquirições atormentavam a angustiada Marta: por que o Rabi queria falar com ela a sós? Como Ele delas se acercara, perdidas que estavam em meio à multidão? No intuito de acalmá-la, Ana, a mãe de Jediadah, relatou que o Messias costumava reunir-se, no final do dia, após a refeição, com pessoas a quem falava em especial, além de informalmente continuar a ensinar a todos, de preferência através de histórias e casos.

– Senhora, por acaso fostes a alguma dessas reuniões?

– Não, minha filha, eu jamais fui a um desses serões, até porque somos abençoados com saúde e paz. O meu Jediadah talvez se interesse em escutar o Mestre mais de perto, pois tem sofrido muito com a morte da esposa, sente muita falta dela... Além de muito bonita, era boníssima... Viviam como dois namorados... Meu filho se ressente de não terem tido filhos, que talvez preenchessem a solidão de seus dias...

A velhinha ficou algum tempo em cismas, todavia logo se animou, retomando o interessante assunto: Jesus.

– Nosso Mestre tem operado verdadeiros milagres, minha filha, e não só curando corpos! Tivemos constatação de mudanças incríveis, pessoas que se transformaram ao aceitar sua doutrina de amor e caridade. Não tenho idéia do que Ele possa querer convosco, mas com certeza deve ser coisa muito boa!

A casinha era humilde. Efraim labutava nos campos, em terras alheias, e já contava relativa idade, a julgar pelos grisalhos cabelos. Sua esposa lembrava muito Ana, pela gentileza e bondade; recebeu-os com sincera alegria, acomodando Marta e a criança em um dos poucos bancos da sala, afagando os cabelos de Ester com carinho. Temendo ser considerada intrusa, Marta apressou-se em esclarecer:

– O Mestre mandou-nos vir, senhora!

– Como não! Sê bem-vinda, minha filhinha. Jesus está nos fundos, conversando com Efraim, não tarda. Estão vendo a construção que meu esposo está levantando, com a graça de Deus. A casa é pequenina e Efraim tem o sonho de aqui reunir as pessoas para o Evangelho do Mestre, até já ganhou algumas anotações do discípulo Mateus! O jeito foi levantar um aposento só para isso... E ele está pedindo conselhos a Jesus, que já foi carpinteiro com o pai... Coisa de homens!

Marta ficou contemplando o rosto radiante da velha senhora. Ela falava de Jesus com uma familiaridade! Carpinteiro?! Havia amor nos olhos da mulher, como se mencionasse um filho, um parente muito amado...

Vozes, uma delas alta e cantante e a outra sonora e educada, indicaram a chegada do anfitrião e do Mestre. Sua presença iluminou a sala despretensiosa! Sutil lufada de perfumados ares refrescou o aposento repleto. Sorrindo, o Mestre convidou-os:

– Faz calor aqui. Que tal nos reunirmos nos fundos, sob as árvores? Belíssima lua fornecer-nos-á sua luz e as estrelas serão rutilante dossel sobre nós...

A conversa transcorria amena. Jesus falou, escutou, esclareceu, riu, brincou com o inevitável... Marta pegou-se encantada com sua figura muito bela, de uma beleza inexplicável. Quanto mais Ele falava, mais ela se rendia a seu encanto...

Uma a uma as pessoas foram se retirando; Marta fitou interrogativamente Jediadah, mas o moço também estava hesitante, respondendo-lhe com leve levantar dos fortes ombros. O Mestre tê-los-ia esquecido? Para alívio de ambos, o convite de Jesus não tardou:

– Então, conversemos? Marta, queres a cura de Ester. Julgas que, se ela estiver em condições físicas satisfatórias, melhor se defenderá das vicissitudes da existência. Acertei?

– Senhor, esse é meu pensamento! Temo pela sorte da pobrezinha quando eu me for...

– Vais partir, Marta?

– Senhor, tudo indica que sim. Estou muito doente, tusso sangue, faltam-me as forças...

– E por que pedes por tua filha e não por ti?

Marta desconcertou-se, percebendo que jamais aventara a hipótese de cura para si mesma... Tentou uma justificativa, mas só conseguiu murmurar:

– Não sei, Mestre. Parece-me justo colocar o bem-estar dela antes do meu...

– Amas tua filha, Marta?

– Sim, muito, e temo por sua sorte. Jeziel é forte, saberá arranjar-se. Ela não, pobrezinha! Não fala, não se mexe, não ouve...

– Creio que tens medo de algo mais, Marta... Algo que está dentro de ti, que em vão procuras esconder de ti mesma, que preferirias não sentir... Por que ela te apavora?

Espanto estampou-se no pálido rosto da mãe. Como sabia Ele de seus secretos temores? Realmente, estranhas sensações invadiam-na ao fitar a criaturinha indefesa, como se ela pudesse causar-lhe muito mal...

– Devem ser meus nervos, Senhor!

Jesus limitou-se a sorrir bondosamente, continuando a dialogar, para desespero de Marta, que não conseguia entender a linha de raciocínio do interlocutor.

– Moras longe daqui, mulher?

– A um dia de viagem de carroça, Mestre. Tivemos sorte, Jediadah trouxe-nos! Por acaso foi a nossa aldeia, carregando trigo para a estalagem, e generosamente nos conduziu até aqui. Sem ele jamais teríamos chegado até Vós! Nem posso acreditar na sorte que tivemos quando vos aproximastes, em meio a tantos necessitados...

– Marta, Marta... Porventura meditaste que não existe o acaso como propugnas? Seria inconcebível que Deus, nosso Pai, deixasse ao sabor da sorte a existência de seus filhos. Tens fraca memória. Ao que me recordo, recorreste a mim, fazendo-me insistentes perguntas. "Que faria Jesus?" Escutei as rogativas, providenciando tua vinda!

– Como pode ser, Mestre? Sequer orei! Falava comigo mesma...

– Estranhas são as criaturas humanas! Acham que orar exige local específico, atitudes ensaiadas, fórmulas preparadas... Ao pensar, estabeleceste o elo indispensável que une a criatura ao Criador. Ninguém fica sem resposta! Quando se crê desatendido, tudo se resume no fato de, vezes sem conta, as pessoas refutarem as intuições recebidas, quando não expulsam com suas vibrações negativas os mensageiros que pretendem ajudá-las. Ao contrário, quando as coisas vão bem, atribuem ao acaso as providências divinas!

Marta abaixou a cabeça envergonhada, sentindo as faces queimarem. Realmente! Quando poderia imaginar que seu monólogo seria ouvido?

– Jediadah...

– Sim, o bom Jediadah... Especialmente enviado, embora ele mesmo conscientemente não o saiba, para conduzir-te e a teus filhos... Os mentores espirituais tiveram um trabalho imenso para convencê-lo a bancar o intrometido na vida alheia... Ele nem dormiu naquela noite...

Marta olhou o Mestre nos olhos e viu que Ele estava divertindo-se com a situação... Pobres tolos eram eles, que julgavam mandar em seus destinos ou considerá-los ao sabor das incertezas! Novamente imbuído de seriedade, Jesus prosseguiu:

– Pediste-me algo para Ester... Julgo acertado explicar-te as razões pelas quais desaconselhamos a cura de tua filhinha. Para tanto, recordarás existência pretérita, uma em especial, aquela que determinou os profundos vínculos entre ti e a que conheces atualmente como Ester.

O Rabi, com encantadora simplicidade, explicou detalhes da multiplicidade de existências, de modo a preparar a moça para o que se seguiria. Como que em transe, Marta mergulhou no passado...

..*

A planície estendia-se a perder de vista; de quando em quando, árvores pontilhavam a vegetação quase rasteira, oferecendo aos viajantes o reconforto de suas sombras. O dia terminava e o crepúsculo descia suavemente; os pássaros buscavam a proteção de frondosas copas e seus últimos cantos tinham a melancolia da despedida; à espera do pastor, as ovelhas ajuntavam-se, e o jovem descia o pequeno outeiro, tangendo-as para seguro aprisco. Solitário cavaleiro seguia pelos meandros da estrada a lento passo, ignorando as luzes que findavam. À distância, sua figura sugeria serenidade, como se irmanado com a natureza, recortado em negro contra o céu em labaredas; no entanto, pudesse o observador chegar mais perto e fitar o jovem e belo rosto, surpreender-se-ia com a avalanche de emoções retratada nos escuros olhos e no amargurado rictus da boca. Raiva, impotência, ódio, insana paixão...

Muitas horas depois, quando a madrugada derramava róseos tons no céu, o misterioso viajor adentrava a deserta cidade. Cuidadoso, prendia o animal a escondida árvore, embrenhando pelas ruelas, ganhando sem hesitação a região nobre, onde palacetes rivalizavam em beleza e luxo. Na casa iluminada por archotes, o moço novamente desviava seu caminho da rota dos guardas que efetuavam a vigilância noturna; ganhava rapidamente as escadarias que conduziam ao andar superior com a naturalidade dos que conhecem o terreno, estacando diante de uma porta delicadamente lavrada em tons de ouro e marfim. Recuava e avançava vezes diversas, como se enfrentasse sério dilema, decidindo-se finalmente: sem bater, adentrava o quarto em penumbra. Um odor acentuado de incenso provocava-lhe leve tontura e ele intimamente questionava a preferência da ocupante do luxuoso aposento: como poderia alguém viver naquela atmosfera, longe das brisas refrescantes da noite? Painéis de seda recobriam as paredes e pendiam do teto; o rapaz afastava-os com irritação e desdém. Um animal aproximava-se silenciosamente e ele constatava tratar-se de um gato do deserto, espécie selvagem domesticada por gentil e férrea mão, meneando a cabeça: absurdo!

Sobre o leito, entre almofadas, a moça dormia. Os longos cabelos de fulvos fios escorriam pelos travesseiros, sedosos e brilhantes; delicada indumentária de diáfanos panos vermelhos envolvia-a, mal velando as formas perfeitas e delicadas. O homem quedava-se a olhá-la e a expressão irada ia aos poucos abrandando... Depois, seus olhares caíam sobre os alvos trajes em uma cadeira, bordados e rebordados com fios de ouro e pedrarias: as vestes do casamento! A ira retornava aos negros olhos do invasor... Silenciosamente tomava nas mãos uma das almofadas que guarneciam o leito, pressionando-a contra o rosto da formosa adormecida. Lágrimas deslizavam pelo rosto másculo e bronzeado, mas a pressão não diminuía e ele apertava com força cada vez maior, impedindo que a vítima fugisse ao fatal jugo.

– Morre, morre, traidora! Se não és minha, de outro não serás jamais, jamais!

A pobre tentava liberar-se das fortes mãos do agressor, contudo somente conseguia arranhar-lhe os braços. Instantes depois, o corpo jovem e lindo quedava-se entre as sedas. Então, lentamente a almofada era retirada e o homem observava as delicadas feições amorosamente, acariciando o rosto perfeito. Sempre chorando, beijava demoradamente os lábios da morta, retirando-se pelo mesmo caminho anteriormente percorrido. O profundo silêncio da casa não fora quebrado pelo gesto assassino e breve o invasor perdia-se na cidade ainda adormecida. Relâmpagos clareavam a madrugada, espantando as luzes da aurora, e o céu plúmbeo prenunciava a procela, que não se fazia tardar. A escuridão instaurada pela violenta tempestade seria conivente com o segredo daquelas duas almas. Para conhecer-lhes a trágica história, reportemo-nos há seis meses...

Seis meses antes da trágica noite, encontraram-se pela vez primeira Esaú e Samara. O jovem integrava uma das tribos hebraicas, tendo recebido tradicional educação, preparando-se para desempenhar futuras e importantes funções. Dele muito esperavam os anciãos, tratando-o com especial deferência. De resto, não se lhe poderiam negar a bela aparência física, a inteligência, a habilidade nas artes marciais. Os olhos profundamente negros despertavam suspiros femininos, as jovens casadouras anelavam por sua atenção. Estudara as escrituras e jamais cogitara em renunciá-las, acreditando em um Deus único, inteiramente voltado para as necessidades dos que como ele pensavam. Os povos politeístas que os cercavam despertavam-lhe repulsa, indignação e desprezo. A existência transcorria pacífica e serena, dividida entre as ovelhas, os estudos, os jogos de guerra e as belas jovens da tribo, das quais uma merecia distinção: Raquel.

Estranhamente, aquele dia mostrara-se, desde muito cedo, atribulado. A mãe, sempre cuidadosa e pontual, dormira além da conta, o mesmo acontecendo com as servas da casa, que também deixaram queimar o desjejum, sendo preciso improvisar uma refeição às pressas. Foi assim que Esaú percorrera os habituais caminhos que o conduziriam à região de pastoreio muito mais tarde do que o costumeiro.

A caravana passando ao longe chamara-lhe a atenção pelos coloridos estandartes e significativo contingente de homens e alimárias. Seus acurados olhos visualizaram hercúleos escravos transportando dourada cadeira guarnecida de cortinas de seda. Esaú desejara aproximar-se, espicaçado pela natural curiosidade dos jovens: que beleza estaria oculta por detrás daqueles panos? Ou seria alguma feiosa? Rindo alegremente, concluíra:

– Estou atrasado mesmo, devem ter feito a minha parte no serviço, por que não me aventurar? Vamos lá!

Olhando para as fortes pernas, mentalmente apostara:

– Se continuarem nesse andar de lesmas, poderei alcançá-los daqui a duas horas! Cortarei caminho entre a vegetação, resguardando o sigilo de minha presença...

Meia hora depois, diminuíra ainda mais o ritmo dos viajantes, facilitando as coisas para o moço hebreu. Estavam cansados... Melhor... Lembrara-se da presença de verdejante local, onde límpidas águas costumavam acolher humanos e animais, deduzindo que ali aportariam.

Sua conjectura confirmara-se e, após algum tempo, conseguira acercar-se do acampamento, permanecendo oculto entre os arbustos; uma tenda colorida deveria ser a da desconhecida, e ele rodeara-a cautelosamente, levantando a beirinha do tecido, espreitando: vazia! Vozes mais abaixo e risos indicaram o paradeiro da misteriosa viajante. Descera o ligeiro declive sempre escondido, deparando com a mais linda criatura que já vira! Acompanhavam-na duas servas e elas estavam a pentear-lhe os longos cabelos do tom do ouro avermelhado, ainda úmidos da natural e cristalina bacia d'águas onde se banhara. Envolvia-a leve camisolão branco e o tecido aderia à pele molhada, delineando as formas muito jovens e perfeitas.Estava de costas, sentada em grande pedra, e o moço hebreu desejara ver-lhe o rosto, fantasiando sua real aparência... Quem seria, como seriam sua boca, seus olhos, o contorno das faces?

As escravas terminavam a tarefa, recolhendo pentes e potes, iniciando a subida de volta à tenda. Assustado, retornara sobre os passos, pois teriam que fatalmente por ele passar. Desesperado, localizara grande árvore e por ela subira agilmente, escondendo-se entre a viçosa ramagem. Bem a tempo!

As serviçais faziam gestos, convidando a mocinha a acompanhá-las e ela ignorava-lhes os apelos, dispensando-as com encantador enfado. Suave brisa agitava os cabelos quase secos da jovem, cercando-a de dourada nuvem, e ela abaixava-se para colher as flores silvestres desabrochadas perto da água. Como seria seu rosto?

Então ela volvera e, extasiado, Esaú pudera contemplar a pele clara, os lábios delicados, as afiladas mãos que seguravam o ramalhete singelo... Ela subia e ele procurava ocultar-se melhor. Naquele momento, lindo pássaro de coloridas plumagens empreendera gracioso e longo vôo de uma rocha próxima, pousando na árvore-esconderijo, desatando a cantar primorosamente, encaminhando os fascinados olhos da moça para o ansioso que a espreitava. Fitaram-se por instantes e o moço, ao ler surpresa e temor nos imensos olhos verdes, prevendo que ela gritaria, precipitara-se dos galhos, envolvendo-a em apertado abraço, enquanto uma das mãos tampava-lhe a boca, sussurrando ao mesmo tempo:

– Não tenhas medo, não te farei mal algum! Jamais te magoaria... Meu Deus, és a criatura mais linda do mundo! Vou retirar a mão, fica quieta senão acabam comigo, o que seria uma pena, pois pretendo casar contigo, bela estranha!

O que atrairia duas criaturas com tamanha intensidade? A pergunta formulada pelos enamorados de todas as épocas ficaria sem resposta, somente o irrefutável permanecendo: a paixão imediata, à primeira vista, incontrolável...

Vozes chamavam-na:

– Samara!

Sorrindo, a moça prosseguira, voltando-se muitas vezes para olhar o intruso, encontrando-o sempre a fitá-la. Quase ao entrar na tenda, sussurrara, de forma cadenciada e lenta, uma palavra, o nome da cidade onde morava. Esaú exultava: saberia onde encontrar a doce visão!

O regresso à tribo fora em estado de graça. Amava-a! A imagem de certa moça, a quem prometera casamento, esvaíra-se nas asas da paixão estrangeira. Apaixonara-se, o que constituía um sério problema em vista dos costumes hebraicos, discriminatórios em relação a estranhos como consortes. E a diferença de crença?

Até então, ele mesmo fora intransigente quanto aos politeístas! Inseridos entre povos com uma profusão de deuses, obstinavam-se em manter a pureza da crença, evitando a influência de hábitos alienígenas. E agora? Restar-lhe-ia obedecer, desistir do amor, da felicidade? Seria justo?

Notaram todos que algo acontecera. De natural alegre e bem humorado, Esaú tornara-se irritadiço e tristonho, amuado pelos cantos, evitando os amigos, ensimesmado em incomum mutismo. Raquel, a bela judia, com a sensibilidade das mulheres apaixonadas, compreendia a seriedade da transformação do noivo, buscando o patriarca:

– Pai, creio que Esaú deixou de amar-me...

– Ora, que tolices estás a dizer, minha filha?! Imagina se ele rejeitaria a mais bela filha de nossa raça! É bem verdade que tem andado estranho, mas nada deve ter a ver contigo... Se te tranqüiliza, falarei com ele... Já é hora de acertar o casamento para o mais breve possível!

Fora com surpresa e temor que o moço recebera o recado do ancião. Às primeiras palavras, compreendera: Raquel queixara-se de sua indiferença. Melhor! Resolveria de uma vez a pendência. Recusar-se-ia ao casamento acertado pelos pais e aceito com tanto gosto por ambos os envolvidos até o dia em que enxergara a linda estrangeira e mudara de idéia. O patriarca assustara-se:

– Como?! Está acertado, Esaú! Será uma desfeita irreparável! Existe alguma razão para tal despautério? Raquel cometeu alguma indignidade que estás a ocultar-me?

– Não, em absoluto, senhor! Raquel tem sido um anjo! Mas não posso unir-me a ela, não a amo... Outros pretendentes surgirão assim que desfizer o compromisso e ela poderá ter como esposo alguém que a ame e respeite como merece. Eu, amando outra, seria péssimo companheiro e, com o tempo, ela reconheceria isto, sentindo-se infeliz... Eu também seria infeliz!

– Se não queres Raquel, qual é a eleita de teu coração?

– Não sei seu nome de família, mas tão somente onde mora. Buscá-la-ei, trazendo-a até vós.

– Que história é essa, Esaú?! Conhecemo-nos todos e de há muito! Estás louco?

A notícia espalhara-se como o vento na planície! Esaú escolhera uma estranha, repudiara Raquel! Pretendia unir seu sangue a uma mulher de outra raça, de outras crenças. Desgraça!

Em meio a lamentações familiares, recriminações de todos da tribo, choro e trágicos vaticínios, Esaú seguira para as terras de sua amada Samara. Embora o moço compreendesse as dificuldades a serem enfrentadas, certamente as minimizara em sua análise. Após dias de viagem, finalmente deparara com a cidade, logo confirmando, pela luxuosa residência, tratar-se de alguém de destaque social. Ali, a simplicidade dos hábitos hebraicos chocava-se com a riqueza dos trajes e jóias, com os costumes exóticos, sem falar na mistura de religiões e rituais. Inicialmente, bem claro ficara que não o aceitavam como pretendente da bela Samara! Os irmãos da moça eram fortes, indignaram-se com a pretensão do estranho e mantiveram-se inabaláveis: impossível! Corroborando a indignação familiar, os servos encarregaram-se de lançá-lo à rua sem a menor cerimônia, em meio à poeira:

– Fora, atrevido!

Da janela, a moça sorria-lhe.

Resolvera aguardar, pois a parte diretamente interessada não parecera indiferente a suas pretensões. Embrenhara-se em bosque próximo, fazendo de uma gruta seu esconderijo; ali poderia lavar as roupas enxovalhadas em riacho próximo, pescar e, bendizendo a providência que o fizera rechear de alimentos os alforjes, esperar. Ela apareceria...

Cinco dias decorridos, começara a desanimar. Ter-se-ia enganado? Na manhã do sexto dia, quando estava em franco processo de desespero, ruídos nas cercanias do riacho alertaram-no. Vozes, uma delas inconfundível: Samara! As servas eram as mesmas de antes...

Seriam coniventes com o proibido romance? Somente havia um meio de saber: mostrando-se. Caso gritassem, haveria tempo para fugir e, ainda assim, a amada conheceria que não desistira. O discreto apoio das mulheres facilitara o relacionamento dos jovens enamorados, que passaram a encontrar-se no encantador local, dia após dia, com a cumplicidade de ambas para a vigia, alertando-os em relação ao eventual aparecimento de curiosos.

A moça, no entanto, recusava-se a partir com o rapaz, alegando não conseguir viver longe da família, temendo ser maltratada em meio ao povo de Esaú. O rapaz, embora intimamente concordasse com as alegações, esforçava-se em tirar da cabeça da namorada tais idéias, temendo um rompimento definitivo.

Como não poderia deixar de ser, o namoro fora descoberto e as servas severamente punidas; com muita sorte, Esaú evadira-se, retornando a sua aldeia. Se alguma vez cogitara que poderia olvidá-la, os meses seguintes serviram para provar que a paixão aumentava com a distância. Sentia-se enlouquecer! Pressionavam-no, exigindo que se consorciasse com Raquel ou outra qualquer de sua raça; com Samara, nem pensar! Ameaçaram-no com expulsão, quando viveria longe dos seus, amargando forçado exílio. Sua existência transformara-se em um inferno particular, dividido entre o amor a uma mulher e suas responsabilidades em relação à tribo, entre a paixão e o dever!

Após dois meses, Esaú resolvera investir novamente na conturbada relação, partindo para as terras de sua amada. Pensara muito e resolvera abandonar seu povo e assumir os hábitos e crenças de sua escolhida, iniciando nova etapa de vida entre os estrangeiros. Em momento algum refletira que poderiam rejeitá-lo! Encontrara a jovem entristecida, ouvindo de seus lábios o relato de desventuras e pressões e a notícia de que o pai, desgostoso com as atitudes da filha predileta, acamara seriamente, correndo perigo de vida. Assim sendo, a jovem decidira terminar o namoro, pedindo-lhe que se afastasse definitivamente. Juntos, causariam tanto mal a tantos... Jamais seriam felizes...

Esaú desesperara-se. Julgava-se traído pela mulher amada. Enciumado, perguntara:

– Tens outro? Tens um pretendente mais a teu gosto, Samara? Será que estou a sofrer em vão por ti, que não mereces o que meu coração sente?

– És injusto, Esaú. Bem sabes que as circunstâncias impedem nosso amor! Questionas se há alguém e não vou enganar-te... Meu pai selecionou o noivo considerado apropriado para mim... Deverei esposá-lo no prazo de três meses. Que posso fazer?!

A índole apaixonada do rapaz revoltara-se contra aquilo que julgava ser indiferença da mulher amada. Queria dela o mesmo desespero seu, decisões arrojadas e definitivas no sentido de defender o envolvimento de ambos, a disposição de cometer loucuras em nome do amor! Um Esaú completamente desatinado, com desejos de vingança contra tudo e todos, deixava as terras dos gentios!

Três meses! Em três meses outro a possuiria, afogar-se-ia na maciez dourada de seus cabelos, perder-se-ia no corpo jovem e frágil... Ciúme atroz corroía-lhe a alma, não obstante os conselhos paternos, as palavras conciliadoras dos anciãos e a solicitude afetuosa e sincera de Raquel, que desistira da pretensão de desposá-lo, sufocando os sentimentos de mulher para assisti-lo na qualidade de sincera amiga. O pacífico Esaú de outrora, em confronto com a realidade da perda e a impotência de realizar seus desejos, revelava-se um homem magoado e vingativo, apegado à idéia fixa de que a pobre Samara o traira. Enquanto isso, a moça aceitara o matrimônio imposto, descobrindo no noivo uma criatura bondosa, portador de enobrecedoras qualidades. Em incomum diálogo, a moça expusera ao homem eleito por seu pai o frustrado romance, usando de sinceridade, pedindo ao noivo paciência, asseverando que o honraria, havendo a futura possibilidade de amá-lo. Na verdade, a jovem Samara decepcionara-se com o comportamento de Esaú, desagradavelmente surpresa com a raiva, o ciúme e o ódio expressos por ocasião do desenlace. As suspeitas quanto à inexistente traição indignaram-na e não compreendia a dificuldade do rapaz em entender que não pretendia magoar os pais, a família. Além do mais, despindo o relacionamento das ilusões e brilhos aventurescos, restava uma indagação: seria amor ou simplesmente uma paixão?

Dias antes das núpcias, mercadores de passagem pela aldeia de Esaú trouxeram notícias de que muito haviam negociado em terras próximas, por conta dos festejos de casamento da bela Samara. Esaú julgara-se enlouquecer! Vagava pelos campos aos gritos, extravasando a dor e o ciúme, mas infelizmente não lograra acalmar-se, sentindo uma raiva imensa da moça, uma ânsia de destruí-la... Rejeitara ponderados conselhos, expulsara de casa a chorosa Raquel que buscava consolá-lo, partindo para a cidade daquela que passara a considerar mortal inimiga.

Após o assassinato, Esaú encaminhara a montaria para sua aldeia. A tempestade subitamente instalada amedrontava-o pelo furor dos ventos e lampejos. O pobre, em sua insanidade, julgara que, eliminando a mulher amada e pretensamente odiada, a paz retornaria ao seu coração, mas descobria tarde demais que se enganara terrivelmente. A lembrança da jovem atormentava-o e a razão começava a falar mais alto: por que fizera aquilo? Como poderia viver com aquela culpa a dilacerá-lo, com a saudade a consumi-lo? Desesperado, nas primeiras voltas do trajeto, forçara o assustado animal a precipitar-se despenhadeiro abaixo, dilacerando o corpo nas pedras, julgando assim asserenar o coração.

Os anos passaram-se... Dez, vinte, trinta, oitenta, cem... Ao tempo de Jesus, renasciam Esaú como Ester e Samara como Marta. A bondosa e paciente Raquel retornava nas roupagens carnais de Jeziel. Uniam-se, sob um mesmo teto, os personagens da tragédia de outrora, perseguindo o inevitável reajuste.

* * *

Marta sentiu-se como alguém que desperta de um longo sonho,

mas, a julgar pelos demais, tudo havia ocorrido rapidamente. Jediadah fitava-a surpreso, pois a jovem senhora, que conversava normalmente com Jesus, em discreta e reservada posição, entrara em uma espécie de transe, do qual retornara minutos depois, com estranha expressão no pálido rosto. Pudesse ler os pensamentos de sua hóspede! Marta ainda sentia as emoções da regressão: Ester, a sua filhinha... Roubara-lhe a vida, de forma tão violenta e sem possibilidade de defesa... Então, era Esaú... E ela, a pobre dona de casa, fora aquela jovem lindíssima, com vestes luxuosas, servas, jóias... Começou a entender porque a criança nascera tão penosamente, como se a recusasse no papel de mãe... Jeziel, o filho amoroso, com quem se relacionava maravilhosamente, fora aquela moça gentil que amara sinceramente o jovem Esaú, não obstante seus defeitos! Estaria ficando louca? Olhou para Jesus e Ele brincava com uma varinha, extraída de florido arbusto.

– Mestre, que significam tais lembranças?

– Para entendermos o presente, Marta, faz-se mister entender o passado. Ester traz no corpo físico as seqüelas do ato perpetrado contra a própria vida, sem falar nas culpas oriundas da violenta agressão contra aquela que se chamava Samara. Dilacerando o corpo outrora, determinou os defeitos físicos do momento e talvez de encarnações vindouras. Tu, a vítima do passado, a involuntária causadora do desespero de Esaú, aceitaste a redentora tarefa de auxiliá-lo, na pele da enferma Ester, a transformar-se. Não pretendo curá-la, pois estaria privando-a de valiosa oportunidade de aprendizagem e mudança. Terá que trabalhar os infelizes sentimentos que a conduziram, em pretérita existência, ao assassinato e ao suicídio. Em verdade, posso afirmar-te que em Ester criança vive o mesmo Esaú revoltado de antes! Pensas que não ouve, não vê, não sente? Somente não exterioriza, pelas limitações físicas, suas percepções e sentimentos...

– Mas, Mestre, vou-me desta vida, provavelmente pouco tempo me resta...

– Quem disse isso? Porventura sabes mais do que nosso Pai? Eu te digo, em verdade, longos anos habitarás sobre a Terra; cuidarás de teus filhos Jeziel e Ester e de outros que virão. Todos se casarão, mas Ester será só, dependendo de ti e de teu companheiro. Deverão amá-la, educando-a para o verdadeiro amor, aquele que nada exige, que basta por si próprio, libertando a criatura ao invés de agrilhoá-la em nefastos apegos. Ao término de vossas jornadas existenciais, almejamos a reconciliação de almas que se feriram no passado e significativas mudanças na área afetiva em cada um dos envolvidos.

– Como farei isso, Jesus? Como?! Sou uma pobre mulher, ignorante, dedico-me tão somente aos labores domésticos...

– Depois do que presenciaste de anterior existência, persistes nessas bobagens? São crenças sem fundamento, transmitidas e incorporadas há gerações, preconceituosas, injustas e cômodas para os que não desejam crescer! Mulher, homem, que importa? Sois todos espíritos, com potencialidades infinitas! Tendes a capacidade de superar os problemas, basta que abandoneis a condição de vítima, saindo da inércia dos que bradam Senhor! Senhor!, de olhos fechados para a inspiração superior e o trabalho de construção íntima, aguardando "milagres".

– Mestre!

– Marta! Quando deixarás de crer no acaso, sabendo que leis perfeitas regem o Universo e não há nele uma só folha que caia sem que meu Pai disto se inteire? O homem ora, ainda que não saiba o que está fazendo, e não acredita nas respostas divinas?! Pede o auxílio dos céus, mas permanece preso à terra qual verme, preferindo acreditar em algo sobrenatural que o livrará dos problemas a saber da força interior que reside em cada criatura, capacitando-a a conduzir a própria vida?!

– Jediadah?

Jesus riu:

– Jediadah, Marta! Como disseste? Encontro fortuito? Assim te referes a teu futuro marido?

– Sou casada, Senhor!

– Eras. Teu esposo malbaratou preciosa oportunidade, preferindo as ilusões mundanas. No momento jaz em rasa cova, vítima de ladrões da estrada. Sofrerás a perda, chorarás, mas Jediadah será excelente companheiro no futuro, auxiliando-te na tarefa de recuperação moral de Ester, ou devo dizer Esaú?

– Terei forças para tão difícil empreita, Senhor?

– Certamente! Ora, ligando-te a Deus. Pede com fé, mas deixa a Ele a atribuição de analisar tuas preces, destinando o melhor para a tua evolução espiritual, o que nem sempre coincidirá com tuas aspirações imediatistas... Vê o caso de Ester, por exemplo: para ti, ideal seria se eu a livrasse de seus males da matéria, tornando-a fisicamente perfeita; para ela, espiritualmente falando, isso seria um desastre, privando-a de benéficas experiências que a favorecerão no futuro. Tu enxergas o presente; eu, a eternidade. Agora vai, minha irmã. Não te esqueças de reunir a família para o Evangelho e a oração diários, pois assim estareis juntando forças e intenções, potencializando o ato da prece.

Marta ainda não se conformara com a revelação do Rabi:

– Jediadah! Jediadah... Mestre, tendes certeza?

– Não custou ao Mundo Espiritual muito para convencê-lo a te ajudar... Seguiu as intuições superiores, apesar das dificuldades em entendê-las e aceitá-las naquela noite na estalagem, encaminhando-te a mim direitinho. Sente profunda admiração por tua figura de mulher e mãe, almejando alguém parecida para companheira... Trata-se de afeto antigo... Aquele que pranteou a noiva morta nas vésperas dos esponsais, reencontra o amor perdido no tempo... Duvidas ainda?

A viagem de retorno ao lar revestiu-se de conflitantes emoções. Alegria? Pesar? Perda? Ganho? Ilusões? Verdades? Marta olhava o companheiro de viagem na direção da enorme carroça; não havia nenhum carregamento de trigo, nenhuma entrega, ele somente assim o dissera para não lhe causar constrangimento, julgando atribulá-lo com a volta.

A casa estava incólume e deserta. Percorreu o recinto pequenino, em vão buscando sinais do esposo. Tudo estava nos mesmos lugares, evidenciando que não retornara durante sua ausência. Das palavras de Jesus, a notícia da perda do consorte era a mais triste, pois ainda o amava, embora entendesse que não combinavam, desejando coisas diferentes e antagônicas. Ou seria o medo da solidão com os filhos pequenos? Ester dormia sobre a cama e ela fitou-a demoradamente, sentindo amá-la em especial, banindo os ressentimentos do passado, o amor materno falando mais alto. Imprescindível seguir as orientações do Rabi o mais rápido possível!

Jediadah fora-se pela longa e poeirenta estrada e ela sentira um aperto no coração ao vê-lo acenando alegremente para Jeziel. Voltaria dali a um mês, desta vez com um carregamento real. Marta não mencionara a ninguém o ocorrido na longa entrevista com Jesus, talvez por temer revelar coisas tão pessoais... Receava que não compreendessem o Mestre...

Nos dias seguintes, sentia falta do novo amigo, de suas explicações sobre a Boa Nova. Surpreendera-se com o conhecimento dele e mais surpresa ficara quando desembolsara alguns pergaminhos contendo rústicas anotações dos ensinamentos de Jesus! Lembrava-se de sua solicitude, da voz sonora, do riso franco, de sua presença tranqüila e amiga...

Vinte dias após o retorno, a notícia: ao preparar as terras para o plantio, agricultores haviam encontrado, em rasa cova, o corpo do esposo, vitimizado por severas pauladas.

Ao final do mês, Jediadah passou pela aldeia; as viagens repetiram-se periodicamente até que, após o luto convencional, seguiram os três com ele. Jeziel adotou-o imediatamente como pai; Ester, embora não pudesse falar, enfrentou maiores dificuldades, somente parecendo acalmar-se quando ele contava histórias, muitas delas parábolas do Mestre. Outros filhos vieram. Aos que comentavam a felicidade que tivera em encontrar Jediadah justo na hora do falecimento do esposo, louvando-lhe a sorte, Ester, sorrindo, respondia:

– Sorte? Recordo-me de quando, sentada à soleira da porta, pensava em Deus, lamentando a impossibilidade de ir até Jesus em busca da cura de Esterzinha, sentindo que a morte se aproximava de mim cada vez mais. Então meus pensamentos volitaram às esferas espirituais e Jediadah foi-me enviado, para que ele me incentivasse a sair da inércia, do conformismo, propondo conduzir-me a Jesus. Naquele tempo eu orava muito, mas não dava ouvidos às intuições que me sugeriam agir, fazer a minha parte... Por outro lado, será que, enquanto chorava, temendo o abandono de Ester caso morresse, Deus não estava esperando o momento certo do auxílio? Nossas orações jamais ficam sem resposta, mesmo que esta não seja a desejada. Quão pouco nos lembramos de agradecer! Quando manifestamos gratidão por tudo o que temos e continuamos a receber, nossos pensamentos sobem até Deus como um hino, uma profissão de amor e fé. O Universo obedece a leis perfeitas. Não existe acaso no cair de uma simples folha do galho de uma árvore. Por que haveria acaso ou simples sorte para nós, filhos de Deus?

Anos depois, na casa repleta de crianças, filhos naturais e adotivos, Marta comentava com Jediadah:

– Jesus não curou Ester porque não seria bom para ela; muitos poderão julgar que Ele não teve o poder de fazê-lo, mas eu sei que, assim agindo, permitiu sua lenta transformação espiritual, somente viável, neste caso, com o encarceramento da matéria. Eu, entretanto, obtive a graça de continuar vivendo e todos os dias minha alma se enternece com o amor de Deus e sua solicitude para conosco, seus filhos.

Depoimento

Um dia, séculos atrás, aquela conhecida como minha mãe levou-me a Jesus. Viajei confortavelmente a seu lado, odiando-a por estar perfeita e bela enquanto eu, impossibilitado de amá-la como homem, disforme e preso a um leito, no corpo de uma meninazinha enferma e indefesa, bradava mudamente contra os céus que me haviam colocado em tal situação. Chamavam-me Ester, mas eu era Esaú!

O Profeta não me curou. Nos braços de minha mãe, escutei sua gentil negativa e odiei-o! Estava inapelavelmente condenado ao encarceramento no corpo físico defeituoso. Tinha eu, então, três anos... A existência pretérita como Esaú falava muito alto em mim!

Vinte e cinco anos permaneci na Terra.

Logo após a visita a Jesus, acentuaram-se-me a raiva, a revolta, o desespero, compreendendo a inexorabilidade do destino, atado para sempre a uma cama. Era ainda Esaú!

Jediadah, amigo e benfeitor, trilhou os caminhos do verdadeiro amor, aquele que transcende os laços de sangue e supera as mágoas do passado. Como o odiei no começo! Ainda era Esaú e ela, Samara!

Com o passar dos anos, consolidou-se a encarnação como Ester e, lenta e gradativamente, operou-se a transformação espiritual mencionada pelo Mestre. A doutrina do Messias, em palavras e exemplos de meus pais, repudiada violentamente no início, suave e docemente começou a penetrar-me a alma ulcerada, até que eu por ela implorasse, ansiando pela hora em que a família se reunia para o Evangelho de Jesus. Então, sentia-lhes o amor, expresso no carinho com que me carregavam, nas mãos que me tocavam, nos beijos das crianças, minhas irmãs e irmãos. Marta, recordando o que o Rabi dissera, falava-me com a naturalidade com que se dirigia aos demais, como se eu pudesse lhe responder. Embora não pudesse falar, mentalmente formulava as respostas e, para meu espanto e alegria, ela costumava captá-las e não raro as reproduzia.

Ao abandonar o corpo que me fora abençoada prisão, sentia-me Ester, era Ester, a filha muito amada de Marta e Jediadah. Finalmente havia me reconciliado com Samira e comigo mesma.

Esterv

Os Ladrões

"Os apóstolos disseram ao Senhor: 'Aumenta em nós a fé!' O Senhor respondeu: 'Com a fé que tendes, como um grão de mostarda, se dissésseis a esta amoreira: Arranca-te e replanta-te no mar, ela vos obedeceria'." (Lucas, cap. XVII; v. 5 e 6).

"No homem, a fé é o sentimento inato de seus destinos futuros; é a consciência que ele tem das faculdades imensas depositadas em gérmen em seu íntimo, a princípio em estado latente, e que lhe cumpre fazer com que desabrochem e cresçam pela ação de sua vontade." (O Evangelho Segundo o Espiritismo, cap. XIX).

O sol, imensa bola de fogo suspensa acima das suarentas cabeças dos viajores, assemelhava-se a ardente fornalha incrustada nos céus de límpido azul; nenhuma nuvem passeava pelo anil, suavizando a implacável ardência do dia, e a terra ressequida abria-se em profundos sulcos e estéreis ranhuras, estendendo-se poeirenta e clara, unida ao infinito no horizonte distante.

Os cinco homens seguiam em penoso silêncio, os pés exaustos e inchados arrastando-se sobre o árido chão, a poeira apegando-se às vestes e aos corpos qual suja pátina; vagarosamente persistiam, procurando com os semicerrados olhos localizar um oásis em meio à desolada paisagem. Sequer uma rocha de maior porte, que fizesse abençoada sombra! Gemendo, praguejando, recusavam-se a parar, não obstante o cansaço e a debilidade física, sabendo que isso constituiria sentença de morte, pois a inércia sob os inclementes raios solares terminaria mergulhando-os em fatal sono, do qual não despertariam. A água e os alimentos há muito haviam acabado, restando-lhes somente algumas frutas secas, com perseverança economizadas, única fonte energética a separá-los da definitiva inanição.

Prosseguiam sempre, lenta e penosamente. Nenhum deles se atrevera a cair ao solo, conhecendo que os companheiros não se abalariam em prestar-lhe auxílio, deixando-o morrer.

A noite, repleta de fulgurantes estrelas e enorme lua, afastara a canícula, assemelhando-se a bálsamo para os cansados e enfraquecidos corpos, finalmente estirados sobre o solo. No entanto, rapidamente o alívio cedera lugar ao desconforto do frio do deserto. Famintos, sedentos, trêmulos, abraçaram-se, aconchegando-se aos finos mantos, tentando permutar e ampliar o calor corporal. Fortes ventos levantavam as areias em fustigantes bailados e o frio cortante torturava-os. Provavelmente não sobreviveriam! Em cada um, a esperança era gradativamente substituída por enorme desânimo e incontrolável medo.

O barulho, de início imperceptível, chegara-lhes nas asas do vento, como longínquo sonho, delineando-se claramente quando apuraram os ansiosos ouvidos: vozes, sons de animais... Lançaram-se ao chão, colando-lhe as cabeças no intuito de localizar a procedência da inesperada salvação. Não havia dúvidas! Uma caravana! Reuniram as derradeiras forças e partiram em direção aos ruídos. Em breve avistaram as fogueiras! Dispostos em preciso círculo, os carroções formavam protetora barricada contra as intempéries e, a julgar pelo número de tendas armadas, seus componentes não eram muitos; a qualidade dos animais e a forma como as mercadorias estavam dispostas sinalizavam tratar-se de rica caravana de comércio, com enormes probabilidades de conduzir objetos de pequeno e médio porte, talvez jóias e metais preciosos... Os olhos de quatro dos viajantes luziram cobiçosamente: riquezas! O frio, a fome e a sede foram-se, substituídos pela ambição, e a vivacidade perdida reacendeu-se. Somente o mais novo deles, praticamente um adolescente, mostrara-se imune à tentação, atento tão somente à possibilidade de auxílio, sentindo no ar o cheiro de comida e o calor das fogueiras. Almejando aquecer o tiritante corpo e matar a angustiosa fome, sugerira então que se adiantassem, certo de que não lhes negariam ajuda, cumprindo os preceitos de hospitalidade costumeiros à época. Os outros rechaçaram violentamente a sugestão, empurrando-o, esmurrando-lhe as frágeis costas sem piedade. O pobre tratara de encolher-se resignadamente, soluçando baixinho, amedrontado e trêmulo, desconhecendo o porquê de tal atitude... Afinal, não estavam todos com fome, sede e frio?

Ao luar, delineavam-se claramente as feições: o rapazinho, indefeso e aterrorizado, e os quatro homens, embrutecidos e imbuídos de criminosas disposições, silenciosamente aguardando, qual animais tocaiando a presa, estudando seus pontos fracos... O lume das fogueiras foi diminuindo, diminuindo... Os integrantes da caravana recolheram-se a suas barracas para o repouso... Sentinelas? Localizaram duas, displicentemente cumprindo suas funções, embuçadas em pesados mantos de lã, julgando-se protegidas, duvidando que algo de ruim pudesse ocorrer em tão ermas paragens. Facilmente foram dominadas, perecendo sob o aço de afiados punhais sem um único gemido, as gargantas cortadas antes que tivessem tempo de alertar o adormecido grupo. Então, os quatro adentraram as tendas uma a uma, repetindo a operação, sempre na surdina. Em poucos minutos, tudo se consumara rápida e eficientemente. O rapazinho abstivera-se de participar, não se envolvendo com as mortes, completamente histérico com o brutal ataque; findo o massacre, o pobre arrastara-se para perto das fogueiras, aceitando o alimento e a bebida ofertados pelos companheiros, misturando a sofreguidão com que os engolia às lágrimas.

– Covarde! És um covarde, não podemos contar com teus préstimos, imbecil!

Embriagados com o bom vinho, jactando-se da fulminante investida, ali permaneceram até que, finalmente fartos, invadiram a maior das tendas, retirando três corpos, lançados com displicência ao relento da noite. Adormeceram de imediato, envoltos em grossas peles, sem nada a preocupá-los. O rapazinho deixara-se ficar ao lume incerto das fogueiras, tiritando de frio e medo; depois, o uivo dos chacais rondando o acampamento obrigara-o a seguir os companheiros, abrigando-se, ainda que à revelia de sua vontade. Repugnavam-lhe as atitudes dos demais, mas carecia de forças ou meios para contestá-las, sem mencionar o pavor de enfrentar a solidão dos áridos sítios.

A manhã ia alta quando despertaram. Após ansioso desjejum, os quatro homens dirigiram-se à carga, desfazendo às pressas os fardos. Confirmaram-se as expectativas: jóias, pequenas barras de ouro, pedrarias, preciosos tecidos, perfumes raros, verdadeira riqueza! Eufóricos, demoraram-se no fascinante mister de contar e recontar os tesouros, embriagando-se com o vinho de superior qualidade e os sonhos de grandeza possibilitados pela posse de tamanha fortuna. O mocinho permanecera a distância, atônito, observando-os: à luz do dia, o cenário de morte igualmente não os abalara em nada! Durante a noite, animais selvagens haviam devorado os cadáveres do mercador e seus servos mais achegados, restando ossos e enormes manchas de sangue, assediados por enxames de moscas; o calor acelerava a decomposição dos demais corpos no interior das tendas e um cheiro acre e nauseante invadia a luminosa manhã, empestando o local, atraindo aves carniceiras. Tudo isso não os incomodava em absoluto, e seus risos distendiam-se na silenciosa amplidão, sob o causticante sol.

Os animais foram preparados com toda a rica carga e o bando abandonara o local. Somente quatro seguiam viagem... Mediante rápido consenso, haviam decidido eliminar o rapazinho: inútil, fraco, indefeso e, acima de tudo, um a menos na partilha!

Muitos foram os dias de percurso até a distância da chacina parecer-lhes segura. Dirigiam-se a longínquas plagas, com certeza muito diferentes do destino original da caravana, onde ninguém os conheceria e as notícias do ocorrido não chegariam.

Passadas as primeiras horas, a euforia provocada pela visão das riquezas fora gradual e sorrateiramente substituída por desconfiança e desmedida ambição. Dispondo de víveres e confortos a que não estavam acostumados, ainda assim suas existências transformaram-se em contínuo pesadelo. Fascinados pela fortuna, nela pensavam noite e dia, calculando e recalculando, na intimidade de seus pensamentos, o quinhão que caberia a cada um. Refaziam as contas e, à medida que o tempo passava, mentalmente eliminavam os companheiros de crime, repassando a si próprios o valor de suas partes. A ambição falava alto, muito alto, e os valores morais e éticos eram insuficientes para coibir os excessos, restituindo-lhes a razão. Cada um, confiante em suas potencialidades e seguro de sua força e poder, decidira que prevaleceria a lei do mais forte e arguto. Vigiavam-se, privando-se do sono, temendo serem eliminados, deixando de se alimentarem adequadamente por medo de a comida estar envenenada, testando a água e o vinho nos indefesos animais, apavorados com a possível perspectiva de traição e morte. A situação deixara-os irritadiços e desequilibrados, exacerbando-lhes as más tendências, tornando a convivência penosíssima.

Certa manhã, um deles não aparecera para o costumeiro desjejum; encontraram-no entre as cobertas empapadas de sangue, a jugular seccionada por certeiro golpe de afiado punhal. Pelo precioso punho cravejado de rubis, reconheceram-no como um dos constantes no tesouro saqueado... O assassino subtraíra-o à carga no evidente intuito de ocultar sua identidade... Quem seria o assassino? Limitaram-se a murmurar falsos pesares sobre o morto, imediatamente calculando o repasse de seus haveres aos remanescentes. O quinhão aumentara consideravelmente...

Restavam três.

A desconfiança, as fobias e os cuidados redobraram...

Dias depois, durante passagem por íngreme despenhadeiro, um deles estranhamente despencara das alturas, arrebentando-se nas pontiagudas pedras abaixo.

Restavam dois.

Vigiavam-se qual selvagens animais, constantemente de sobreaviso, apavorados. Evitavam adormecer, comer, beber, temerosos um do outro... Sorriam e conversavam, simulando uma concórdia inexistente. Sem que percebessem, enlouqueciam, em contínuo processo auto-obsessivo, agravado pela presença de entidades espirituais por eles prejudicadas quando em vida, inclusive os companheiros mortos.

Após algumas semanas, ambos inteligentes e racionais, reconheceram a impossibilidade de continuar daquela maneira. Acabariam mortos e a imensa fortuna a nenhum serviria! De comum acordo, repartiram os bens e seguiram diferentes destinos, persistindo em cada um o intenso desejo de apoderar-se do tesouro total, gerando inquietante e raivosa frustração.

Tracemos o perfil de cada um dos ladrões restantes nesse drama de trágicas conseqüências, que se arrastariam por muito tempo.

Elevada estatura; corpo forte e bem proporcionado, acostumado a violentos esforços físicos; escuros olhos e cabelos; pele queimada pelo sol, assemelhando-se a bronze; feições jovens. O primeiro deles certamente seria qualificado como um belo espécime humano. Seus olhos frios e implacáveis costumavam silenciosamente observar, demoradamente aquilatar. Enquanto isso, a mente engendrava planos e comandava ações com argúcia e clareza excepcionais, aliando extraordinária fleuma à eficiência.

Extremamente vinculado a bens materiais, direcionava a existência de forma a alcançá-los a qualquer custo. Certamente a infância atribulada, destituída de orientação e carinho, muito contribuira para consolidar os maus pendores daquela alma! Pequenino ainda, filho de obscura jovem que exercia sua triste profissão em miserável prostíbulo, fora lançado às ruas em forçada orfandade. As escuras e sujas vielas serviram-lhe de lar, e o lixo fornecera-lhe, incontáveis vezes, o alimento disputado com os cães, tão abandonados quanto ele próprio. Os companheiros de sina, o abandono e a miséria encarregaram-se de reforçar suas más tendências, ensinando-lhe os segredos e artes do roubo e da malandragem. Rapidamente o aluno superara os mestres e da rapinagem ao assassinato o caminho fora deveras exíguo, fornecendo ao jovenzinho a válvula de escape para a revolta que o consumia: subtraindo vidas, vingava-se da sociedade que o marginalizara, iludindo-se com uma pretensa supremacia, ocultando o medo da solidão e a dor da rejeição sob uma capa de violência e frieza.

Com o passar dos anos, disciplinara-se, dominando os brutais instintos, canalizando a energia destrutiva, racionalizando os atos violentos, eliminando inúteis mortes. Então, tornara-se mais perigoso e temido! Criatura de grande beleza física, extremamente arguto e frio, assemelhava-se a selvagem pantera, de velutínea e sedutora aparência e mortal ataque. Sedutor, dispunha do concurso de apaixonadas mulheres para protegê-lo, nelas encontrando guarida quando perseguido pela lei. Humildes casebres ou palacetes esplendorosos acolhiam-no, tornando-se célebre por suas conquistas amorosas e seu fascínio.

O segundo sobrevivente diferia sensivelmente de seu antagonista, principalmente quanto à aparência. De mediana estatura, esverdeados olhos, pele clara, manso sorriso, calma e controlada voz, dir-se-ia inofensivo. Ledo engano! Escondia inconfessáveis segredos sob o discreto manto: mortes, roubos, estupros, sevícias... Uma aparente capa de bonomia e insignificância envolvia-o, disfarçando-lhe os maus pendores e iludindo os incautos, semelhante a paradas e profundas águas, espelhos que refletem o céu, porém guardam, nas profundezas de seus abismos, pútrido e fatal lodo!

Os quatro assaltantes haviam se juntado durante uma noitada em infecto lupanar, atraídos pela lei das afinidades vibratórias. Sob os olhares cansados e indiferentes das infelizes que lhes aguardavam as ordens, em pouco tempo estavam tramando audacioso assalto a rica residência, supostamente desprotegida. O vinho destravara-lhes a voz, expuseram-se e não foram poucos os que escutaram suas bravatas e temerários projetos.

O quinto componente do grupo, o rapazinho tímido e sofrido, desempenhava funções de criado no miserável bordel, trabalhando a troco de comida e gorjetas, estas quase que inexistentes em tão pobre lugar. Servira-lhes bebida e eles, no entusiasmo alcoólico, convenceram-no a participar da empreitada. Indesejado filho de uma das prostitutas, exploravam-no sem piedade, surrando-o pelos menores erros. Pobrezinho! Deixara-se iludir pelas propostas e promessas dos criminosos, crendo no sonho de uma vida diferente, melhor.

O excesso de vinho e as palavras inoportunas selaram a ruína da recém-formada quadrilha, pois soldados adrede avisados esperavam-nos, ocultos entre as floridas e perfumadas aléias do jardim. Para escapar à morte certa, muito embora os perigos a serem enfrentados, adentraram o deserto, cientes de que não se atreveriam a segui-los. O encontro com a caravana de mercadores poria fim à malograda tentativa e aos sofrimentos por ela deflagrados, facultando-lhes nova chance de recomeçar honestamente, caso houvessem entendido a mensagem nas entrelinhas do destino; todavia, optaram novamente por assassinato e roubo, seduzidos pelas riquezas.

Ao restarem somente dois, finalmente os sobreviventes compreenderam a iminente destruição e a impossibilidade de prever qual deles venceria. Ambos sucumbiriam a menos que entrassem em um acordo, efetuando a partilha dos bens e seguindo cada qual seu caminho, como se nunca houvessem se conhecido.

Assim fizeram.

Quinze anos se passaram...

Estamos em importante cidade da Judéia, sob o jugo romano. Por toda parte, as marcas do progresso material advindo do conquistador! À beira-mar, a belíssima urbe caracterizava-se pelo florescente comércio e os frutos da riqueza estendiam-se às casas luxuosas, verdadeiros palácios debruçados sobre as águas. Em afastado local, quase fora dos limites urbanos, magnífico palacete, em meio a estupendos jardins, encantava os olhos; dominava a região devido à sua elevada posição, possibilitando visualizar os caminhos de acesso através de seus níveos e floridos terraços. Elevados muros cercavam-no e bem armada guarda policiava-lhe os limites, coibindo a entrada de estranhos. Tamanho zelo pela segurança seguramente sinalizaria o temor de seu proprietário, o rico mercador Josué, no tocante à invasão de sua privacidade!

Naquela noite em especial, inusitado movimento envolvia a belíssima construção. Os jardins iluminados com tochas ofereciam aos olhos dos convivas magníficos tapetes de flores, cujos perfumes balsamizavam os ares, conduzidos nas asas de cálidas brisas noturnas. As colunas de mármore engalanavam-se com primorosos arranjos florais, nos quais se destacavam raras e preciosas orquídeas. As mesas começavam a receber as delicadas e exóticas iguarias, prenunciando a chegada dos primeiros convidados. Duas escravas, frágeis criaturas de longos cabelos loiros entrançados com fitas e flores, portavam artísticas jarras de ouro fosco, contendo água perfumada para as mãos dos convidados, secundadas por adolescentes garridamente vestidas, com bacias e toalhas bordadas. Outras, semelhantemente trajadas, espalhavam-se pelas suntuosas salas, em silenciosa expectativa.

Abandonando a área social, chegaríamos à intimidade da casa. Longo corredor, aberto para magníficos jardins internos, com preciosas piscinas e fontes, flores e bancos confortáveis, conduzia aos aposentos de dormir. Num deles, primorosamente decorado em tons de dourado e creme, cercada por uma profusão de fitas, sedas e flores, encantadora jovem dedicava-se ao complicado mister de preparar-se para a recepção. Contemplava criticamente a esguia silhueta refletida no polido espelho, analisando os detalhes do suntuoso traje de festa. A seda branca caía em suaves pregas, acompanhando as curvas delicadas do corpo; um manto bordado a fios de prata e seda, em ramos de delicadíssimas flores, cujos pistilos eram representados por minúsculas pedras preciosas, prendia-se ao ombro da moça por magnífica jóia com idêntico motivo, de incalculável valor, trabalho de famoso ourives. Tudo era leve e diáfano, no intuito de salientar a pureza da mocinha. Uma tiara das mesmas pedras, entremeada com brancas e minúsculas flores, afastava os cabelos longos e negros da fronte, conduzindo-os pelas espáduas qual escura cascata.

Satisfeita com o resultado, a menina recebeu as jóias que lhe adornariam as pequeninas orelhas e os delgados pulsos, sorrindo das expressões de admiração das servas e da ama que dela cuidara desde o nascimento, todas desmanchadas em elogios, principalmente a robusta mulher:

– Minha menina, estás uma princesa, uma verdadeira princesa... Linda, linda...

Finalmente estava pronta para a tão esperada festa, a primeira de sua existência como adulta, aquela que lhe facultaria a entrada na sociedade! O coraçãozinho romântico batia acelerado, na expectativa das surpresas inerentes ao evento. Conheceria alguém, tinha certeza, alguém que lhe arrebataria a alma, despertando desconhecidos sentimentos! Esquecendo a postura condizente com a riqueza dos trajes e a seriedade do momento, enlaçou a velha e rotunda ama, conduzindo-a em forçada dança pelo amplo quarto, sob os protestos da pobre criatura e os risos das demais servas.

– Assim me matas, menina! Deixa-me, passei da idade de bailar...

Sentia-se feliz, imensamente feliz! Amada pelo pai, idolatrada mesmo, todas as suas vontades satisfeitas, jovem, linda, saudável, herdeira de incalculável fortuna, mimada e acarinhada por todos... Que mais poderia almejar?

Abandonando a esbaforida ama sobre um dos sofás, atirou-se ao leito, suspirosa e risonha, para desespero geral das mulheres, que a fizeram levantar-se imediatamente, ajustando-lhe os trajes, entre gemidos e gritinhos, temerosas que a senhorinha houvesse amarfanhado a roupa de festa.

Leves pancadas na porta anunciaram a presença do pai. Chegavam os primeiros convidados e urgia fazerem as honras da casa. Dependurada ao braço forte, observou-o orgulhosamente. Os anos haviam sido generosos com ele, pois não aparentava sinais de idade, parecendo irmãos os dois. Bela figura: alto, moreno, negros olhos e cabelos...

Os olhos do homem buscaram os da filha muito amada, enternecidos e subitamente orvalhados por mal contidas lágrimas. A semelhança era tão grande... O pensamento volveu ao passado, embora desejasse olvidá-lo, furtando-se ao doloroso pungir da saudade...

Quinze anos atrás, chegara à cidade, levando nas cansadas alimárias insuspeitos tesouros; quedara-se junto ao mercado, atraído por gritos e entusiásticos lances, cada vez mais acalorados. Após garantir a segurança da preciosa carga, misturara-se ao círculo de homens, interessado em descobrir a causa de tamanha excitação.

Sobre tablado recoberto com esgarçada seda, uma mulher assustada e trêmula fizera com que seu coração disparasse. Jamais seus olhos haviam fitado criatura mais linda e encantadora! Esguia, de mediana estatura, pele alva e perfeita, cabelos longos e louros e enormes olhos azuis, a moça vestia leve seda e o diáfano tecido ressaltava as formas jovens e esculturais. O leiloeiro, criatura maliciosa e atrevida, adiantava-se, estendendo as mãos para a infeliz, intentando realçar as qualidades de sua mercadoria e estimular o desejo dos compradores. O viajante observara-a recuar violentamente, fugindo do odioso toque, as faces rubras de vergonha e indignação. Fitando-a parada sob os cobiçosos olhares, apiedou-se dela. Seguramente vinha de longínquas terras, sendo na época comum o rapto de belas jovens para o mercado de escravas. Aquela sinalizava boa família, posses, refinada educação... Havia uma dor imensa nos olhos da mocinha, imersos em lágrimas que ela corajosamente impedia de deslizar, mantendo a dignidade. Naquele instante, amou-a, sentindo que seria por toda a existência.

Surpreendera o mercador e os circunstantes com irrecusável e generoso lance, superando quaisquer expectativas, calando a voz dos concorrentes e os libidinosos arroubos do odioso homenzinho. Sob os protestos e imprecações dos que se julgavam prejudicados, cuidara de retirá-la do tablado, conduzindo-a até a modesta e limpa hospedaria, na qual albergara, há pouco, os cansados animais com sua preciosa carga. Aterrorizada, ela já não controlava as lágrimas, chorando silenciosamente. Com autoritária e lacônica voz, ordenara ao estalajadeiro que fornecesse o melhor quarto e alimentação à jovem, informando-o de que se ausentaria por alguns dias, deixando-a sob sua única responsabilidade. Deveria servir e vigiar, respondendo com sua própria integridade caso falhasse... Generosas moedas de ouro convenceram o dono da pousada, deixando-o cordato e feliz, principalmente quando o generoso viajante prometeu o dobro da quantia caso fosse obedecido à risca.

Nos dias seguintes, os acontecimentos encadearam-se em vertiginosa seqüência. Como que miraculosamente, lograra adquirir magnífico palacete, por ele pagando preço muito abaixo do imaginado. Então, sorrateiramente, na calada da noite, conduzira os camelos com as riquezas, escondendo-as na nova casa. Um giro pela promissora e rica urbe rendera a compra de vantajoso ponto comercial, graças à morte de seu proprietário e ao desinteresse do único herdeiro, ansioso em partir para Roma.

Resolvidos os problemas mais urgentes, volvera à hospedaria, ansioso para rever a linda escrava. Tudo correra bem e o pressuroso proprietário dera contas, nos mínimos detalhes, da tarefa encomendada; vencera a largos passos os lances das escadas de madeira, anunciando sua entrada com breves batidas na rústica porta, ao tempo em que a destrancava por fora. Adentrando os aposentos confortáveis e simples, sentira-se perdido. Olhando-a, as emoções do primeiro encontro ressurgiram! A jovem passara os dias em pranto, pelo estado dos olhos vermelhos e irritados. Emagrecera muito, denunciando que se recusara a comer ou, pelo nervosismo, não pudera fazê-lo de maneira satisfatória. Ainda assim, fraca e assustada, conseguira arregimentar forças para manter digna e educada atitude perante aquele que a lei considerava seu dono!

Sentimentos até então desconhecidos agitaram a alma do moço. Desde muito cedo, batalhando exclusivamente pela sobrevivência, os relacionamentos haviam se resumido ao sexo, deixando tão somente agradáveis e passageiras lembranças. As mulheres constituíam proteção contra as autoridades... No entanto, agora... O que sentia... Seria isso o amor? Essa vontade de amparar, cuidar, evitar sofrimento? O desejo de abraçar e ser correspondido? Banido do lado da mãe desde muito cedo, amargara a solidão das ruas até se transformar em jovem de bela aparência, não obstante a pobreza dos trajes; bem cedo percebera que poderia tirar vantagem dos atributos físicos e não se pejara em fazê-lo. Jamais se ligara a alguém, limitado às ligações carnais, evitando envolvimentos mais profundos. Com extrema facilidade fugira aos compromissos, rompendo os frágeis laços de afetividade, surpreso com os choros e súplicas, pois seu coração nada sentia por nenhuma daquelas mulheres e não compreendia o motivo de tais emoções.

À frente da jovem escrava, contemplara-a demoradamente. O homenzinho da taverna arrumara algumas roupas e ela substituira os transparentes e ultrajantes trajes por modestas vestes; os cabelos estavam atados com uma fita azul e ela recendia a limpeza. Toda ela, aliás, envolvia-se em limpa e clara atmosfera. Como poderiam tê-la submetido a tamanhos vexames?! Encontrara os olhos tristes mas calmos da moça e abaixara os seus, subitamente receoso e envergonhado. Ela certamente o enquadraria no conceito comum: um amo, um dono de seu corpo, disposto a desfrutar de seus direitos legais, ignorando seus desejos, desrespeitando-lhe a privacidade... Não era isso que desejava! Forçá-la? Possuí-la à revelia de seus sentimentos?

Como a compreendia! Também fora, muitas vezes, obrigado a seguir caminhos indesejáveis, mercê da força bruta.

– És livre! Conversaremos, discutiremos teu destino... Nada me deves, pois minha intenção foi livrar-te daqueles abutres cheios de dinheiro! Julgam-se no direito de estender as mãos para tudo, mercadejando com a vida alheia!

Aliviada e surpresa, a moça fitara demoradamente o homem à sua frente, respeitosamente a distância, descobrindo que jamais o deixaria! Conhecia-o, não sabia de onde, seu coração reconhecia-o de remotos tempos. Haviam simplesmente se reencontrado! Os olhos nublaram-se, mas agora as lágrimas eram de suave alegria. Uniram-se. Quis o antigo salteador que o fizessem perante a lei, muito embora houvesse encontrado oposição e estranheza por parte de muitos... Espantaram-se! Para que casamento se ele teria de qualquer modo todos os direitos sobre o corpo da escrava? O amor, a delicadeza, os nobres sentimentos costumam ser mal compreendidos amiúde...

Foram tempos de felicidade e paz. Às vezes, as lembranças do passado vinham à tona e pungente sensação de remorso turvava a doce serenidade da união, porém rapidamente o moço afastava os pensamentos infelizes, cogitando que não poderia voltar atrás e reparar os erros cometidos. Asserenava-se então, mergulhando na ventura do momento, inebriado com o amor e a meiguice da jovem e linda esposa, entretido com os florescentes negócios e seus imperativos.

Aos poucos, a criatura delicada e gentil lograva, através do convívio e do exemplo, transformar-lhe a existência, resgatando das profundezas da alma do rude e sofrido Josué sentimentos sufocados pelas agruras da infância referta de abandono e rejeição. Observando-a no trato com as pessoas, quaisquer fossem os níveis sociais ou crenças, o jovem começara a entender o ser humano em suas complexas nuances evolutivas, reconhecendo as qualidades de cada um, olvidando os defeitos. A voz meiga ensinava-lhe novos caminhos e em nenhum deles a agressividade tinha vez...

Após alguns anos, nascera-lhes a filhinha. O parto difícil infelizmente a levara, deixando-o abraçado à pequenina, em desesperado desconsolo. Agarrara-se ao entezinho como náufrago aos restos de soçobrada embarcação, dele fazendo a razão de sua existência...

Vozes despertaram-no das recordações! Esforçou-se... Precisava voltar ao presente, alijando dos ombros o peso das doces e dolorosas recordações... Olhou para a filha, ao lado de estupendo arranjo de orquídeas entre as águas de encantadora fonte, e assombrou-se uma vez mais: era a imagem viva da mulher amada, a não ser pelos cabelos negros que dele herdara! Um sentimento de amor sufocou-lhe a fala e ele teve consciência de que naquela filha resumira sua razão de viver. Extrema angústia confrangeu-lhe o peito e um terrível pressentimento abalou-o, muito embora não conseguisse exprimi-lo em palavras. Algo de muito ruim aconteceria!

Durante a recepção, que para ele parecia arrastar-se interminável, sorria, mas a alma abrigava sombrio desespero! Em meio aos grupos de convidados, a jovenzinha divertia-se, encantando uns e outros com sua beleza e inteligência. Os olhos do pai não a abandonavam, zelosamente cuidando do tesouro maior...

Amanhecia quando pai e filha finalmente se recolheram. No quarto luxuoso mas discreto, Josué demorou a adormecer, inutilmente tentando desvencilhar-se das recordações do passado, que teimavam em ressurgir. Procurava esquecer, mas a certeza de que construíra um presente digno e respeitável sobre um charco de crimes hediondos incomodava assustadoramente! Sentia-se pisar em terreno falso, enganosa placidez de pantanosas e traiçoeiras águas.

Acordou ao meio do dia, com insistentes chamamentos e vigorosas pancadas na porta.

– Senhor, senhor! Acordai, acordai! A menina, a nossa menina...

Precedido pela apavorada ama, precipitou-se na direção dos aposentos da filha. No leito, transfigurada em convulsos acessos, debatia-se a frágil criatura. Tocando-lhe a fronte, sentiu-a ardente! Queimava em febre! Aos brados, ordenou providenciassem um médico, o melhor da cidade, enquanto gritava às atarantadas servas por compressas frias para refrescar a ardência do corpo da enferma. Bem pressentira que algo funesto ocorreria!

Moléstia de origem desconhecida! Prescreveu-se rigorosa observação e alguns medicamentos, simples paliativos. Nos dias seguintes, a pele alva abria-se em purulentas chagas de fétido odor e a jovenzinha jazia inconsciente sobre o leito!

Desesperou-se o pai, moveu mundos, trouxe esculápios de outras cidades... Tudo em vão, pois o estado da paciente piorava significativamente, indicando fatal desenlace a qualquer momento. Os aposentos da filha foram pequenos para a dor paterna e ele percorria a ampla casa qual enjaulada fera, chorando e esmurrando as paredes. Perdê-la?! Como?! Se somente sobrevivera à morte da esposa amada devido à pequenina, pedacinho da criatura que lhe transformara a existência, estimulando-o a repensar valores e crenças!

Então, humilde serva aproximou-se, apiedada da dor daquele pai, a medo sugerindo que o amo procurasse o Profeta, aquele que diziam Filho de Deus, o anunciado pelas sagradas escrituras...

Anestesiado, ficou ouvindo-a discorrer sobre os feitos do tal Jesus, enquanto a mente exacerbada classificava o Mestre como mais um charlatão a extorquir dinheiro dos menos avisados, enganando o povo ignorante, levando-lhe os poucos e derradeiros bens. Profeta?! Profeta algum resolveria o que os doutores davam como inevitável!

Dispensou-a com bruscos gestos e adentrou novamente o quarto da filha. Sobre a cama, o corpo emagrecido e a face com o palor da morte iminente fizeram-no abandonar preconceitos e julgamentos. Nada lhe restava, não havia mais portas onde bater, a não ser recorrer ao tal Rabi, fosse Ele quem fosse... Arrepanhou os lençóis de linho, envolvendo o corpinho em chagas, despencando pelas escadarias, bradando por uma carruagem, procurando acomodá-la entre as luxuosas almofadas, sentindo-se um idiota, correndo atrás de um feiticeiro, um mago, um revolucionário talvez, pois suas idéias, no dizer da serva, afrontavam o poder dominante em defesa dos pequeninos. Mais essa! Todavia, não lhe restava nenhuma esperança a mais! Quem sabe...

Com a filha aconchegada ao peito forte, surpreendeu-se. Ele que jamais orara, agora instintivamente solicitava o auxílio de Alguém superior, intimamente ligado a uma esfera espiritual! De onde viria essa fé desconhecida? Ao morrer a esposa, agarrara-se à criança recém- nascida... Ela constituíra sua razão de continuar a viver! Agora, nada lhe restaria... Ainda assim, dentro de si, pressentia algo a direcionar seus desesperados passos...

Anoitecia quando se aproximaram da praia. A brisa com cheiro de mar e vegetação acalmou-lhe a ardência nas faces. Os odores de pão tirado do forno há pouco e de peixe na brasa lembraram-lhe que há dias não se alimentava adequadamente, sempre ao lado da filha, a garganta travada de angústia, sem nada conseguir engolir...

A casinha de pescador, semelhante às outras do local, estava com a porta aberta e o lume da candeia lançava um cone de luz sobre a escuridão do caminho. Alguns homens estavam à mesa, provavelmente ceando. Subitamente, uma figura conhecida sua acelerou-lhe o coração: parada junto à porta, a esposa! Entre as humildes florezinhas que guarneciam o pequenino jardim! Sacudiu a cabeça, fechando os olhos. Ao abri-los, ela continuava no mesmo lugar, um meigo sorriso nos lábios, lágrimas nos olhos azuis... Estava ficando louco! Delirava certamente, pois ela se fora há muito, deixando-o só com a criancinha... E agora a filha também partiria, pois duvidava que o tal homem pudesse auxiliá-la, arrebatando-a das garras da morte! Sob a luz de enorme lua liberta das nuvens, contemplou a filha e entreviu as vascas da agonia, a respiração opressa, as feridas no corpo, as fétidas chagas umedecendo o linho dos alvos lençóis...

A última chance... Quem sabe...:

Mal transpusera a soleira, enxergou-o entre todos. A presença da esposa desvanecera-se como que por encanto, somente restando alguns homens e Ele.

Os olhos claros e compadecidos fitaram-no e viu-se de joelhos aos pés do estranho, sem nada conseguir falar. Queria dizer-lhe de seu desespero, relatar as circunstâncias da cruel doença, implorar, oferecer bens, tudo o que tinha, até sua vida, tudo em troca da saúde da menina amada. Então, nada conseguindo pronunciar, simplesmente ergueu o leve fardo, implorando, os olhos presos à impressionante figura do Mestre.

Jesus nada disse também. Ficou ali parado, fitando-os. Ao lado dEle, em alvos trajes de translúcida tecitura, novamente a esposa... Estranha e subitamente, pareceu-lhe normal sua presença ao lado do Rabi...

As mãos de Jesus estenderam-se, afastando os panos... Depois, seus dedos tocaram de leve as chagas... Como que por milagre, a doentinha gemeu debilmente... Os olhos do Mestre fecharam-se por alguns instantes e, ao abri-los, disse-lhe:

– Vai-te! Amanhã ela estará curada.

Em inexplicável transe, não ousou questioná-lo ou solicitar explicações, voltando ao lar em profundas cismas. Acomodou-a no leito, sob os olhares curiosos e preocupados dos servos, que a amavam por sua bondade e gentileza...

Então, desânimo e descrença assaltaram-no. Como pudera ele, homem experimentado e culto, acreditar que um reles e ignorante homem, intitulado profeta pela plebe, resolveria a situação que importantes e afamados médicos haviam abandonado, diagnosticando inexorável fim? Enjaulada fera, ferida e ensandecida, Josué percorria em prantos os espaços, suas lamentações e soluços enchendo a casa.

Repentinamente, um pensamento veio-lhe à mente: será que aqueles a quem tirara a vida também não estariam sendo aguardados por pessoas que os amassem? Não teriam elas sentido a pungente dor da perda, como ele a experimentava vendo a filha moribunda? Ouro, dinheiro, pedras preciosas... Vidas... Que fizera, que monstro fora, alucinado pela ambição?!

Tudo daria pela vida da filha, mas a quem oferecer? Ao falecer a esposa, embora surpreso pela desgraça e sofrendo muito, superara, pensando na meninazinha... Acompanhando a atroz doença da filha, vendo-a desfigurar-se em chagas e o sopro vital esvair-se rápida e implacavelmente, iniciara um processo de involuntário retorno ao passado, possibilitando o ressurgimento de emoções recalcadas há anos, libertando-as do esquecimento forçado, única maneira por ele encontrada de superar os crimes praticados quando jovem, resguardando sua integridade emocional, anestesiando a consciência.

Piedoso sono arrebatou-o às torturas da expectativa do desenlace. Adormeceu em um dos triclínios, o rosto lavado em prantos, o corpo agitado por incontroláveis tremores.

Os gritos acordaram-no. O sol penetrava pelas janelas... Falecera sua menina! Alguns segundos foram necessários para que entendesse que neles havia júbilo. Correu para os aposentos da doentinha, encontrando-a desperta, cercada pelas servas. Das chagas restavam apenas marcas arroxeadas... Haviam cicatrizado! A febre deixara de existir... Queixava-se de fome, reclamando trocassem as roupas do leito, repreendendo docemente a ama que, atoleimada, tocava sem cessar suas faces, seus braços, suas mãos...

Dali a alguns dias, nada lembrava o horror da enfermidade. Os estigmas desapareceram totalmente e a alva pele readquiriu o frescor da juventude. Abandonou o leito e seus risos ecoaram novamente pela casa!

A quem atribuir tal milagre? Relutava o orgulhoso pai em repassar a Jesus o mérito da cura, preferindo atribuí-la ao acaso. Quis encerrar o triste e controverso episódio, mas as dúvidas persistiam, colocando-o contra a parede, tirando-lhe o sossego. Perdeu o sono, debatendo-se na incerteza. O homem era surpreendente, sem dúvida, todavia não o vira fazer as feridas sumirem! Mas, se não fora Ele, quem mais poderia ter afastado a morte? Estaria a esposa a seu lado realmente, ou fora fruto de sua imaginação, exacerbada pelo medo e desespero?

Uma semana depois, ao constatar que não havia jeito, trilhou o mesmo caminho. Ia em busca de Jesus! Saiu pela manhã, bem cedinho... Tiraria suas dúvidas! Agora estava calmo, bem calmo, pois a filha se restabelecera e não havia motivos para ilusões. A luz incerta do luar e fraca das candeias não lhe pregaria peças novamente! Sob a reveladora claridade solar, o tal Profeta certamente se reduziria a um simples pescador ignorante e rude...

Na praia, entre verdadeira multidão, encontrou-o. O sol iluminava-o por inteiro e a brisa do mar, fresca e olorosa, agitava-lhe os cabelos. Ele sorria.

Para ser sincero consigo mesmo, reconheceu-o muito melhor à luz do dia... A emoção e a dor certamente não haviam influenciado seu julgamento quanto à aparência do Rabi e às incríveis sensações que Ele provocava... Mas dali a curar...

Aproximou-se e mais uma vez, antes que lograsse conter-se, estava ajoelhado aos pés do Mestre. E lá estava a esposa novamente, junto a Ele, esplendorosa presença! Era dia! Estaria ficando louco?!

As palavras de Jesus confortavam e esclareciam:

– Para que estais sobre a Terra? Quais são vossos interesses, o que vos prende o coração? Em que acreditais? Que fizestes a vossos irmãos que não queríeis para vós?

Arrependeis-vos? O remorso pesa sobre vossos dias e afasta o sono à noite? Eu assevero que necessitais da transformação moral para que vossos pecados sejam perdoados. Somente o remorso não basta, pois ele nada constrói sem a ação da vontade de mudar, de reparar os danos do passado...

Quando a preleção terminou, envolveram-no e Ele percorria a extensa fila de suplicantes, a cada um contemplando com sua doce e terna atenção. Humildemente, o antigo ladrão postou-se à retaguarda, aguardando ansiosamente o encontro, temendo-o, todavia. Vendo a vergonha e o remorso nos olhos do rico senhor, Jesus aconselhou:

– Erraste, meu irmão? E quem não erra sobre a Terra... No entanto, cada criatura dá de si o melhor em cada momento de sua existência... Importa reconhecer o erro, perdoar-se e seguir adiante... Assim, estarás possibilitando a ti mesmo novas oportunidades de renovação interior. Amor ao próximo, o maior dos mandamentos, mas precisas aprender a amar... As agressões decorrem da ausência de amor e são tantas sobre a face da Terra. Por isso vim ensinar-vos a amar, de forma plena, incondicional...

Finalizando, Jesus lembrou-lhe:

– O amor cobre a multidão dos pecados, meu irmão... Vai e não peques mais.

Muitas vezes voltou à praia, anônimo entre a multidão de sofredores, ansiando por suas palavras, bebendo da límpida fonte da Vida. DEle recebera a graça de conservar a filha junto de si e, graça maior ainda, a oportunidade de renovação interior e quitação dos desmandos do negro passado, tudo através das ações de amor. Caridade, Ele recomendava! Jugo leve, leve e doce, imerso nas safirinas claridades do dever cumprido. Pouco a pouco, fortalecia-se a fé que considerava inexistente em si...

Em uma das vezes, levou a filha. Havia narrado à mocinha os impressionantes fatos ocorridos durante a insidiosa moléstia, preparando-a para o encontro com o Mestre. Entre os estropiados e maltrapilhos, a figura jovem e linda, envolta em singelas e alvas vestes, destacava-se. O pai, temeroso da reação da menina diante de tamanhas misérias, surpreendeu-se agradavelmente. A alma da filha abriu-se incondicionalmente para os desvalidos, saindo-lhes ao encontro no intuito de auxiliá-los. Emocionado, observou-a amparando os que não andavam, guiando cegos perdidos em meio às gentes, levantando criancinhas e aconchegando-as ao colo, aproximando-as do Mestre. Não lhe reconheceu repugnância frente às chagas malcheirosas e a tanta sujeira. As vestes brancas tisnaram-se com as marcas de mãos e o sangue das feridas enodoou-as, mas ela nada notava, inteiramente voltada para Jesus. Olhos súplices, agarrava-se ao pai, solicitando-lhe autorização para amparar os pobrezinhos em maiores dificuldades, proporcionando-lhes, pelo menos, o pão.

Foi assim que a magnífica e isolada casa abriu suas portas para os sofredores.

No contacto com os desfavorecidos, Josué conheceu a verdadeira face da pobreza, compreendendo que a vida, através das sublimes e justas leis do Criador, encarregara-se de reconduzi-lo, retirando-o do marasmo de uma existência espiritualmente improdutiva. Reviu-se nos revoltosos e abandonados jovens, nos olhos famintos de pão e amor. Pela primeira vez, chorou por aqueles que não lhe compartilhavam o sangue, sentindo-os irmãos, compreendendo o verdadeiro significado das palavras do Rabi: "Amarás ao teu próximo como a ti mesmo".

Até então, jamais conhecera o menino abandonado que havia dentro de si mesmo, sequer aprendera a amá-lo, vendo-o sob a mesma ótica distorcida e preconceituosa do mundo. Lembrou-se da mãe, agora com infinita piedade, sabendo aquilatar-lhe os sofrimentos e carências. Reconhecia haver reagido contra a sociedade, agredindo-a na mesma medida com que esta o penalizara, aderindo aos conceitos que valorizavam bens materiais somente. Para tanto, roubara e matara!

As serenas palavras do Mestre, ensinando-lhe os benefícios do autoperdão e recomendando o retorno às origens através do trabalho edificante e da redefinição de crenças e valores, constituíram bálsamo para sua alma ferida, permitindo-lhe retirar das profundezas do ser, onde jaziam como invisíveis e deletérios cancros, os segredos do passado, transformando as ações reprováveis em alavanca para os meritórios atos do presente.

Seguiram Jesus por muitos meses, acompanhando-o em suas pregações, sempre à distância.

Naquela tarde em especial, o céu azul fizera-se plúmbeo repentinamente, prenunciando tempestade. Temerosa, a multidão debandara e muitos trataram de abrigar-se nas humildes casas dos pescadores. Uma delas acolheu pai e filha. Nela também estavam Jesus e seus discípulos, todos pacientemente aguardando o amainar da tormenta. Acomodado em tosco banco, o divino emissário continuou para os poucos que ali estavam a preleção iniciada na praia. Repentinamente, a porta abriu-se e, em meio ao vento e às furiosas bátegas de chuva, um jovem irrompeu na sala, fazendo recuar os mais próximos. Amparava trôpega e atribulada figura humana.

Onde já vira aquelas jovens feições de louros cabelos e verdes olhos? O moço guardava enorme semelhança com alguém que conhecera no passado... Quem?

Com imensa solicitude, o rapaz tomou o corpo do homem nos braços fortes, aproximando-se de Jesus, depondo a seus pés o fardo envolto em amplo e luxuoso manto. Ajoelhou-se e seus olhos fitaram o rosto compenetrado e sereno do Mestre, em muda súplica. Lentamente descobriu o corpo, revelando aos olhos de todos o corpo chagado do genitor, aberto em pústulas de nauseante odor.

Jesus observou compadecido o mísero, enxergando aquilo que os outros não podiam ver: marcas indeléveis no perispírito, denunciando graves delitos do passado próximo e distante. Aquele homem a muitos prejudicara! Um deserto, um deserto e quatro companheiros... Uma caravana chacinada... Um adolescente amedrontado, sacrificado sem piedade em nome de uma partilha de preciosos bens... Mais duas mortes, de seus asseclas... Encarou o filho e, nos olhos claros do rapaz, registrou imenso amor e compaixão filiais.

Depois, serenamente Jesus buscou o olhar do rico mercador abraçado à filha. Concentrou novamente a atenção nas destruídas carnes do homem. Então, estendeu as mãos, tocando de leve a fronte escaldante do enfermo, em gesto revestido de profunda piedade.

– Moratória, meu Pai, para aquele que ainda não vos conhece! Oportunidade, meu Pai, mais uma vez!

Em seguida, sempre sereno, disse ao surpreso Josué:

– Em nome do Pai, podes acolher essas duas pessoas em tua casa por algum tempo? A recuperação será demorada, recomendamos os cuidados do corpo e da alma para o enfermo... Transmite-lhe o que comigo aprendeste...

A tempestade amainou como que por milagre e o céu abriu-se em azuladas nesgas; o sol retornou, expulsando-os do apertado abrigo em demanda às areias da praia. Ansiosa, a multidão retornava...

O doente guardou o leito por muitos e muitos dias; aos poucos, as chagas foram fechando, primeiramente nas faces, permitindo que as feições se tornassem visíveis.

Então, reconheceu o hóspede!

O companheiro de outrora, de quem se afastara, resguardando a vida e as posses ilicitamente conquistadas! Em primeiro impulso, desejou recambiá-lo às terras de origem, livrando-se da indesejável presença. Depois, atento às recomendações explícitas do Mestre, resolveu hospedá-lo até seu completo restabelecimento. A tarefa imposta por Jesus obrigava-o a falar ao antigo comparsa a respeito do divino amigo, contando o ocorrido durante e após a doença da filha, estendendo-lhe os ensinamentos que recebera nas inúmeras vezes em que o ouvira pregando.

Para sua surpresa, o enfermo parecia sofregamente absorver as verdades, acalmando-se e encontrando consolo nas palavras do Mestre! Não reconheceu em seu amável anfitrião o companheiro de outros tempos, pois Josué estava sobremaneira mudado, ostentando inclusive cerrada e bem cuidada barba, ocultando-lhe as feições enobrecidas pelos constantes estudos e pela aceitação e prática da Boa Nova. O dono da casa preferiu calar-se, deixando-se ficar no anonimato, até porque não lhe agradava revolver os dolorosos acontecimentos do pretérito.

Pouco a pouco, a repugnância e a aversão iniciais cederam lugar a infinita compaixão. O enfermo, confiante e vulnerável, expôs suas mazelas ao compassivo senhor, nele encontrando ouvinte sensível e paciente. Sua narrativa omitia determinados aspectos de sua existência e Josué constatou que ele assim o fazia mais por não se aperceber da realidade dos fatos do que por maldade ou má fé.

Rico e conceituado na cidade onde se instalara após o golpe que lhe facultara as imensas riquezas, o antigo comparsa consorciara-se com moça de rica família, advindo-lhe do matrimônio um único filho, em parto difícil e também fatal à jovem esposa. A morte prematura da companheira fora rápida e facilmente aceita, pois o amor não motivara a união. Quanto ao filhinho, criara-o com desvelos, orgulhando-se dos atributos físicos e intelectuais da criança.

Cedo, as diferenças entre ambos revelaram-se de forma inequívoca. Muito embora criado em ambiente essencialmente materialista, evidenciava-se a presença de um espírito com grandes qualidades morais e elevados conceitos no pequenino ser, surpreendendo a todos com sua acuidade de raciocínio e aprimorado senso de justiça. Para desagradável surpresa do embrutecido pai, ei-lo a interessar-se pelos estudos, desdenhando das armas e jogos de guerra; mais ainda, preocupava-se com a integridade física e emocional dos inúmeros escravos, tratando-os com incomum benevolência, tornando-se amado pelos subordinados, que o serviam com devoção.

Reparando nas atitudes paternas, buscava alertá-lo quanto às irregularidades nos negócios e na vida pessoal, esta extremamente desregrada e viciosa, intentando resgatá-lo às perniciosas influências de que se rodeava, com elas irmanado em escusos propósitos e paixões. Tudo em vão! Paulatinamente, a imensa fortuna esvaíra pelos perdulários dedos do pai e sua saúde periclitava, minada pelos excessos em muitos anos de desvario e luxúria. Culminando os insucessos, misteriosa doença abrira-lhe o corpo em feridas de horrível aspecto e repugnante odor. Os amigos de folganças fugiram aos primeiros sinais de desgraça, qual ratos que abandonam o navio prestes a soçobrar, restando-lhe somente a companhia do filho e de velho servo, que lhe relevava pacientemente os maus tratos. Foram anos de acerbo sofrimento sobre o leito, em quarto constantemente imerso em penumbra, uma vez que a claridade exacerbava as dores e a irritação do inconformado doente.

Obrigado a assumir as responsabilidades financeiras, o jovem filho reunira os parcos bens restantes, recomeçando a vida com enérgica determinação e inderrogável probidade. De lhano caráter e extrema dedicação ao trabalho, soubera alavancar oportunidades negociais, rapidamente auferindo relativa estabilidade econômica, facultando ao enfermo conforto e tranqüilidade.

A visão que o pai oferecia sobre a cama, em pungente padecimento, afligia o amoroso filho; a inúmeros meios recorrera, consultando médicos em desgastante sucessão, todos eles afirmando ignorar as origens de tal enfermidade. Certo dia, quando já não havia a quem mais recorrer, ouvira falar em Jesus e suas curas milagrosas. Sua alma reacendera plena de esperança, e ele resolvera encontrar-se com o surpreendente Rabi. A viagem fora penosa, pois o doente achava-se em péssimas condições, queixando-se continuamente de dores, e extremamente irascível. O pobre apodrecia em vida, em morte dolorosa e demorada, e a paciência certamente não constituía virtude sua!

Com o imenso carinho que lhe caracterizava o trato com o pai, o moço percorrera as estradas, ignorando os muitos ataques verbais decorrentes da revolta paterna. Ao chegarem à praia naquela tarde, a tempestade estava prestes a desabar, prevendo-se avassaladora fúria. Raios riscavam os céus escurecidos e trovões estrondeavam; grossos pingos de água precipitavam-se. Tomando o pai nos braços, agora em abençoada inconsciência, demandara em busca do Mestre, nele colocando suas derradeiras esperanças.

Surpreendera-se com a serena autoridade do homem assentado no tosco banco da casa de pescador; em seus olhos, a compreensão pela qual ansiava... Em suas compassivas mãos, o sonhado bálsamo para as superlativas dores paternas...

Ao contrário do que ouvira falar, as feridas não sumiram imediatamente; mesmo assim, sabia que houvera a cura! A insólita recomendação do Mestre, colocando-os sob responsabilidade de digno senhor presente na ocasião, causara-lhe estranheza e vergonha, pois receava importunar o inesperado anfitrião. Rapidamente se acalmara, contudo, observando o tratamento fraterno e afetuoso a eles dispensado por seu benfeitor. A saúde do pai restabelecia-se aos poucos, para seu imenso júbilo, acompanhada de uma transformação moral que até então julgara impossível, mercê das edificantes e pacientes conversas do nobre senhor e de sua encantadora filha com o enfermo, sempre entretecidas com profundos ensinamentos colhidos junto a Jesus. Os longos anos de sofrimento haviam lavrado o terreno árido daquele espírito embrutecido, preparando-o para a semeadura, e esta estava sendo realizada no momento certo: quando se cansara de amargar dores e rejeição; quando o Mestre se impusera pela veracidade de suas palavras e ações; quando lera nos olhos daqueles que julgava desconhecidos a verdadeira caridade cristã...

Menos assoberbado com a saúde do pai, o moço permitiu-se atentar nas qualidades da jovem que os hospedava. Ao lado da extrema beleza física, descobriu-lhe os excelsos atributos da alma. A atração foi mútua! Breve trocavam confidências, partilhavam idéias e interesses, identificando gostos e ideais. Repassando ao jovem hóspede as lições da Boa Nova, a moça proporcionava ao novel amigo, também atento ouvinte, a oportunidade de conhecer aquele que possibilitava profundas e ternas modificações em suas existências.

Nas asas da amizade, o amor surgiu, unindo-os.

Observando os olhares e gestos de carinho dos dois jovens, o pai da moça questionava-se, insatisfeito com o envolvimento, reprovando e rechaçando a provável união. Filho de ladrão e assassino! Como colocar a filhinha, tão meiga e amorosa, em tal família?!

Após noites de insônia, mente febril e cansado corpo, a verdade chegou-lhe de forma atordoante: e o que era ele, afinal?! Também praticara os desmandos que culminaram em mortes, muito embora não houvesse pessoalmente empunhado a arma assassina contra seus companheiros! Calara! Omitira-se! Assim fora, a ponto de a lembrança dos infelizes privados de suas vidas quando em inocente sono não o abandonar, povoando-lhe as noites com sonhos estressantes e remorsos contínuos... Com Jesus aprendera a conviver melhor com a culpa, transformando-a em produtiva ação em prol do bem... Nem por isso deixara de ser o assassino e o ladrão do pretérito! E a criatura doce e pura, de nobres sentimentos, não era também filha de um réprobo do passado? E ele mesmo não se dispusera a salutar mudança, em redentores rumos, principalmente após o contacto com o sereno Rabi?

Uma das lições do Mestre veio-lhe à cabeça:

– Por que vedes um argueiro no olho de vosso irmão e não vedes uma trave em vosso olho?

Deitado no luxuoso leito, pacificado finalmente, desatou a rir, reconhecendo-se:

– Jesus! Quanta cegueira, quanto orgulho! Mestre, a trave caiu e sinto-me um tolo! Julgastes-me, por acaso, quando, desesperado e descrente, depus a vossos pés a filha moribunda? Certamente também não o fizestes em relação ao companheiro delituoso de outrora, pois que, além de proporcionar a cura do corpo, cuidastes de assegurar o repasse de iluminadores ensinamentos, propiciando condições para a renovação espiritual! Quando vou aprender, Senhor?! Que fé é esta, tão pequenina, que me impede de olhos ter para a perfeição da justiça divina em seus intrincados e perfeitos mecanismos?!

As mensagens da Boa Nova de Jesus jamais lhe pareceram tão profundas e verdadeiras!

Um novo homem adentrou os aposentos do convalescente

naquela manhã. Sentimentos fraternos impulsionavam-no finalmente, pois até então muito se esforçara para agir como um discípulo do Mestre... A aceitação do próximo e o amor incondicional já não lhe soavam tão distantes! Aprendera a não julgar, a aceitar e amparar sem nada esperar... Voltara para si mesmo os inquisitivos olhos e entendera a gravidade do julgamento e suas conseqüências; afiado punhal de dois gumes, atingia invariavelmente o censor e o censurado, unindo-os em ciranda de intranqüilidade, prenunciando futuros reajustes. Além do mais, finalmente conseguia entender que, ao severamente julgar, a criatura volta contra si mesmo os mesmos parâmetros utilizados em relação ao outro...

A recuperação, como dissera Jesus, revelou-se benéfica e providencialmente lenta, proporcionando tempo para a modificação interior do doente. Muito embora as feridas houvessem abandonado o corpo, impossível deixar de perceber que jamais seria o homem de outrora, restando-lhe extrema debilidade. Observando a frágil criatura, o antigo ladrão compreendeu que lhe cabia ampará-lo nos aspectos físico e espiritual, assumindo a difícil tarefa com alegria e bom ânimo. Assim sendo, sugeriu ao jovem que encerrassem os negócios na terra natal e mudassem para perto, possivelmente na mesma casa, já que seu enlace com a filha querida constituía ponto pacífico. Rindo, completou a generosa oferta, dizendo esperar que o casal aceitasse um par de velhos como companhia.

Novos tempos iniciaram-se para as famílias reunidas. Anos atrás, os dois homens haviam se afastado, premidos pela necessidade de sobrevivência, reconstruindo suas existências, levando cada um em suas bagagens pesados débitos. Reuniam-se, através de Jesus e do amor de seus filhos, em redentor recomeço, inseridos em salutares atividades de amparo aos deserdados, nelas encontrando alívio para os remorsos. Assim, ambos construíram magníficas oportunidades de reajuste. Nos netos, embora desconhecessem, a Espiritualidade Maior enviou-lhes algumas das vítimas do passado, propiciando novas aprendizagens e o exercício do amor e do perdão sob as claridades da doutrina de Jesus.

As reencarnações futuras foram difíceis para os dois antigos comparsas de crime, porém jamais destituídas de resignação quanto aos naturais impositivos da lei de ação e reação. Dedicaram-se à difusão da Boa Nova, exemplificando as verdades e vivenciando-as, superando as dificuldades com coragem e fé. Estiveram entre os mártires que desceram aos circos romanos, em cânticos de louvor, alheios ao ensurdecedor alarido da turba em sombras, e ressurgiram redimidos, levados por amorosas mãos de sublimes entidades espirituais enquanto seus corpos serviam de repasto a pobres feras famélicas, em macabro banquete ovacionado por insana multidão.

Então, o pensamento conduziu-os às mesmas praias de outrora, aquelas por onde Jesus caminhava, seguido por aqueles que o buscavam. O mesmo sol iluminava as alvas areias, o mar aproximava-se em brancas espumas. Um dia Jesus ali estivera, molhando seus pés naquelas águas... Ali Ele modificara suas vidas, ensinando-lhes o que era Amar... Muitas e muitas vezes retornariam à Terra, sabiam-no, pois muitos ainda não conheciam o Mestre e necessitavam de quem os orientasse. Além de tudo, ambos ainda tinham muito a evoluir, sendo imprescindíveis as experiências em corpo físico. Olhos úmidos, os dois antigos comparsas de crime costumavam pensar especialmente naqueles que haviam aplaudido as mortes dos cristãos nos circos romanos... Teriam que ser esclarecidos e amparados, como um dia Jesus fizera por eles!

Depoimento

Benditos aqueles que nos são colocados no caminho com o providencial intuito de retirar seculares vendas de nossos olhos, revelando verdades que iluminam o ser! Abençoados aqueles aos quais é dada a oportunidade de lançar luzes sobre a escuridão da descrença, aqueles que têm fé suficiente para tomar o arado e lavrar os vastos e incultos espaços das almas, transformando-os em campos aptos ao florescimento da Boa Nova!

A tempestade colocou-nos na casa humilde, junto ao Mestre amado, certamente não por mero acaso, mas com a precípua finalidade de ensejar os acertos pelos quais a vida clamava. Jesus, como sempre destituído de inúteis julgamentos, reatou os laços, permitindo o reajuste de duas almas profundamente endividadas.

Ainda imperfeito, orgulhoso, egoísta, vaidoso, ainda assim e uma vez mais julgávamos deter o direito de apontar no outro aquilo camuflado em nós, máscara afivelada ao corpo, ilusória visão de nós mesmos. Os ensinamentos de Jesus, contudo, acabaram por chamar-nos à razão, a ponto de aceitarmos o antigo companheiro de falcatruas e assassinatos como irmão e ao filho deste, como companheiro estimado de nossa jovem filha. Certamente não foi nada fácil, requerendo perseverança e humildade, tolerância e resignação!

Somente o amor incondicional do Cristo permite que trilhemos os caminhos da reconstrução interior sem as constringentes amarras das cobranças inúteis e estéreis, no ritmo próprio de cada criatura, em situações precisas e adequadas a cada experiência reencarnatória. Sabendo-nos aluno incipiente, ainda assim o Mestre querido confiou-nos o antigo comparsa, como se dissesse:

– Auxilia-me! Acredito em ti! Escuta teu coração, supera os preconceitos, sufoca e mata o egoísmo, perdoa, educa! Tem fé!

Divino terapeuta, ninguém como Ele sabe compreender-nos e apostar em nós, viabilizando experiências de vida, permitindo-nos, pelo exercício do livre-arbítrio, o alcance daquela fé por ele preconizada, raciocinada e profunda, esteio na caminhada do ser rumo à luz.

Talvez porque estivemos junto ao Cristo naquela tarde tempestuosa, irmanando-nos na tarefa redentora, resgatando vínculos rompidos pelos hediondos crimes e desmedida ambição, desde então reencarnações se sucederam e, juntos, elas possibilitaram-nos conduzir muitos aos caminhos trilhados por Jesus. Sabemos que a tarefa persistirá e, enquanto aguardamos a volta ao corpo físico, engrossamos as fileiras dos que labutam no Mundo Espiritual, visando à humanização das casas correcionais, inspirando irmãos nossos, quaisquer que sejam suas crenças religiosas, a exercerem o difícil e glorioso trabalho de levar Jesus aos encarnados que se acham detidos entre as grades de uma prisão, corpos encarcerados, almas mortas para a realidade do espírito.

Terra, abençoado mundo brevemente destinado a espíritos regenerados, próximo se faz o dia em que não mais serão necessárias jaulas, em que direitos e deveres serão exercidos com alegria e prazer. Para tanto, indispensável prosseguir, com muita fé, preparando-nos para a hora sublime, esperando e agindo com caridade e amor.

Josué

A mulher da praia

"E chegaram a Cafarnaum. Em casa, ele lhes perguntou: 'Sobre o que discutíeis no caminho?' Ficaram em silêncio porque pelo caminho tinham discutido sobre qual era o maior. Então ele sentou, chamou os doze e disse: 'Se alguém quiser ser o primeiro, seja o último de todos e o servo de todos'." (Marcos, cap. IX, v. 33 e 34).

"A humildade é virtude muito esquecida entre vós... Entretanto, sem humildade, podeis ser caridosos com o vosso próximo? Oh! não, pois que este sentimento nivela os homens, dizendo-lhes que todos são irmãos, que se devem auxiliar mutuamente, e os induz ao bem... Sem a humildade, apenas vos adornais de virtudes que não possuis..."(O Evangelho Segundo o Espiritismo, cap. VII).

O dia surgira há pouco. Céu azul, brisas suaves agitando as folhas dos sicômoros, flores singelas derramando-se pelos caminhos, espargindo perfumes sutis no ar puro da clara e ensolarada manhã.

Um Homem caminhava pela praia. As ondas do mar quebravam-se em alvas espumas sobre seus pés descalços, umedecendo-lhe a barra das vestes, conquanto Ele as mantivesse alçadas. A aragem agitava-lhe o manto e desmanchava os cabelos soltos sobre os fortes e eretos ombros.

Lentamente, elevava-se o sol no horizonte, em luminosa trajetória, desenhando nas águas reluzente rastro. Havia promessa de muito calor na singela e encantadora Galiléia. Os claros olhos do caminhante observavam a natureza em festa os pés palmilhavam com prazer a areia molhada e fria.

Ao longe, vozes rompiam a harmonia da manhã. Procuravam-no... Vestes rotas e imundas, guizos ao pescoço, arrastavam-se os infelizes ... O chacoalhar insistente dos metais denunciava suas temidas e indesejáveis presenças: leprosos! Protegiam os rostos do sol nascente como se os débeis raios pudessem cegá-los ou fazer as feridas brotarem com maior intensidade. Talvez receassem o violento contraste entre a estonteante beleza do dia e a assustadora e repulsiva aparência de seus corpos! Embrulhavam-se, buscando esconder as chagas e os aleijões, sufocando o fétido odor dos corpos e a angústia que constrangia suas almas.

Neles, somente os olhos brilhavam com inusitado vigor, marejados de lágrimas. Temerosos, porém plenos de esperança, acompanhavam a aproximação do Homem, que resplandecia como se refletisse a luz intensa do sol. Embora distante, suas vibrações de amor alcançavam-nos... As feições de indescritível beleza transpareciam serenidade e incondicional aceitação... Onde o horror daqueles que os temiam e renegavam? Onde a pressa em apedrejá-los? Soubessem as pessoas a dor que as pedradas causavam! As carnes anestesiadas pela atroz enfermidade ofereciam-se sem medo às cortantes arestas dos projéteis, todavia, era a alma a atingida! Onde a repugnância no Homem? Onde o asco, a rejeição?

O Mestre parou, contemplando compadecido a aproximação dos infelizes. Seus olhos detinham-se nos corpos, contudo apreendiam o registro dos milenares espíritos envoltos nas roupagens carnais, padecendo os insidiosos tormentos da moléstia cruel e discriminatória. Os doentes quedaram-se, guardando distância do Rabi, ansiando pela aproximação, contudo temendo serem rechaçados... Jesus prosseguiu... À frente, a mulher embuçou-se ainda mais, envergonhada de seu aspecto disforme e do odor que se desprendia das úlceras... Os dedos de Jesus seguraram o tecido, afastando-o gentilmente das faces carcomidas. Olharam-se e Ele mergulhou no distante passado da criatura...

* * *

Rico senhor de terras fora aquela que presentemente padecia as inomináveis agruras da terrível doença. Nobre, orgulhoso e prepotente!. Em suas mãos, as vidas de muitos, com poder de decisão sobre os destinos de humildes e abastados. Obedeciam-lhe ele cegamente, sequer ousando pensar em questioná-lo. Com a mesma mão férrea dirigia os destinos da família, envaidecido dos filhos belos e inteligentes, da esposa escolhida a dedo dentre as filhas das melhores famílias das cercanias, após haver refutado com desdém os partidos da vila onde residia. Opulento dote e a garantia de ilustre linhagem haviam pesado na inflexível e rigorosa seleção. Educada, submissa, gentil... Alegrara-se com a beleza da jovem consorte, avaliando-a como costumava fazer em relação aos cavalos puro-sangue que albergava em seus estábulos. Os filhos vieram sem que o sentimento de amor acompanhasse o ato conjugal. Atraente, dotado de marcante personalidade e intenso vigor, continuava a buscar a companhia de mulheres, principalmente as profissionais, pois não exigiam atenção e amor, considerando-as cômodas, descartáveis discreta e facilmente quando delas se cansava. Na casa luxuosa, a esposa triste e bela aguardava-o em vão. Jamais um carinho, uma palavra de ternura... Os compromissos sociais eram encarados com severa disciplina. Enfim, um homem que exigia o cumprimento de exterioridades, desdenhoso de sentimentos e emoções mais nobres, ardoroso adepto das paixões e do egoísmo, aquartelado em inexpugnável fortaleza íntima.

Naquela manhã, como já o fizera em tantas outras, saíra bem cedo para percorrer as extensas propriedades. Habituara-se a conferir pessoalmente o desempenho dos camponeses e a finalização da farta colheita sempre exigira de sua parte acurada vigilância, para que os preciosos grãos não se perdessem no trajeto dos enormes celeiros. Satisfeito, observara a faina incessante e os vastos campos a se perderem no horizonte, ondulando ao vento, dourados e férteis. A cabeça calculava rapidamente o montante dos lucros e os lábios sorriam na antecipação da fortuna que abarrotaria ainda mais seus cofres.

À beira da estrada, o casebre adornado de singelas flores chamara-lhe a atenção; muitas vezes por ali passara, mas ele sempre estivera abandonado. Alguém, provavelmente desprovido de melhor moradia, apossara-se dele, transformando-o em lar. A chaminé recém-reparada, pela qual a fumaça fugia em caprichosas espirais, e os canteiros humildes na frente da casinha, arremedo de futuro jardim, confirmavam sua suposição. Estando localizado em suas terras, pertencia-lhe! O apego fê-lo diminuir a marcha da montaria e retroceder. Havia um intruso! Nos fundos da choupana, assentada em pequeno banco de madeira, vislumbrou a figura jovem, quase menina. Estreitaram-se-lhe os olhos e o coração batera com força. De onde viria aquela emoção inusitada, um calor no coração, um gelar nas mãos?

Evitando assustá-la, cuidara de atar o fogoso cavalo à árvore mais próxima, aproximando-se com cuidado. Os dedos afilados da menina entretinham-se em entrelaçar caprichoso cesto de vime, com movimentos ágeis e precisos. Usava vestes simples e escrupulosamente limpas; os cabelos, longos e dourados como os campos de trigo que acabara de inspecionar, estavam presos em duas grossas tranças; os olhos escuros contrastavam surpreendentemente com a pele e os cabelos claros.

Frente a frente com a jovem, encarando o ingênuo olhar, sentira-se encabulado. Poderia ser sua filha, pois mal saíra da infância! Levantando-se, a mocinha deixara cair as tiras de vime, enquanto saudava respeitosamente o visitante, percebendo-lhe instintivamente a importância.

– Menina, poderias dar-me um pouco de água?

– Certamente, senhor!

O líquido cristalino e frio, servido em rústico e asseado púcaro, acalmara-lhe a garganta subitamente ardente e ressequida. Então, perguntara sobre os demais ocupantes da casinha.

– Há pouco tempo aqui estamos, senhor... Tomamos conta deste casebre temporariamente, enquanto meu avô batalha recursos para seguirmos adiante... Somos somente os dois, pois meus pais faleceram, vitimados por uma epidemia de febre, há mais de dez anos. Enquanto não surgir um trabalho melhor, ficaremos aqui...

Despedira-se, à falta de ter algo mais a dizer, inesperadamente envergonhado e tímido. Pelo caminho, repreendia-se pela forma infantil como se portara, à maneira de adolescente ingênuo e medroso. Por que não revelara ser o senhor daquelas terras? Tê-la-ia impressionado!

Daquele dia em diante, as coisas mudaram. Embora a razão recomendasse afastamento, sinalizando o absurdo da situação, o pensamento insistia em prender-se à figura jovem e linda, encantadora e despretensiosa. Para surpresa dos servos, abandonara as responsabilidades junto à colheita, delegando-as aos encarregados. Já não mais fiscalizava, limitando-se a aceitar os relatórios verbais que lhe faziam, impacientando-se com a perspectiva de resolver comezinhos problemas quando a alma se agitava ao embalo de avassaladora paixão.

Queria-a para si e com certeza a teria!

Uma semana após, percorria o mesmo caminho, apresentando-se condignamente à menina e ao velho avô, sendo recebido com respeito e apreço. Expusera suas pretensões: levá-la para vizinha aldeia, dar-lhe do bom e do melhor, auxiliar a família, fazê-la rica e mimada... Só não poderia assumir o relacionamento, pois já era casado e não pretendia imiscuir a família em seus planos. Quanto ao fato de dispor de uma amante, nada de incomum na sociedade de então, conferindo, inclusive, prestígio. Seriam discretos, dela faria uma rainha, satisfazendo seus caprichos e desejos.

O ancião, ruborizado e humilde, apressara-se em asseverar:

– Senhor, minha neta está para se casar com um jovem trabalhador e digno. Amam-se e muito breve estarão unidos ...

Depois, olhando para os orgulhosos olhos do rico homem, com firmeza complementara:

– Com todo o respeito, senhor, não criei minha netinha para ilícitas relações, que muito a degradariam como mulher.

Educadamente, agradecera pela injustificada deferência, bem claro deixando que não mudaria de opinião. Quanto à mocinha, limitara-se a abaixar a cabeça, visivelmente envergonhada com as propostas indecorosas do elegante senhor.

A palavra "não" jamais constara do vocabulário do prepotente homem. Sobremaneira irado, arremetera contra o velho, esbofeteando-o violentamente, derrubando-o sobre as pedras que compunham o piso. A cabeça grisalha batera vigorosamente contra elas e um filete de sangue deslizara. Inconsciente, o pobre homem não lograra ver o destino da neta querida, agarrada à força e instalada sobre a sela do fogoso corcel, que impaciente feria o solo com a ferradura, esmagando as flores do diminuto jardim.

Com que facilidade a tomara nos braços, indiferente a seus gritos, frustrando-lhe os desesperados esforços para se libertar e acudir o avozinho que se esvaia em sangue sobre o chão! Em minutos, perdera-se a veloz montaria pelos meandros da deserta estrada, conduzida por forte e firme mão até isolado e distante local, onde se erguia, em meio à luxuriante vegetação, pequenina casa, construída com luxo e zelo. Ali o severo chefe de família, o homem rigoroso e controlador escondia aos olhos do mundo suas ilícitas conquistas amorosas, em meio às tapeçarias preciosas que revestiam o piso e às sedas que forravam as paredes. Espelhos e estatuetas em sugestivas poses, móveis delicados e caríssimos completavam a decoração. Sobre as mesinhas, objetos variados, caixas com doces, enfim, um verdadeiro arsenal de frivolidades para agradar à sensibilidade feminina.

Rapidamente tratara de aprisioná-la na dourada gaiola, afastando-se. A experiência ensinara-lhe que a crise de choro e gritos passaria e, em contacto com os objetos, jóias e roupas, aos poucos a mágoa seria dissipada. Então, aproximar-se-ia novamente, iniciando a fácil conquista. Muitas haviam sido ali levadas, retiradas dentre as mais belas do povo, principalmente das aldeias vizinhas, escolhidas quando realizava viagens de negócios... Outras, seduzidas por sua figura forte e viril, conquistadas pelos escuros olhos e pelas palavras revestidas de apaixonado ardor, acompanhavam-no voluntariamente, tornando-se transitoriamente senhoras do encantador refúgio. Outras, ainda, contratadas para o exercício do amor... Todas acalentaram sonhos de definitivamente ocupar o orgulhoso e insensível coração. Todavia, passadas as emoções e surpresas da conquista, os arroubos arrefeciam e, gradativamente, a presença do belo homem fazia-se menos constante até que, certo dia, discreto serviçal encarregava-se de colocar nas mãos das jovens significativa quantia, devolvendo-as ao local de origem, devidamente advertidas sobre discrição. A importância em dinheiro era sempre suficientemente elevada para provocar reflexões a respeito da conveniência do silêncio e da possibilidade de vantajoso recomeço, sem mencionar o temor de represálias por parte do temível senhor.

Os dias decorreram longos, intermináveis. No início, a jovem entrara em desespero, gritando sem parar por auxílio. Logo percebera, porém, que o local afastado e a vegetação impediriam o acesso de estranhos e curiosos. Assim, calara-se, acalmando o sofrido coração. Inspecionara a casa, descobrindo que fora provida de alimentos, nada faltando ao mais exigente paladar; os armários do luxuoso quarto estavam abarrotados com lindos vestidos e roupas íntimas finíssimas. A pessoa que escolhera tudo aquilo soubera interpretar os desejos e pensamentos de seu algoz: cada renda, cada fita, cada flor, tudo combinava com a paixão e induzia ao seu alienante torpor. A jovem constatara que nada fora usado antes e que as peças estavam dispostas de permeio com saquinhos contendo perfumadas ervas. Sobre a mesinha do quarto de vestir, o cofrezinho ostentava lindas jóias, demonstrando o cuidado do raptor com sua prisioneira. A jovem adivinhava que outras ali haviam estado antes dela... Será que todo o cuidado evidenciado nos mínimos detalhes acontecera a cada nova conquista? Pudesse ela acessar a intimidade dos pensamentos de seu carcereiro nos dias subseqüentes ao primeiro encontro, saberia que nenhuma outra lograra causar-lhe tal frenesi de paixão e loucura, tamanho desejo de agradar e mimar, de colocar aos pés da amada as estrelas do céu. Com as demais pouco se importara, limitando-se às banalidades da sedução. Ela, no entanto, desencadeara nele anseios de adorná-la com pedras preciosas, de envolvê-la em preciosos tecidos, de despertar-lhe o sorriso ao abrir os armários, encantada com as vestes primorosas, experimentando cada peça com deleite e alegria!

Na realidade, o arrogante senhor jamais havia acalentado a intenção de montar casa para a pobre menina em qualquer aldeia, utilizando a história com a intenção de convencer o avô, evi maiores conflitos. Desde o início, pretendera levá-la para o costumeiro ninho de amor! Acostumado à rendição das mulheres, acreditava que ela acabaria por aceitá-lo! Desconhecendo as sutilezas do amor, não sabia interpretar a seriedade dos sentimentos que a jovenzinha despertara em seu empedernido coração. Pobre e tolo cego!

Naquela manhã, a porta finalmente se abrira e o homem adentrara a sala. Nas mãos, perfumado ramo de flores; nos lábios, conquistador sorriso.

Aliviada, pois chegara a pensar que a esqueceria ali, trancafiada para sempre, vítima da fome e da sede quando os alimentos e a água acabassem, arrojara-se-lhe aos pés, suplicando:

– Senhor, permiti que eu volte para junto de meu avozinho! Certamente precisa de mim, está ferido... Quem lhe fará os curativos? Bem vi o sangue... Pobrezinho...

Como lhe contar a verdade? O fiel servo que lhe acobertava

as aventuras encarregara-se de sumir com o cadáver do ancião, atirando-o em profunda vala na floresta, sepultando para sempre a prova do crime.

Procurara desviar a atenção da moça, afastando-a do assunto constrangedor; nada conseguindo, saíra da casa, trancando-a novamente. Voltaria depois! Precipitara-se! Ainda era cedo para a conquista! Talvez devesse ficar afastado pelo menos uns quinze ou vinte dias...

No entanto, incomum saudade invadia-o, inusitada angústia tirava-lhe o sono! Seus passos levavam-no, vezes repetidas, à casa do bosque, muito antes do que planejara. As súplicas da jovenzinha repetiam-se em vão, pois jamais cogitara em deixá-la ir. Era sua, pertencia-lhe, independente das insultuosas palavras com que o recebia ou do pavor refletido em seus gestos quando ameaçava tocá-la!

À prisioneira, a presença do algoz constituía doloroso transe; sentia repulsa pelo homem elegante e belo que procurava agradá-la de todas as formas. Odiava-o! Os vestidos, as jóias, os mimos, tudo ficara relegado ao abandono, nada significando. Estando ele ausente, lavava as roupas pobres, secando-as e voltando a envergá-las, repudiando o luxo com o qual ele pretendia seduzi-la. Pelas janelas gradeadas, vislumbrava o esplendor dos dias ensolarados, o brilho das noites estreladas... Qual pássaro em rutilante gaiola, ansiava pela liberdade dos campos, pela amplidão dos céus. Lembrava-se do noivo, de seu amor respeitoso e destituído de sofrimento, de suas vestes simples, de suas mãos calosas e ternas... Os sonhos de um lar repleto de crianças, muitas crianças, nunca a abandonavam.

Os dias de paciência do senhor esgotaram-se e à força dela se apoderou. Um desespero enorme e a certeza de que jamais escaparia das mãos daquele homem levaram-na a deixar de alimentar-se, entregue à tristeza e ao desânimo. Dia a dia o sentimento de aversão pelo belo e insensível conquistador aumentava.

Aos poucos foi se finando, primeiramente em insano desespero, debatendo-se entre as paredes adamascadas, e depois em mórbida apatia, sobre o leito de sedas e rendas. Da beleza estonteante quase nada restara! Olhos fixos e encovados, face pálida e emagrecida, os cabelos longos e louros embaçados e quebradiços, o corpo etéreo e delgado... Fugira-lhe dos lábios para sempre o sorriso gentil. Bondosa e cúmplice febre de desconhecida origem acabara por completar o processo, levando-a em um amanhecer cheio de luz e gorjeios de pássaros, libertando-a do jugo cruel. Avezinha presa em dourada gaiola, solitária criatura, finalmente alçara vôo, empreendendo a viagem espiritual. Antes de abandonar o corpo físico, enorme paz dela tomara conta, esvaziando seu coraçãozinho do amargo fel do ódio e da mágoa, sob o influxo das amoráveis palavras do avozinho, aos pés do leito, revestido de suave luz, a branca cabeleira penteada com esmero, as vestes alvas e perfumadas... Doce avozinho, que implorava perdão para aquele que lhe roubara a vida, recomendando o esquecimento, abrindo os olhos para a oportunidade de uma nova vida em lugar de infinita beleza, longe das atribulações do mundo. Sentira uma paz imensa, a alma livre do afligente sentimento de rancor... Lentamente o espírito deixara o envoltório carnal, elevando-se, mãos dadas com o ancião. Naquele momento, pela porta aberta com a única chave disponível, adentrava o senhor, chamando-a, dizendo palavras ternas.

Ele não conseguia entender... Por que não a havia conquistado? Tudo lhe dera: vestidos, jóias, perfumes, bálsamos caríssimos, dignos de uma rainha. Somente não a pudera deixar livre, por culpa dela mesma, pois certamente fugiria!

O mar servira-lhe de túmulo. Em local de elevadas ondas, longe das praias, o apaixonado e inconsolável senhor pessoalmente sepultara o delgado fardo, envolto em sedas preciosas, no seio das águas verdes e profundas.

Disfarçando a dor e a saudade, inapelavelmente forçado a

repensar sentimentos e ações, o nobre aparentemente retornara à rotineira vida. Ninguém tomara conhecimento do ocorrido. A luxuosa e encantadora casinha jamais seria usada novamente, o mato tornando-a inexpugnável, isolada do mundo. Um temporal deitaria abaixo o telhado, deixando ao desabrigo o luxuoso interior. Rasgaram-se as sedas, os tapetes desfizeram-se no suceder das estações. Pássaros entreteceram ninhos nas cumeeiras destroçadas e animais transformaram seus cômodos em seguros covis. O vento inexorável dos anos varreria as lembranças impregnadas nas paredes em ruínas, e os lamentos da jovem esvaíram-se, levados pelas redentoras asas do perdão incondicional.

Arrependimento e saudade assinalariam o restante dos dias do orgulhoso senhor. Tardiamente se apercebera dos reais sentimentos que o haviam levado a aprisioná-la, desrespeitando seus direitos, inútil e erroneamente batalhando por um amor que não se podia exigir. Destruíra a mulher amada, levando-a à morte. Nos dias subseqüentes ao triste desenlace, julgara enlouquecer de dor e remorso. Insidiosa e bendita febre derrubara-o sobre o leito, frustrando as suicidas intenções; em seus pesadelos e desvarios, um ancião enxugava-lhe a febril testa, recomendando paciência, falando-lhe docemente. Estava louco certamente, pois o matara, abrindo a branca cabeça de encontro às pedras! Depois, doce figura envolta em virginais trajes, muito semelhante à sua amada, mas revestida de incomum ternura, concedia-lhe o perdão, aliviando sua alma torturada pelo atroz remorso. Delírios da febre, com certeza, julgava ele!

Salutar reviravolta sucedera ao término da doença. Resignado, submetia-se ao carinho da família, continuando a existência apesar do terrível segredo a convulsioná-la. Então, reconhecia a esposa como merecedora de maior respeito e atenção, conquanto não a amasse, e os filhos tiveram a oportunidade de conviver com um pai menos ausente e mais compreensivo, mais humilde e menos senhor da verdade...

Em avançada idade, respeitado por muitos e cercado pela família, desencarnava mansamente. Ninguém conseguira decifrar as razões do silêncio em que se recolhera nos últimos tempos e muito menos compreender a dor que lhe afligia o coração, fazendo-o chorar na solidão do quarto ricamente adornado.

***

Quase um século depois, encontramo-lo aos pés de Jesus, em um corpo feminino, estigmatizado pela mais cruel das doenças da época, o corpo deformado, privado da beleza e da liberdade, objeto de asco e repulsa! Os sinos presos ao pescoço impedem-no de esconder-se, tilintando, avisando a todos: um leproso está se aproximando... Cuidado!

As lágrimas minavam dos olhos da mulher, deslizando pelas faces corroídas. No entanto, a revolta estava ausente; aceitava a doença, embora não soubesse precisar o motivo de tanto sofrimento, de tamanha solidão e abandono. Estranhamente, pressentia justiça no que lhe ocorria... Acerto de contas! Mas que contas, meu Deus, se nada fizera, se ainda jovem, muito jovem, bonita e cheia de sonhos, delicada e bondosa, fora surpreendida pela moléstia?! Enxergara o afastamento de todos os que lhe eram caros, as carnes jovens e a pele acetinada abrindo-se em pústulas e chagas renitentes aos medicamentos, até que a palavra temida fora pronunciada, lepra, selando seu destino, retirando-a do lar, abandonando-a à sorte e à caridade alheia. Até o homem amado, acovardando-se e esquecendo as juras de eterno amor, partira sem olhar para trás...

Olhando nos olhos de Jesus, percebeu que Ele sabia tudo o que lhe ia na alma! Baixinho murmurou:

– Tudo perdi, Mestre, tudo, tudo...

O Mestre compreendia e consolava! Talvez não pudesse livrá-la da moléstia e suas seqüelas, pois as mesmas decorriam de poderoso mecanismo de sua própria consciência, a exigir a reparação de fragoroso erro do pretérito. Quanto à culpa e à dor, pareciam-lhe desnecessárias, pois os débitos com a Lei Divina estavam quites, os sentimentos modificados, restando somente um remorso inútil, que a impedia de fazer mais por si mesma e pelos outros. Ajoelhada, em pranto ela suplicava:

– Mestre, dai-me paz, a tua paz! Tirai de minh'alma a dor que me acompanha durante toda a existência, presente ainda quando era bela e sã! Não importam as feridas, submeto-me à vontade do Pai, mas preciso de paz!

O Mestre sorriu. A expiação havia se completado, não como exigência cruel da Lei, mas como mecanismo de reequilíbrio imposto pelo próprio espírito endividado e cheio de arrependimento.

Um a um Ele tocou, com ternas palavras de consolo e esperança. Dos leprosos que o buscaram naquele dia à beira da praia, somente a mulher alcançou a cura física. O mal foi abandonando-a gradativamente, as chagas secaram e a pele refez-se. Na alma, a paz finalmente. Mais de uma vez, os olhos de Jesus lograram localizá-la na multidão, escutando-lhe as palavras de vida eterna, auxiliando os que estavam em precárias condições, seguindo-o discretamente pelos caminhos, em anônima tarefa de servir aos outros e a si mesma, recolhendo preciosas lições, esclarecimentos que seriam repassados, no futuro, para outras pessoas que não o haviam conhecido. As vestes sujas e rotas haviam sido substituídas por trajes simples e limpos, os olhos brilhavam, extravasando alegria e esperança.

Quando o Mestre deixou a Terra, entregue ao madeiro infamante que se converteria em redentora cruz a iluminar o mundo, ela sentiu-se vergar ao peso da tristeza e da saudade, solitária sem a perspectiva de rever a figura de Jesus em sua missão junto ao povo. Orando, suplicou, como outrora na praia ao amanhecer, que Ele mostrasse o melhor rumo para sua existência. Tempos depois, através da intuição, entidades luminosas conduziram-na à Casa do Caminho, pois Pedro necessitava de ajuda sincera e valorosa no socorro às centenas de necessitados que lhe vinham ao encontro, sequiosos de amparo material e espiritual. O orgulhoso senhor de antigamente terminou seus dias na árdua seara do Senhor, humildemente atendendo a enfermos e desvalidos. Em sonhos, vislumbrava linda figura, anjo tutelar a velar-lhe os passos, finalmente e sempre amando. Conquistara o amor e o respeito da jovem, após mais de dois séculos de sofrimento e intensa luta contra o egoísmo e o orgulho, chagas espirituais extravasadas na cruel doença que ela mesma impusera à estrutura física, derradeira expiação de uma alma arrependida e finalmente devotada ao trabalho em nome de Jesus.

Depoimento

Para que falar de tristezas? Se permitis, irmãos, gostaria de relembrar os felizes tempos compartilhados com os discípulos do amado Jesus entre as paredes da Casa do Caminho, seguro abrigo e sustentáculo dos pequeninos do Mestre.

Após a cura na praia de luminosa beleza, segui Jesus por todos os lados, aprendendo e colocando meu corpo recuperado a serviço dos que, devido a suas mazelas físicas, não conseguiam alcançá-lo. Talvez por ter sido profundamente discriminada, marcada pelos preconceitos da época, entendia a dor daqueles que, tendo a luz ao seu alcance, não podiam nela mergulhar ou sequer sentir a suave carícia das mãos e palavras do Enviado. Servi-lhes de braços e pernas, viabilizando o almejado acesso.

Depois Ele partiu, em triste e soturno dia... Intoleravelmente desesperançados, julgávamos havê-lo perdido para sempre, suas palavras e atos sepultados na inexorabilidade do tempo e da morte. Como nos enganávamos! A notícia correu célere e soubemos que havia superado os pretensos obstáculos, ressurgindo em meio àqueles que o amavam. Eu estava entre os que tiveram a alegria de compartilhar de seus últimos dias como homem em nosso planeta!

Mulher, solitária e inserida em uma sociedade essencialmente mas-

culina, que me restava após sua definitiva partida? Lembro-me de orar, suplicando ao Mestre amado a honra de continuar a servi-lo, a insegurança minando minhas forças, a fome constrangendo-me o vazio estômago. Em pensamento, implorava que não me abandonasse, falando-lhe de meus medos, da solidão, do desamparo... As preces foram atendidas e meus passos guiados até as rústicas paredes da casa de seus discípulos.

Quanto trabalho a ser feito! De todos os lados brotavam criaturas em sofrimento, ansiando pelo Mestre! Suas palavras estavam em mim e os irmãos bondosamente me permitiram facultá-las aos pobres de espírito, aos aflitos, aos com sede de justiça...

Os anos passaram tão rápido... O trabalho com aquelas pessoas complementou a transformação iniciada há muito. Sentia-me verdadeiramente feliz!

Questionais se alguém, algum dia, lembrou-me o nome ou minha humilde figura de serva a limpar feridas e cuidar de chagas? Jesus certamente!

Recordo a figura rude e sincera de Pedro em inesquecíveis serões, quando a casa finalmente silenciava, falando-nos sobre a derradeira ceia. A voz forte abrandava-se, quase sempre tremia, os olhos umedeciam vezes seguidas:

– Ele então tomou da água, deitou-a em uma bacia, cingiu-se com uma toalha, banhou-nos os pés, enxugando-os... Espantamo-nos, tentamos dissuadi-lo, mas Ele foi de um em um, sem pressa... Havia em seus gestos tanta nobreza e amor... Serviu a cada um de nós, vivenciando a lição maior, inolvidável: nada será possível se não soubermos apequenar-nos para chegar aos que ainda não possuem a compreensão. Servindo também, meus irmãos, humildemente, atendendo aos sagrados dispositivos das Leis Divinas, despertaremos nas criaturas o germe latente do bem! Olhando-as nos olhos e amando-as, abriremos as portas estreitas pelas quais iniciarão a difícil mas necessária ascensão evolutiva.

Amemos, pois; sirvamos sempre!

Humildade, meus irmãos, humildade... Aquele que foi e sempre será o maior lavou-me os pés... A mim, indigno de ajoelhar diante dEle! E o fez com tanto amor, com tamanho desprendimento, com tal naturalidade...

Invariavelmente, ao encerrar a singela preleção, o apóstolo chorava e nós todos o acompanhávamos, tamanha a nossa emoção...

Dias maravilhosos na Casa do Caminho, repletos de agradável e gentil saudade de Jesus, plenos da certeza de que Ele conosco estava em cada instante, amando, auxiliando-nos a compreender a tarefa que desempenhávamos em seu nome.

Joana, a servidora da Casa do Caminho

O homem de Jerusalém

"Nem todo aquele que me diz 'Senhor, Senhor' entrará no Reino dos Céus, mas sim aquele que pratica a vontade de meu Pai que está nos Céus. Muitos me dirão naquele dia: 'Senhor, Senhor, não foi em teu nome que profetizamos e em teu nome que expulsamos demônios e em teu nome que fizemos muitos milagres?' Então eu lhes declararei:Nunca vos conheci. Apartai-vos de mim, vós que praticais a iniqüidade." (Mateus, cap. VII, v. 21 a 23).

"Muitos são os chamados e poucos os escolhidos . É que há açambarcadores do pão da vida como os há do pão material Não sejais do número deles; a árvore que dá bons frutos tem que os dar para todos. Ide, pois, procurar os que estão famintos, levai-os para debaixo da fronde da árvore e partilhai com eles do abrigo que ela oferece." (O Evangelho Segundo o Espiritismo, cap. XVIII).

Havia em Jerusalém um homem de esmerada educação, descendente de tradicional família, considerado grande pelos maiores do templo, dedicado de modo pertinaz ao estudo das escrituras sagradas. Seu sonho? Ascender aos altos postos religiosos, brilhar nas tribunas, tornar-se conhecido por seu verbo, admirado e temido pelas massas. Assim, conquanto profissionalmente se dedicasse às atividades comerciais, muitas delas diretamente ligadas às religiosas, não abdicava de seus propósitos, convivendo com os líderes da religião judaica, acatando-lhes as sugestões, compartilhando-lhes as idéias.

Naquele dia em especial, intensa era a agitação no templo de Jerusalém. Aproximavam-se os festejos da Páscoa e, de acordo com a tradição e os sectários interesses, impunha-se o cumprimento de determinados ritualismos; assim, prescrevia-se a compra de animais para sacrifício, obrigatoriamente advindos das barracas de comércio instaladas no recinto considerado sagrado. Apregoavam-se em altas vozes as mercadorias e o vozerio tomava conta do local, espantando a serenidade e conturbando o silêncio e o recolhimento da casa de oração. Ora, por detrás do negócio, destacavam-se as figuras dos sacerdotes e a de nosso amigo, cujo nome declinamos de citar, mantendo o anonimato por ele solicitado quando nos narrou esta história de cunho autobiográfico.

O sol ardia nas brancas construções e o espaçoso pátio refletia-lhe os abrasantes fulgores. Um outro homem, de altaneiro e majestoso porte, claros olhos, cabelos da cor da amêndoa ou do mel que escorre deixando infiltrar a luz, atravessou a praça repleta de gentes, adentrando o amplo e impressionante edifício. Seus olhos fitaram o deprimente mercado onde, em ressonantes brados, eram negociadas as pobres vítimas, estreitando-se; imensa tristeza assenhoreou-se de seu nobre semblante e Ele abaixou a bela cabeça, como se buscasse a atitude adequada e conveniente à situação, de modo a constituir perene e inequívoca lição, atravessando os séculos vindouros. Aquela era considerada a Casa de Deus por seu povo e, embora não se cansasse de pregar às multidões a existência de um Reino de Deus alheio às construções terrenas, instalado em cada consciência, condenando as práticas exteriores que mascaravam os sentimentos, dificultando sua imprescindível mudança, o Mestre sabia estar inserido, na qualidade de ser humano encarnado no orbe terrestre, em um contexto social que exigia coerência de procedimentos e atitudes no referente à sua proposta como o Messias naquele momento evolutivo do planeta. Os homens que ali estavam, a maior parte deles simples servos, representantes dos verdadeiros negociantes da crença divina, sequer tinham noção da barbaridade que praticavam, pois as veleidades vinham se repetindo há muito tempo, caindo na habitualidade, de acordo com a conveniência dos que se diziam representantes de Deus.

Impunham-se posturas extremas, que despertassem as criaturas que se achassem prontas para ver e ouvir, alertando o povo quanto à moralidade e as verdadeiras finalidades da religião, como orientadora rumo ao bem e à evolução do ser, devendo ser respeitada e jamais submetida a mercantilismos e interesses pessoais.

Calmamente, aproximou-se de um dos mercadores, indagando:

– Por que fazeis da casa de Deus um local de vendas, conspurcando-lhe a divina destinação?

Quis o "acaso" que a pergunta fosse dirigida ao personagem central de nosso despretensioso conto. Surpreso e indignado com a perquirição, este respondeu de maneira soberba e deseducada:

– Que tens a ver com isto, peregrino? Acaso deténs autoridade para julgar nossos atos? Convém saibas que temos a devida permissão!

– E quem vos deu tal autorização? Por acaso o Deus de Abraão permitiu que seu domínio sirva a essa manifestação de ganância?

E, ato contínuo, aliando às palavras o gesto, derrubou as gaiolas mais próximas, exortando-os à realidade.

O Livro Sagrado relata perfeitamente as circunstâncias presentes na expulsão dos vendilhões do templo, fato que desencadeou ódio e desejo de vingança naqueles que usufruíam do aviltante comércio, principalmente porque muitos do povo receberam com alegria e aceitação o que ocorrera. Talvez mais injuriado do que os demais, pois duplamente atingido em suas finanças e no orgulho e vaidade comuns àqueles que se julgam sábios sem o serem, o judeu adentrou as profundezas do templo, juntando-se à casta religiosa, vociferando:

– Quem é esse homem, esse louco que se atreve a lançar ao chão as bancas, libertando os animais destinados ao sacrifício, agredindo-nos com tamanha falta de cerimônia, humilhando-nos perante o poviléu? Que poderemos esperar se nos submetermos a tamanha vilania?!

Impropérios e acusações brotavam daquelas bocas que se propunham à consagração ao serviço de Deus.

Jesus descera os degraus do Templo e ia longe, acompanhado pelos assustados discípulos, temerosos de represálias, intimamente se perguntando por que os guardas não haviam agredido o Mestre, pois não faltavam deles zelando pela segurança do consagrado recinto.

O dia mostrou-se exíguo para as considerações sacerdotais, que adentraram a noite. O moço judeu fazia coro à preocupação geral; consideravam-no um deles, precisava provar sua lealdade à causa sagrada, defendendo a soberania de seus companheiros no tocante às atribuições religiosas e aos direitos de usufruto, conforme as necessidades e os interesses determinassem.

O retorno ao lar foi imerso em cogitações. Haviam lhe dito que o audacioso homem, ostensivamente chamado de Rabi pelo povo, tornara-se o centro de um movimento que ameaçava a paz e o equilíbrio das classes hebraicas dominantes. Não lhes bastavam os problemas que enfrentavam, tendo que se submeterem ao jugo romano, vendo seus odiados dignitários mandando e desmandando, vigiando-os constantemente! E agora surgia, dentre os de sua própria raça, um proponente ao lugar de filho de Deus, o Messias Salvador! Era demais!

Chegando, rechaçou violentamente os criados, neles descontando a raiva acumulada contra o impune desaforado; adentrou o quarto luxuoso, atirando-se ao leito. A figura do tal Jesus não lhe saía do pensamento!

Vestia-se o pretenso Rabi como os judeus, sem luxos em suas vestes, mas o tecido era de boa qualidade e a limpeza evidente. Perspicaz, extremamente observador, não pudera deixar de notar que, embora os bruscos e aparentemente agressivos gestos, algo destoava do costumeiro perfil daquele que se encoleriza. Os olhos! Sim! Havia ternura e compaixão neles, mesmo em meio ao tumulto gerado por sua impetuosa e decidida ação! Olhava-os como se os compreendesse, como o pai que ama mas é obrigado a corrigir o filho que desatende a apelos mais suaves e menos constringentes! Com que tranqüilidade se afastara! Dera o incidente por encerrado, quando eles permaneceram em cólera contra sua pessoa e contra si mesmos até, buscando um culpado, um bode expiatório para a humilhante situação! Exausto, procurou dourar a derrota, mentalmente acrescentando que o comércio seria restabelecido sem maiores prejuízos no dia seguinte; aumentariam a proteção e os guardas prenderiam o cretino caso aparecesse para causar confusão; os preços subiriam, pois dispunham da adequada desculpa da perda de muitos dos animais, não havendo tempo para a preparação religiosa de outros... Assim, logicamente, os restantes custariam mais!

Sorriu, apaziguando a mente febricitante com a desforra financeira. Para tudo havia um jeito, bastando utilizar a inteligência! Afinal, a eles cabia direcionar o povo, mantê-lo sob ferrenha ordem, rédea curta e apertada, pois não convinha que pensasse. Afinal, não dispunha de capacidade para tanto! A eles, sim, fora outorgado o poder de mando, Deus assim o quisera!

Adormeceu, satisfeito com as conclusões a que chegara, convicto de estar levando vantagem, tirando proveito daquilo que o tal Profeta fizera...

Naquela noite, estranho sonho, do qual guardaria perfeita lembrança na manhã seguinte, povoou-lhe o agitado repouso.

* * *

Estava em um local enorme, amplas estruturas sustentavam teto magnificamente trabalhado. Estranhas inscrições e coloridas pinturas guarneciam as altíssimas paredes; enormes piras, onde o fogo queimava ervas de penetrante odor, lançavam luzes bruxuleantes. Observava-se, constatando os níveos trajes onde o ouro se destacava nos primorosos bordados e nas grossas correntes que lhe adornavam o peito musculoso e bronzeado. Era jovem, mas intuía que nele repousava grande poder, talvez demasiado para sua idade. Preciosa pedra adornava-lhe o medalhão ao pescoço, representando o deus egípcio ao qual consagrara sua existência.

Amanhecia e os primeiros raios do poderoso deus derramavam-se sobre a grande e bela cidade às margens do Nilo. Agora, demais membros da comunidade religiosa ocupavam as rampas do templo... Olhava-os com desconfiança: talvez pretendessem superá-lo! Orgulhosamente erguia a cabeça, mal dissimulando o desprezo. Que se atrevessem!

Desciam todos o suave outeiro que terminava nas férteis margens do rio. Flores de lótus, cultivadas em meio a sagrados rituais, emergiam das águas. O deus movimentava-se no céu de límpido azul, prenunciando mais um dia claro e repleto de atividades.

Após a cerimônia, retornavam ao santuário para a refeição matinal. Estranhamente, embora tivesse noção de que se tratava de um sonho, sentia-se nele incluído, envolto nas brumas do passado, interagindo... No entanto, estava estranhamente ligado ao presente, com a sensação de que a qualquer momento acordaria e tudo provavelmente se perderia no esquecimento...

A ampla biblioteca, com seus papiros e pergaminhos, deslumbrava e fascinava o jovem egípcio. Nela, a sabedoria! Mergulhava no estudo, esquecido do tempo e alheio ao espaço. Embora detentor de raros poderes de vidência e clariaudiência, profetizando e enxergando além do presente, reconhecia-se impotente perante a sabedoria dos sacerdotes mais antigos, alguns deles anciãos em avançada idade. A eles cabia decidir, acatar ou rejeitar as comunicações espirituais, ordenar, escolher os caminhos a serem trilhados! Irritava-se, almejando maior autonomia, respeito, admiração...

Só havia um caminho e era árduo e longo: suplantá-los, fazendo do conhecimento letal arma! Suas faculdades poderiam ser ampliadas, aprenderia a manipular as forças naturais, tornar-se-ia tão poderoso que nada restaria a não ser curvarem-se...

Afastava enfarado o amarelecido papiro, procurando insistentemente por outro. Aborreciam-no as idéias de fraternidade, de ajuda ao semelhante. Entre os que se dedicavam ao poderoso deus, muitos eram adeptos de tais conceitos, apreensivos com o bem-estar do povo. Ele? Nem pensar, jamais! Que lhe importavam os destinos da multidão?! Preocupava-se consigo mesmo! Voluntariamente elegera a reclusão, abdicando de alegrias que as pessoas consideravam fundamentais, tais como a constituição de uma família. Tudo em nome de um poder temporal ilimitado! Afinal, como poderia crescer, suplantar os demais, viver plenamente seus sonhos de poder tendo atrelados a si uma esposa e filhos? Fora escolhido pelo deus, a ele representava, tendo direito a honrarias, a privilégios... Apossar-se-ia de cada quinhão, pois assim a poderosa divindade quisera e determinara!

Os anos transcorriam céleres e o moço sacerdote, com raras perseverança e inteligência, ocupava cada momento, enterrando-se nos estudos, ampliando o cabedal de conhecimentos, potencializando os dons com que encarnara. Aos poucos, tornava-se afamado nos mais nobres círculos, onde o faraó constituía central figura, mercê das profecias e de seu natural carisma. Jovem e belo, não lhe faltavam femininas atenções, mas guardava cautelosa distância das mulheres, embora admitisse envolvimentos superficiais com as que não lograriam causar problemas, livrando-se delas com rapidez e eficiência.

Aquela seria uma cerimônia como muitas outras... Aborrecia-o ter que acolher no templo tantas pessoas, ainda que representassem o que de melhor havia na corte egípcia. Enfadado, aguardava o início do ritual, brincando com o medalhão que lhe adornava o peito. Exercícios ao ar livre e alimentação adequada garantiam-lhe o invejável porte; estudos e inteligência, a conversa interessante e culta. Escutava e respondia com facilidade, sugeria sem envolvimento emocional, utilizava as intuições com surpreendente perspicácia, suscitando admiração e inveja, respeito e temor. Que mais poderia desejar?

Um novo grupo adentrava o imenso salão decorado com pinturas em ouro e azul e ele constatava serem estranhos. Jamais os vira anteriormente. Que fariam ali? Tratar-se-ia de pessoas importantes certamente, caso contrário não teriam acesso à selecionada platéia. Sua atenção foi desviada para a jovem de estonteante beleza. Estranho calor aquecia-lhe as veias, de natural gélidas e indiferentes, sentia que o suor molhava as palmas de suas fortes e bronzeadas mãos... Era muito bela, de uma beleza incomum aos egípcios, talvez pertencesse a outro povo... O primeiro impulso foi de repúdio, entendendo tratar-se de mais uma da raça daquele intruso a quem o faraó concedera excessivo poder: José, o hebreu. Desde que o odioso chanceler, o predileto do soberano, resolvera trazer seu povo ao Egito, impondo à nação suas desprezíveis presenças, apareciam em locais e eventos comumente vedados a suas figuras estrangeiras, verdadeira afronta!

Desviava o olhar, sentindo-se injuriado. Como que atraído por poderoso imã, este insistia em volver à jovem, detendo-se em seu encantador perfil. Era jovem, muito jovem, de natural beleza, desataviada dos cosméticos que as egípcias adoravam; pessoalmente, agradava-se da maquiagem usada pelas conterrâneas, também apreciando seu vestir luxuoso e exótico. A moça, todavia, transmitia o frescor das manhãs! Trajava branco, singelas e encantadoras vestes que não rivalizavam com a cor alva de sua pele, com os imensos e azuis olhos e muito menos com os claros cabelos da cor do trigo que balouçava maduro ao sabor das cálidas brisas do Egito, fonte de alimento e riqueza. Nenhuma jóia preciosa sobressaía, a não ser pequenino colar de transparentes gemas no delgado pescoço e, nos cabelos fartos e longos, suavemente encaracolados, presilhas com as mesmas pedras, afastando-os do rosto perfeito. Belíssima!

O olhar do jovem acompanhava o talhe esbelto, demorando-se nos seios, na delgada cintura, nas longas pernas disfarçadas pelas vestes que insistiam em delineá-las, detendo-se nos pés pequeninos, calçados com delicadas sandálias... Sentindo-se observada, os claros olhos encontravam o negro olhar do jovem sacerdote, perdendo-se demoradamente no fogo nele existente... As faces pálidas enrubesciam, mas continuava a fitá-lo, presa de encantamento e fascínio.

O ressoar do bronze anunciava o início da cerimônia...

..*

Como que por encanto, o judeu despertou em seu leito na cidade de Jerusalém. Que sonho fora aquele?! Recordava cada detalhe e ansiava por sua continuidade, sentindo uma saudade pungente dilacerar-lhe a alma, uma sensação de perda imensa. A figura da jovem não lhe saía da mente e parecia de tal forma real que, ao sair da casa confortável e silenciosa, poderia encontrá-la na primeira esquina... Loucura!

Amanhecia e os servos diligenciavam, preparando-lhe o banho e a refeição, ajeitando os trajes que usaria naquele dia. Levantou-se lenta e maquinalmente, para surpresa dos serviçais, acostumados à sua natural prepotência, manifesta sobremaneira naquele horário, parecendo haver sido represada durante a noite e liberada ao despertar. Calado, banhou-se e, envolto em ampla toalha, sentou-se à mesa para o desjejum, de ordinário desfrutado com satisfeito e invejável apetite. Comeu frugalmente, mal olhando para as guloseimas, imerso em pensamentos! Ao lhe trazerem os trajes, avaliou-os com desagrado; raramente demonstrava preocupação com o vestuário, mas agora a lembrança da moça do sonho desencadeava absurda expectativa: talvez a encontrasse, tão real ela lhe parecia ainda! Melhor trajar-se a contento! Os servos viram-no dirigir-se aos baús, procurando nervosamente algo que o satisfizesse, acabando por selecionar primorosa indumentária bordada nas mangas e na barra com fios dourados, acompanhada de luxuoso manto. Olhou-se detalhadamente no espelho depois de pronto, constatando que era jovem e atraente, um tanto descuidado na aparência, talvez. O cabelo precisava de tesoura e a barba deixava a desejar em maciez e estética... Nada bom... Aos berros, repreendeu os servidores, culpando-os de seu pretenso desleixo. Um assustado servo atendeu-o, resolvendo com presteza o problema. Finalmente deixou a casa, atrasado e atarantado, recusando-se a crer que o sonho estivesse a importuná-lo ainda.

E estava! A cada dobrar de rua, julgava encontrá-la... Os negócios arrastaram-se e as escrituras ficaram esquecidas sobre a mesa... Ao final do interminável dia, dirigiu-se ao templo, sendo acolhido com surpresa pelos sacerdotes:

– Onde estavas? Nunca deixas de cumprir tuas obrigações junto ao templo... Pela primeira vez em muitos anos, deixaste de subir os degraus ao amanhecer, reverenciando o Deus de Abraão antes de todos! Por acaso adoeceste?

Como relatar o sonho incrível e descrever a estonteante visão feminina? Achá-lo-iam louco!

– Queremos de ti um favor imenso, algo que só ousaríamos solicitar a alguém que compartilhasse nossos ideais. Sabes o tal Jesus? Julgamos conveniente certificarmo-nos de suas reais intenções, pois pareceu extremamente perigoso, muito embora tenhamos superado os prejuízos de ontem e auferido lucros ainda maiores por conta da soltura dos bichos e do escândalo!

Sequer se lembrava de Jesus! Ontem parecia há um século!

Integrou-se à realidade, prestando solícita atenção ao que lhe diziam:

– Queremos que organizes uma busca e o localizes! Não será difícil, pois chama a atenção... Onde vires um ajuntamento de pessoas, lá estará Ele certamente... Sonda-o, observa-lhe as atitudes e atos, perquire seus hábitos de vida! Talvez tenhamos que nos livrar dEle... Com certeza teremos de fazê-lo, para nosso bem e das sagradas escrituras! Aproxima-te como se fosses mais um a buscá-lo e traze a verdade! Ontem foi a gota d'água! Precisamos acautelar-nos! E tu, como conhecedor das escrituras e digno membro de uma das mais importantes famílias judaicas, deves ajudar-nos. Temos que nos prevenir! Imagine se, empolgado com o sucesso de seu feito, reunir homens do povo, atacando-nos! Bastam as preocupações com os malditos romanos! Deles estamos impossibilitados de livrar-nos... Quanto ao profeta, a coisa é bem diferente! Contudo, é imprescindível agir com astúcia para não gerar descontentamentos...

– Assim será feito! Tranqüilizai-vos! Amanhã irei em busca do tal Rabi e veremos quem pode mais...

Despediu-se rapidamente. Ao chegar à porta, um deles, com jocosa gentileza, advertiu-o:

– Um conselho, meu amigo! Paramenta-te com mais simplicidade, para não o alertares.

E acrescentou:

– Estás estranho! Aconteceu algo?

Meneando a cabeça, o jovem judeu perdeu-se na escura noite, atingindo o lar às pressas, presa de constrangedora ansiedade. Recusando a costumeira ceia, atingiu os aposentos de dormir, lançando ao chão os pesados trajes, deixando-se cair sobre o leito em ansiosa expectativa. Suave torpor envolveu-o e ele mergulhou no sonho da noite anterior, retomando-o exatamente no ponto em que o abandonara ao despertar pela manhã, com uma sensação de incredulidade a envolvê-lo... Como aquilo poderia estar acontecendo?

* * *

Os sacerdotes desincumbiam-se a contento da longa cerimônia religiosa e finalmente os fiéis abandonavam as dependências do templo; com eles seguiam a moça e seus familiares. Impossível deixar de notar-lhes o constrangimento, como se ali estivessem forçados por impositivos sociais aos quais não podiam fugir!

O edifício deserto e silencioso até então lhe agradara; ansiava sempre pela solidão que tornava possível adentrar o fascinante universo do conhecimento sem que nada distraísse sua concentração. Anoitecia e sentia-se só pela primeira vez! Perambulava pelos corredores vazios, pelos amplos salões, observando as altas colunas, as pinturas, os luxuosos adornos... Onde estaria a jovem? Quem seria e que sonhos acalentariam tão linda criatura?

Dirigia-se rapidamente ao dormitório de severa aparência, cobrindo-se com amplo manto escuro; descia o caminho para o rio iluminado por enorme lua, sentindo nas faces a cálida brisa noturna, aspirando o perfume, misto de gramíneas molhadas, húmus e flores. Atado a estacas, um barco suavemente balouçava e nele subia, libertando-o das amarras, deixando-o seguir ao sabor da correnteza do caudaloso rio. A cidade iluminada por mil luzes desfilava nas margens, as casas delineavam-se... Qual delas abrigaria a visão que lhe tumultuava a costumeira indiferença? Depositava os remos, recostava-se, fechando os olhos, mentalizando com firmeza a figura da moça; após alguns segundos, como que impulsionada por sobrenatural força, a barca retomava sua trajetória, descendo serenamente o rio até que estacava frente a uma residência envolta em penumbra, clareada somente pela lua que navegava magnífica em céu de escuro azul. Um rústico caminho de pedras, escadaria formada pela natureza, alçava-se, alcançando um terraço repleto de vasos e plantas; viçosa trepadeira lançava na noite quente o aroma adocicado e penetrante de suas flores. O moço despertava da mentalização e subia os degraus agilmente, transpondo os gradis com facilidade. Estava no corpo da casa que provavelmente abrigava os aposentos de dormir... Qual deles seria o dela? Suave odor de rosas penetrava-lhe as narinas e ele perseguia-o, chegando à entreaberta porta, velada por diáfanas cortinas destinadas a protegê-la de insetos. Silenciosamente, afastava-as, penetrando nos aposentos... A escuridão era dissipada por tênue vela perfumada, cuja luz lançava sombras nas paredes... Sobre o leito, no abandono do sono, a mulher desejada.

Movendo-se com cautela, o moço sacerdote observava o quarto, ironicamente registrando que ela ainda se detinha em infantis interesses, evidenciados pela presença de inúmeros brinquedos; desviando os olhos na direção do leito, observava-a em suas vestes de dormir. Quase uma menina! Os longos cabelos, livres das presilhas que quedavam sobre uma mesinha, espalhavam-se pelos travesseiros revestidos de seda, resvalando para o chão, dourada e perfumosa cascata. A leve seda das roupas descontraídas revelava o contorno do corpo firme e acetinado... Imensa paixão, a custo controlada, envolvia-o...

Férrea vontade obrigava-o a volver sobre os passos, retornando à barca.

Nos dias seguintes, procurava esquecê-la; o instinto dizia-lhe que o relacionamento seria prejudicial a seus interesses, distraindo sua atenção dos reais objetivos, colocando-o em perigosa situação; tratava-se de uma judia, pertencente ao povo apenas tolerado por imposição do mandatário despótico e revestido de imensa autoridade, a quem o faraó delegara poder muito semelhante e quiçá superior ao seu. Os egípcios odiavam José, muito embora ele houvesse feito do egito uma potência! Mas a que preço! O povo faminto, enquanto os enormes armazéns regurgitavam de grãos, avaramente negociados a peso de ouro e pedras preciosas com as nações vizinhas, também vitimadas pelas longas secas! E que dizer da classe nobre, sob o jugo de sua obstinada vontade e de seu flamejante e tirânico orgulho? Ele humilhava as famílias ilustres, ridicularizando-as; trouxera toda sua gente e nada lhe faltava, enquanto os egípcios padeciam fome e vergonha aviltantes! Melhor ficar longe da bela criatura, indigna de seu interesse! Além do mais, conhecia muito bem a força do pulso do chanceler! Protegia os de sua raça como uma leoa a seus filhotes!

As noites tornavam-se longas e insones. Controlava-se para não tornar à encantadora vivenda às margens do Nilo. Inútil! Os exacerbados sentidos percebiam os odores das longínquas trepadeiras que adornavam o terraço da estonteante judiazinha...

A visão da moça adormecida não lhe abandonava a mente... Decidia-se: uma vez, somente uma, e renunciaria à avassaladora paixão, afastando-se para sempre!

Imensa lua repetia-se no céu. A noite cálida envolvia-o novamente e ele mergulhava na viagem, ansiando pela chegada. Não mais necessitava da perquirente intuição para localizar a casa imersa em enluarada atmosfera; os remos impulsionavam velozmente a embarcação. As pedras levavam-no ao mesmo terraço. As portas estavam fechadas e ele forçava-as com cautela, evitando ruídos. Abriam-se mansamente... Vazio o quarto, guardando resquícios do perfume da amada!

Decepcionado, frustrado, tornava ao silencioso templo. Inusitado desespero forçava-o a andar metros e metros pelo dormitório, cogitando sobre o destino da linda judia, até que a razão lhe impunha o repouso. No dia seguinte, procurá-la-ia!

Cumpridos os deveres matinais, deixava o templo, dirigindo-se aos mercados; mantinha entre os habituais desocupados valiosos contatos que lhe permitiriam localizá-la, bastando fornecer-lhes o endereço da desabitada residência. Queria saber mais sobre a moça, embora inventasse desculpas, menosprezando o interesse manifesto, tentando classificá-lo como mera curiosidade.

As notícias confirmariam suas suspeitas. Tratava-se de uma das inúmeras aparentadas do odioso chanceler, sendo seu pai figura respeitável no seio do povo hebraico, a ponto de o orgulhoso ministro alojá-lo na vivenda para dispor de seus serviços com maiores facilidades. Quanto à menina, fora enviada ao acampamento judeu para as cerimônias antecedentes ao casamento, a ser realizado proximamente. Feroz ciúme inundava o coração do jovem sacerdote! Impossível deixar que outro a tocasse, maculando-lhe a virginal beleza com imundas mãos de pastor, pois outra não seria a atividade do infeliz! Raiva e desespero misturavam-se. Não poderia perder tempo!

Raciocinava, combinando idéias, maquinando situações...

Imperativo acautelar-se, pois corria o sério risco de despertar a cólera do impiedoso José. Renunciar a ela, nunca! Que fazer? Bastar-lhe-ia possuí-la uma única vez e o fogo da paixão certamente o abandonaria! Assim fora com outras, não seria diferente com aquela...

Ficaria a moça no acampamento, longe da cidade, até o matrimônio? Os espiões colhiam informações e as notícias subseqüentes alegravam-no sobremaneira: cumpridas as formalidades dos esponsais, a família retornaria, novamente ocupando a casa.

Mais uma vez a barca descia o rio, protegida pelo véu da noturna escuridão. As cortinas flutuavam ao vento e as flores desprendiam seu aroma na noite quente e úmida; enormes formações plúmbeas anunciavam chuva e esparsos relâmpagos clareavam os céus. Não se impressionava, contudo, com a iminente tormenta, pois uma bem maior rugia em sua alma...

A vela tremeluzia no aposento imerso em suave claridade. Percorria o espaço até ela com extrema cautela, desviando dos móveis. Retirava das vestes pequenino frasco contendo grânulos de cor azulada, derramando seu conteúdo sobre a chama, enquanto protegia o rosto com o manto, afastando-se rapidamente rumo ao terraço, onde permaneceria por alguns minutos. No interior do quarto, a fumaça espalhava-se, envolvendo a adormecida jovem, inquietando-a; ela debilmente gemia, mas continuava a dormir. Aos poucos, as brumas eram varridas pelas brisas da noite e tudo volvia ao normal.

O sacerdote adentrava então os aposentos, respirando agitadamente. Jamais lhe parecera tão bela! Aproximando-se do leito, tomava o corpo inerte, envolto em profundo sono, nos apaixonados braços, beijando-a. Sentia-se dominado por avassaladora onda de emoções, deixando-se levar...

Amanhecia ao deixar a casa, relutante, ansiando permanecer junto à moça, muito embora ela continuasse mergulhada em profunda letargia, não lhe correspondendo aos carinhos e às apaixonadas falas... Estranha sensação envolvia-o, inusitada saudade, jamais sentida dantes, pungia-lhe a alma.

Precisava vê-la novamente!

As noites de amor repetiam-se. Embora buscasse justificativas, alegando para si mesmo domínio da situação, enganava-se. O envolvimento era tamanho que impossível renunciar ao prazer e aos sentimentos desconhecidos que afloravam.

Dois meses decorriam.

Cauteloso, continuava a pagar regiamente os espiões, mantendo vigilância sobre a casa, prevenindo-se de surpresas.

Naquela manhã, mal o sol raiara, fora surpreendido com a chegada dos dois homens ao templo, em atitude muito contrária à comumente adotada. Notícias inesperadas!

– Que fazeis aqui? Esquecestes? Não desejo ser procurado aqui... Eu estabeleço o contacto!

– Senhor, precisais saber! A casa está em polvorosa! Enlouqueceu o velho! Esbraveja, grita, arranca os cabelos! Algo está acontecendo, senhor! Escutamo-lo dizer, em altos brados: infâmia, vergonha! Maculaste meus cabelos brancos, filha ingrata!

O egípcio quedava-se em reflexões. Que teria ocorrido? Preocupava-se com uma possível partida da jovem, temia perdê-la!

Ordenava aos atarantados espiões que continuassem a tarefa, recomendando-lhes cuidado, prometendo vultosa paga caso fosse informado de tudo. Não contente com isso, resolveu: ele também investigaria!

À tarde, retornavam os dois homens:

– Senhor, a casa está um entra e sai incrível. O noivo, o tal judeu que deve desposar aquela beleza, foi chamado e, por sua expressão ao sair, as coisas não andam bem... Estava furioso, esmurrando os ares, desesperado mesmo. As mulheres choram e os homens vociferam! Fizemos amizade com um dos servos... Não foi fácil... Ele abriu o bico e contou uma história estranha... Avaliai, meu senhor, que a moça estava em vias de contrair matrimônio com o pretendente de seu povo... E aparece prenha... Isso mesmo! Esperando criança! O primeiro suspeito de tal façanha foi certamente o noivo, muito embora a mocinha tenha jurado pureza. Instado a comparecer com urgência à casa da noiva, negou qualquer comprometimento, mostrando-se ultrajado com o ocorrido, repudiando com veemência a jovem. Ela protesta inocência... Podeis imaginar?!

Um filho! Certamente que a jovem não saberia de nada, pois tomara o cuidado de sedá-la, noite após noite, com os mágicos grânulos adicionados à chama da vela. Não imaginara que pudesse acontecer, mas aquela era a hora exata de bater em retirada discretamente, esquecendo-a.

Dispensava os informantes, recompensando-os de forma generosa, impondo discrição.

Mergulhava no estudo com desesperado afinco. Precisava olvidar, sepultar o que lhe agitava o peito! Coincidentemente, o ancião responsável pelo templo adoecia, vindo a falecer em poucos dias. Era necessário um sucessor e, conquanto jovem, recaíam sobre ele as preferências, principalmente por suas qualidades profetizadoras, tão ao agrado de todos na época.

Colocar-se em situação que lhe enodoasse a reputação, obstando a consecução de seus ambiciosos sonhos? Impossível! Imensa dor constrangia-lhe o peito, mas uma vez mais privilegiaria o poder, evitando saber do destino da jovenzinha. Sepultava, assim, as recordações, assumindo o importante cargo com o orgulho e a vaidade que o caracterizavam.

Também impossível relatar a surpresa da moça judia ao constatar a insólita gravidez. O avolumar do ventre terminara por denunciá-la e, embora negasse qualquer envolvimento carnal, os fatos falavam mais alto. Tornara-se indubitável para o colérico e ultrajado pai que ela protegia alguém, o miserável que a desonrara. Protestos de inocência somente pioravam a situação!

Que dizia a lei? Era extremamente rigorosa com as mulheres

e sua moral, dando ao homem que se sentisse injuriado plenos direitos e poderes sobre a ofensora, inclusive o de condená-la à morte, se julgasse que isto restabeleceria sua honra.

O pai preferia expulsá-la de casa. Fora piedoso, considerava ele. Certamente não, pois a permanência nas ruas para uma moça como ela equivaleria a mil mortes em vida, tamanhos os sofrimentos que a aguardariam.

Ainda protestando inocência a quantos a abordavam, perambulava dias e dias, a fome corroendo-lhe as entranhas, até que singular figura, em incomum momento de solidariedade, acolhia-a. Tratava-se de velha mulher, que fazia das ruas e da mendicância seu modo de viver. A velhice garantia-lhe o sossego finalmente, pois os homens já não a importunavam, mercê de sua decrepitude física. Olhando a mocinha, apiedara-se, relembrando o sofrimento de outros tempos, quando também fora jovem, embora não tão linda e desejável.

– Menina, que fazes nas ruas? Vejo que vens de família rica... Tuas vestes são caras, as mãos jamais enfrentaram pesados serviços...

Atentando no ventre que já se pronunciava, indagava:

– Esperas um filho? Não adianta negar, menina! Crescer-te-á a barriga cada vez mais, é inútil mentir! Vamos, tenho um lugarzinho simples, mas limpo... Lá poderás descansar e comer algo. Vê! Os ricos lançam no lixo comida muito boa, graças aos deuses, e poderemos fartar-nos! Vamos lá...

A velha amparava-a durante o difícil período. Curiosa, um de seus defeitos mais evidentes, costumava crivá-la de perguntas, surpreendendo-se com o relato da jovem.

– Então dizes que nada fizeste? E a barriga, minha preciosidade? E a barriga?!

Diante das peremptórias negativas da mocinha, a mulher divagava:

– Analisa o meu caso, por exemplo. Apaixonei-me por rico senhor e cedi a seus apelos. Enrolou-me com promessas vãs e acabei nas ruas, também escorraçada por meu pai e irmãos. Mas não esperava um filho! Prostitui-me para sobreviver, até que deixei a beleza e a juventude para trás e me restaram somente as vielas... Peço esmolas, rebusco o lixo, sobrevivo... Mas tu, tu és uma beleza, e os homens não te darão sossego! Assim que te livrares da barriga, prepara-te. Não basta a vontade de fugir à vida que te parece aviltante! És mulher e frágil, acabarás cedendo... Não há saída! Poderás ganhar muito dinheiro se fores esperta... Se quiseres, poderei aconselhar-te, intermediar vantajosos encontros... Seguindo minhas instruções, sairemos deste buraco e levaremos vida de rico, minha menina!

Percebendo a evidente repugnância da jovem, meneava a cabeça de grisalhos e emaranhados cabelos, continuando a tagarelar:

– Juras que és inocente, que não te lembras de nada... Só se estavas dormindo... Tens recordação de algum sonho estranho?

A moça estremecia violentamente, empalidecendo. O sonho!

– Sim, agora que a senhora menciona, um sonho que se repetia sempre e sempre... Um homem alto e belo, um egípcio certamente, por sua pele morena e seus olhos negros e profundos. Dizia-me doces palavras de amor, que soavam distantes e imersas em envolvente névoa. Ainda sinto o toque de suas mãos, devassando-me o corpo, mergulhando-me em intermináveis ondas de prazer... Mas é um sonho, senhora, um sonho perturbador que não se repetiu desde que esta tragédia transtornou meus dias!

– E tu o conheces, minha flor?

– Não sei, senhora. Às vezes, julgo que sim, parece-me tê-lo visto, mas a lembrança é falha, imprecisa... Estarei louca?

A velha ria nervosamente, enquanto percorria, com passos largos e ansiosos, o aposento da tapera onde se abrigavam.

– Dize-me! Onde moravas?

Às respostas da moça, agitava-se ainda mais:

– E, por acaso, teu quarto dava para o rio? Seria fácil chegar até ele?

– Sim, há uma escada formada por pedras... Vai da margem do rio ao terraço... Mas eu saberia! Teria consciência se alguém me seduzisse, não vos parece, senhora? Eu acordaria!

– A menos que o homem te sedasse! Ah, ah! Tens que recordar de onde o conheces, pois poderei procurá-lo e pedir-lhe contas da vilania que cometeu contra ti!

Estranha saudade invadia o coraçãozinho da infeliz moça. Quem seria o misterioso estranho? Existiria ou não passaria de criação de sua mente atribulada e triste?

Precisava pensar, pensar... Praticamente reclusa, limitada ao espaço da casa paterna, pouco saindo a não ser para as visitas a seu povo, com certeza não fora em uma dessas ocasiões que conhecera o homem dos seus sonhos... Se ele realmente existia, quando isso ocorrera?

No templo! Sim! No templo! Cedendo a insistentes apelos de José, o pai concordara em comparecer àquela cerimônia religiosa sem sentido! O homem fitara-a com tanta paixão que se sentira envolta em calor! Era ele, o mesmo dos sonhos!

A velha mulher, informada sobre a possível identidade do suspeito, inflamava-se:

– Filha, nada mais, nada menos que o supremo sacerdote! Pois, pela descrição, somente pode ser ele! Procuremo-lo! Vamos pressioná-lo e estará resolvida a pendência! Provavelmente nem sabe de tua gravidez... Desfrutaremos de bens e tranqüilidade! Seremos ricas, ricas!

Desprezando todas as ponderações da menina, empurrava-a para o templo, protestando contra o desprezo material que marcava o caráter de sua protegida.

– Quero ver quando tiveres um filho nos braços! Até o trabalho de prostituta será difícil, pois crianças incomodam! Poderás sempre dá-lo a alguém, pois será um belo rebento, ambos ostentais grande beleza física... Todavia, muito melhor será arrancar uma fortuna do miserável! Vamos, vamos! No futuro, tu me agradecerás!

O orgulhoso sacerdote recusava-se a receber as duas mulheres, julgando-as meras criaturas das ruas, importunas mendicantes. A velha perseverava, insistia, assentando-se nas escadarias do imponente templo, recusando-se a sair, resistindo aos golpes dos soldados e aos xingamentos dos servos. Tamanha confusão causava que o alarido chegava até o religioso. Irritado com a balbúrdia e o desrespeito, surgia, intentando resolver a questão que se prolongava, dirigindo-se à velha:

– Que desejas, desaforada? Fora, senão mando açoitar-te e atirar tua carcaça aos cães! Não pretendo perder meu valioso tempo contigo!

A mendiga aproximava-se dele, sussurrando:

– Meu rico senhor, por acaso não conheceis a jovem que carrega no ventre vosso filho?

A moça, que se mantivera afastada, oculta pela sombra de uma das gigantescas colunas do edifício, adiantava-se a contragosto, obedecendo aos incisivos gestos da companheira, permitindo que a luz dos archotes iluminasse sua trêmula figura.

O moço titubeava por instantes, fitando-a dolorosamente. Estava sendo tão difícil arrancá-la de sua vida e ei-la surgindo do nada, acusando-o da paternidade do filho que lhe intumescia o ventre! O orgulho encarregar-se-ia de sufocar o sentimento de amor... Uma judia... Raça maldita que medrava como praga no Egito, sugando-lhe as energias... Jamais!

– Estais loucas! Guardas, livrai-vos delas! Atirai-as ao Nilo, servirão para fertilizá-lo!

Adentrava o templo, tampando os ouvidos às suplicas das infelizes. O rio acolhia os desmaiados fardos, sepultando em suas águas os corpos das duas mulheres e o feto. O segredo do sacerdote estava preservado!

* * *

O moço judeu despertou. Que sonho seria aquele, tão real

que podia sentir as emoções do egípcio como se suas fossem? A culpa que o sacerdote abrigava em seu coração parecia vergastá-lo também! Levantou-se açodadamente, mirando-se no espelho... Suspirou aliviado! As feições reproduzidas eram as de um homem jovem, de fartos cabelos escuros e negros olhos; a barba escondia parcialmente os traços, mas seguramente nada tinham a ver com os do moço do sonho. A figura forte não condizia com a do sacerdote egípcio, musculosa mas esguia. Estava exausto, sobrecarregado, deixando-se levar por tolas ilusões! Aliviado, suspirou... Fora um sonho, nada mais! Outro dia, que certamente constituiria novo marco em sua vida. Dedicava-se há muito ao estudo das sagradas escrituras; na tribuna, a firme convicção da palavra e a altaneira postura impressionavam e convenciam; dispunha de posses, que se acumulavam cada vez mais nos cofres; a classe religiosa acolhia-o com agrado, considerável a ponto de conferir-lhe a tarefa de desmascarar o impostor, o falso profeta que se atrevia a enxovalhar as crenças de uma raça. Patife!

Nervosamente, percorria a largos passos o luxuoso mas austero aposento de dormir... À simples perspectiva de que os dogmas religiosos pudessem ser contestados, sentia o sangue pulsar forte nas veias! O estranho pagaria pelos desaforos e pelo comportamento inaceitável nas dependências do templo!

Vestiu-se, ganhando a rua banhada de sol. Recém-desperta, Jerusalém concentrava considerável número de visitantes que se encaminhavam ao templo, superando o costumeiro.

Acolheram-no com alegria e interesse, indagando:

– E então, seguirás no encalço do Rabi dos pobres e desamparados? Temos notícias dEle! Encontra-se em pequena aldeia de pescadores, deitando falas e curando... Simples prestidigitação destinada a enganar os tolos e ignorantes!

Volveu ao lar, fazendo aparelhar a melhor das montarias, ordenando aos servos que acrescentassem um alforje com frutas, pães e carnes, partindo célere no encalço de sua vítima, calculando que, se tudo corresse a contento, no dia seguinte estaria mergulhado na honrosa tarefa de desmascará-lo. Pelo caminho, engendrava estratégias, regozijando-se antecipadamente com a derrota dAquele que elegera inimigo.

A pequenina aldeia quedava-se silente ao sol da cálida tarde. Seus habitantes haviam abandonado as casas e os barcos de pesca; a notícia da chegada do Mestre abalara convenções e rotinas, retirando-os de seus habituais postos de trabalho, enviando-os à praia de claras águas e límpido céu; as areias não se enxergavam quase, tamanha a concentração em determinado ponto, onde o Estranho de dias atrás, o arruaceiro do templo, discursava.

Orgulhoso de seus conhecimentos e de sua apaixonada oratória, o moço judeu aproximou-se, julgando encontrar mero palavrório, destinado a impressionar o povo rude e inculto, inadequado a ouvidos mais sensíveis e educados. Para seu espanto, o Homem discursava admiravelmente! Sua serena voz impunha-se de maneira natural, sem esforço algum, respaldada, sem sombra de dúvida, pela autoridade inerente ao saber... Mais ainda, surpreendeu-se com o flagrante conhecimento das sagradas escrituras, externado de forma simples e desataviada, com paciência e perspicácia imensas, visando a alcançar os diferentes estágios de compreensão dos que o ouviam.

– Muitos os chamados e poucos os escolhidos, pois o homem se perde em meio ao mundo, deixando para trás as verdadeiras riquezas, alienando-se voluntariamente, esquecendo os verdadeiros compromissos. Sois chamados, tendes o conhecimento que a missão requer... Todavia, na medida em que procurais servir a dois senhores, afastais-vos. Vossa sabedoria emana dos pergaminhos, mas o coração é frio e insensível, carece do doce fogo do amor, sentimento direcionado ao próximo. Sois egoístas, cegos... Ainda assim, pretendeis conduzir vosso irmão... Caireis ambos no abismo!

Sentiu-se agredido pelas palavras do tal Profeta, julgando-as dirigidas particularmente a sua pessoa. Incomodavam! Como se atrevia Ele a penetrar a privacidade de cada um, expondo desejos e intenções? Aliás, esta parecia ser sua mais marcante característica: fazer perguntas irritantes, afirmações absurdas! Em sua presença, inútil afivelar máscaras, pois a alma era desnudada...

Desviou os olhos do orador, circulando-os pela multidão com visível asco. Enfermos e mais enfermos... Disformes, aleijados, cegos... Endemoninhados, acorrentados... Desnutridos, famintos... Seria essa a platéia dAquele que se julgava no direito de analisar as atitudes dos que zelavam pela religião oficial da nação?

Imenso desdém fê-lo sorrir ironicamente. Desligando-se do Rabi, continuou a observar o povo. Que esperariam aquelas pessoas do tal Jesus? Será que acreditavam em suas pretensas curas, em seu duvidoso saber?!

O olhar perquiridor e avaliativo parou finalmente em brancas vestes, subindo para o atento rosto, inteiramente mergulhado na figura do Mestre.

Cambaleou, sentindo-se desmaiar! A moça, a moça do sonho! Ela mesma, sem dúvida alguma! Os mesmos cabelos, agora cobertos com amplo véu, os olhos imensos e azuis, a pele alva e perfeita, desafiando o sol ardente. Por instantes, julgou-se no distante Egito, recordando a casa à beira do Nilo, revivendo as maravilhosas noites de amor... Embora sedada durante as visitas, o ardoroso egípcio jamais lograra surpreender no cálido corpo qualquer rejeição, como se a alma toda se entregasse... A saudade pungiu-lhe o peito, arrancando lágrimas. Depois, assustado, pressionou a fronte... Que pensamentos eram aqueles?! O sonho nada tinha a ver com sua pessoa! As emoções e sentimentos pertenciam ao sacerdote, ao egípcio...

A multidão agitou-se. Jesus silenciara, iniciando seu caminhar entre os aflitos suplicantes... O moço pretendera observar as curas com especial cuidado para melhor acusar o farsante, mas a belíssima figura feminina absorvia inteiramente sua atenção. Certamente ela não se incluía no rol dos que necessitavam de tratamento, pois toda sua linda pessoa recendia a saúde e juventude!

Fechou os olhos, elevando o rosto na direção do sol, respirando em profundos haustos. Ao abri-los, tinha certeza de que a visão estaria desfeita, simples miragem provocada pelo calor e pelas emoções, perdida para sempre... Vagarosamente descerrou as pálpebras e intensa comoção tomou conta de todo seu ser: Jesus estava à sua frente, olhando-o com divertido semblante, mescla de ternura e compreensão.

– Que o Pai te ampare! E então, que tens a me dizer, homem do templo?

Estaria Ele ironizando? Não parecia... Ainda assim, a educada e singela indagação importunou-o:

– De ti nada quero, pois nada tens a me dar. Não me convences, como a esse povo ignorante e tolo. Não acredito em tuas curas, verdadeiro sacrilégio, pois somente ao Deus de Abraão cabe o poder de determinar os destinos de seu servo, destinando-lhe saúde ou morte. Tu, ao contrário, não passas de um embusteiro! Mais dias ou menos dias, conhecer-te-emos os verdadeiros propósitos, e eles não serão o modelo de desinteresse e desapego que propagas! Portanto, segue adiante, poupa-me de tuas veleidades e mentiras!

Aguardou a réplica do falso Rabi, mas ela não veio. Sorrindo, Ele prosseguia, relevando as palavras do moço judeu. Livre da presença que tanto o incomodava, o jovem em vão procurou pela encantadora figura da moça. Miragem, sem dúvida... Decididamente, aquilo não poderia estar acontecendo com ele, sempre tão realista e equilibrado, modelo de sangue frio citado por seus companheiros de estudos com admiração! Intimamente, percebeu-se decepcionado, embora a aparição da moça fosse algo assustador, inexplicável... Estava dividido, temeroso de admitir suas emoções e sentimentos, apavorado enfim!

Profundamente perturbado, retirou-se, empreendendo a viagem de retorno ao lar. Imensa angústia confrangia-lhe o jovem peito, aliada a enorme sensação de inutilidade e fracasso. Forçou a montaria além do habitual, acabando por apiedar-se da pobre, concedendo-lhe um descanso junto a algumas rochas, onde adormeceu sob o imenso pálio de rutilantes estrelas. Aos primeiros sinais da aurora, retomou a viagem, adentrando a casa silenciosa ao entardecer. Nenhum servo à vista para recepcioná-lo... Sequer reclamou, fato inusitado, pois sempre fora severo e exigente; quase que feliz em ninguém encontrar, embarafustou pelas salas e corredores rumo aos aposentos de dormir. O silêncio e a fresca penumbra das salas desertas acalmaram-no e pôde finalmente raciocinar, abandonando o corpo sobre o triclínio revestido de seda azul, confortável luxo herdado dos odiosos romanos.

Mil idéias passavam-lhe pela cabeça:

– Estarei ficando louco, meu Deus? Que significado teriam meus sonhos das noites anteriores? Embora fisicamente diferentes, sinto-me o jovem e belo egípcio... Sou ele e, ao mesmo tempo, não sou... E a miragem em meio às gentes na praia? Era a moça do sonho... Desfez-se, no entanto... Não pode ser!

Desistindo de elaborar hipóteses, procurou entre os pertences pequeno frasco, depositando algumas gotas de seu conteúdo em uma taça de vinho; breve, o sono libertou-o da ansiedade. Quando finalmente despertou, o corpo pesava, a boca estava seca e amarga... Mais vinho resolveria o problema... Acabou embebedando-se, sem obter a almejada paz. Aos brados, chamou os apavorados e inscientes servos, ordenando enchessem a banheira com água morna, pois precisava relaxar. Só, inteiramente à vontade, mergulhado até os ombros na água tépida e olorosa, tentou realinhar os confusos pensamentos: nunca mais a veria, pois as ilusões são como fumaça ao vento! Seria conveniente abrir-se com os sacerdotes? Rechaçou a idéia peremptoriamente: conhecia-os, eles abominavam o questionamento dos dogmas que obscureciam alguns pontos das escrituras. Os judeus detinham determinados conceitos de vidas passadas, mas não constituíam o ponto forte de suas crenças, abordando superficialmente a questão. Além do mais, poderia ser prejudicado e preterido se o julgassem emocionalmente desequilibrado! Baixinho, lamentou:

– Que hora para ter tais sonhos! Agora que preciso de tranqüilidade para desmascarar o falso Profeta e atirá-lo em uma prisão, fico com tais tolices. Perdi a chance de descobrir os truques que se escondem por detrás da curas ditas milagrosas... Assim que amanhecer, voltarei aos mesmos sítios e tratarei de desmascará-lo!

Aliviado, a custo abandonou a água então gelada, desabando sobre o leito, tornando a adormecer pesadamente. Para seu desapontamento, ao acordar no dia seguinte, nada interessante restara da tumultuada noite, a não ser uma incrível dor de cabeça provocada pela incomum ingestão de vinho. Embora decepcionado, buscou convencer-se de que atribuíra demasiada importância às noites anteriores. Pesadelos causados pela irritação que Jesus provocara! Lembrando bem, o primeiro episódio acontecera logo após o incidente no templo de Jerusalém! Abandonou a cama, pronto para repetir a viagem, tão agitado que recusou o desjejum, partindo em desabalada carreira para a aldeiazinha, esperando encontrar a praia vazia ao raiar do dia seguinte. Precisava confrontar Jesus! Para tanto, necessário estar a sós com Ele! Menos orgulhoso fosse, compreenderia que suas crenças estavam prestes a sofrer sério abalo e que pressentia isso, preferindo resguardar-se da presença de demais pessoas... Mais uma vez se decepcionou... Não obstante o dia mal houvesse raiado, outros tinham se antecipado e pacientemente aguardavam, olhos nas águas em que o sol punha luminosos revérberos. Irritado, entendendo-se mais uma vez enganado em suas previsões quanto ao comportamento do Rabi e seus seguidores, indagou dos mais próximos:

– Vistes o tal Jesus?

– Está no mar, lançando as redes com os pescadores!

– Um Profeta que cheira a peixe! Só faltava isso ao nosso povo, subjugado pelos romanos e tão humilhado! Esperamos um rei e recebemos um pescador que se diz filho de Deus! Que o Deus de Abraão nos livre de tamanha desgraça!

Os aldeões fitaram-no emudecidos, observando-lhe os trajes de nobre pano. De resto, calando evitavam represálias. Corria à boca pequena que os fariseus estavam reunindo provas para incriminar Jesus e que sua declaração de divina origem constituía a maior das acusações... Melhor silenciar, pois o moço parecia nervoso e louco por acertar contas com o Mestre!

E ele prosseguia, alheio ao silêncio dos circunstantes:

– Falsos profetas que surgem do nada, outorgando-se divina paternidade! Calabouço com eles, inclemência, pois é hora de sanear Jerusalém de tais parasitas!

Observando os olhos baixos de todos, dirigiu-se para os lados de aprazível vegetação, acomodando-se sobre a relva, decidido a aguardar a chegada do pretenso filho de Deus. Furioso, monologava:

– Não perdes por esperar, Rabi! Hoje tuas falcatruas encerrar-se-ão e dormirás nas masmorras... Lá terás tempo de sobra para teus truques!

As horas corriam e os barcos tardavam... Suave sonolência envolveu-o e, protegido pela sombra agradável, involuntariamente retomou o ponto onde abandonara o intrigante sonho... Estava no Egito de outrora...

..*

Nos dias subseqüentes ao brutal assassinato das duas mulheres, o jovem sacerdote egípcio vivenciava desespero, remorsos, saudades... A velha enchera os ares com seus gritos e súplicas, enquanto da jovem somente se escutaram sentidos soluços. A visão do ventre distendido não abandonava a retina do sacerdote... Um filho indesejado, inútil, prova irrefutável do crime! Que lhe restara fazer, a não ser silenciar as acusadoras vozes? Relutando, ainda apegado ao frio raciocínio inicial, dolorosamente concluía que a solução poderia ter sido menos drástica, pois não haveria meios de provar seu envolvimento. Por que, então, tamanha repulsa em ser acusado? A razão apontava claramente para a nacionalidade da moça. Uma judia! Seria o fim, motivo de vergonha, mesmo se tratando de acusação sem provas. Por outro lado, para que gozassem de tantas regalias no Egito, os familiares da jovem seriam muito bem relacionados com o temido José, conhecido por seus sobrenaturais poderes e sua influência junto ao faraó. Não valia a pena arriscar... No mais, muito bem se inteirava dos rígidos padrões morais e éticos estabelecidos para os sacerdotes do templo! Discretamente, talvez ocasionais escapadelas na área sexual fossem relevadas; às escâncaras e com escândalo, jamais!

Longa seria a encarnação do moço sacerdote no Egito; gozaria de prestigio e riqueza, amealharia conhecimentos e mais conhecimentos, tornar-se-ia respeitado e temido ainda mais... Realizaria muito em prol da comunidade, ainda que egoisticamente, pensando em si mesmo e nas vantagens que adviriam... E só, muito só, perdido em meio a pergaminhos e papiros, régia cama acolhendo, no final da existência terrena, o corpo devastado pelos anos, a alma vazia de tesouros espirituais.

Remorsos? Recusava-se tenazmente a admiti-los, intuindo que a admissão da culpa destruiria seu sonho de grandeza, sua quimera existencial... Sepultava, dia após dia, bem no fundo do ser, o ocorrido com a bela judia, mentindo para si mesmo, jamais a olvidando contudo. Politicamente envolvido, vezes sem conta engendraria maquiavélicos e convenientes planos, resultantes em mortes e prisões. Que lhe importavam as conseqüências, desde que conseguisse o que queria! O deus a quem servia? Unicamente reconhecia a necessidade de honrá-lo nas cerimônias, fazendo-o muito bem, defendendo a pureza da religião, tomando conta do templo com zelo, preservando a ferro e fogo a ascendência religiosa sobre a casta faraônica! Simples exterioridades, interesses mundanos, ilusões que o tempo se encarregaria de dispersar.

Não se interessaria novamente por outra mulher, como se a

experiência com a linda judia fosse única e irreproduzível. Acataria finalmente o celibato físico, sublimando as energias, canalizando-as para o estudo, as artes, as manifestações paranormais.

Julgavam-no feliz e realizado... Imensamente orgulhoso, sufocava quaisquer vestígios do vazio em que mergulhara ao decretar a morte da mulher amada, escondendo a dor que lhe atormentava os dias.

Certa noite, no Egito de séculos atrás, deitara-se para não mais levantar; os embalsamadores cuidaram-lhe do corpo, acomodando-o em rico sarcófago no interior de segura tumba, na companhia de magníficos tesouros, que nada ficavam a dever aos dos faraós; os caminhos foram selados e, com o sacrifício dos servos, julgavam haver preservado para sempre a integridade e o segredo do túmulo. Acreditavam que, no momento propício, o orgulhoso sacerdote surgiria dentre os mortos, investido dos poderes que desfrutara na Terra...

Pobre criatura! Amargou durante anos em sombrios antros de sofrimento no mundo espiritual, alucinado, vendo suas vítimas a acusá-lo veementemente, infligindo-lhe cruéis torturas. Seu espírito ensandecido não lograva perceber a presença luminosa daquela que lhe fora cara! Em meio aos que o amaldiçoavam e perseguiam, em vão a procurava... Por que não o acusava também? Não a sepultara e ao filho em profundas e negras águas? O supremo sacerdote do Egito desconhecia o poder do amor e do perdão...

***

Despertou do pesadelo como que picado por mil aguilhões. O sol brilhava intensamente nas águas do mar, formando longas esteiras luminosas... Os barcos vinham chegando!

Rompeu a multidão, empurrando, ordenando dessem-lhe passagem. Mal Jesus abandonara a barca, em franco desequilíbrio, as vestes e face descompostas, trêmulo, febril, o moço perguntou-lhe:

– Se és realmente o filho de Deus como dizes, responde-me: quem sou eu?

Jesus fitou com ternura e compaixão a quase ensandecida criatura. O confronto com a verdade constituía severa prova para o orgulhoso fariseu!

– Tu és filho de Deus, como eu. Estás no planeta Terra, uma das moradas do Pai, em jornada evolutiva. Egípcio, judeu ou o que se fizer necessário para que cresças e alijes de teu espírito as excrescências que lhe velam a transparência e o brilho: egoísmo, vaidade, apego, orgulho, desamor enfim. Queres conhecer a verdade ou és como os sacerdotes, que se recusam a aceitá-la, temerosos das mudanças? Escolhidos todos vós, detentores do conhecimento, mas arraigados às paixões humanas, comprazendo-vos nelas, negando-vos a crescer, a evoluir. Vê o teu caso especificamente: representante de divindades há séculos, carregando, reencarnação após reencarnação, a sublime missão de orientar, encaminhar, educar... E que fazes? Assumes somente o papel, sem comprometimento real do coração. Cego guiando cegos... Queres continuar assim?

Desespero e espanto calaram o moço judeu. Ele sabia! Que homem seria aquele que lhe desvelava os íntimos recônditos da alma?

Continuando, já seguindo pela areia quente, Jesus completou:

– Aquela que te povoa os sonhos está encarnada, guardando exatamente os mesmos traços físicos de outrora para que te seja dado o inquestionável testemunho da veracidade de minhas palavras; embora tenhas dito que nada desejas de mim, ofereço-te a maior das dádivas: a pontinha do fio que te conduzirá à verdade que liberta. Somente te alerto que, para chegar a ela, terás que passar obrigatoriamente por mim. Agora estás por tua conta e risco! Deixa-me em paz e cuida de ti; não desperdices mais uma oportunidade!

A multidão rodeou-o e Ele abraçou-a com o olhar compassivo e amoroso; mãos tocaram-no e dEle retiraram virtudes... Lábios oscularam-no e, naquele dia, não houve o beijo da traição!

Uma criatura perplexa e assustada abandonou as areias, procurando pelo cavalo, que calmamente saboreava as gramíneas próximas a frondosa árvore, alheio aos tormentos de seu dono. Incapaz de montá-lo sequer, as pernas enfraquecidas e a cabeça a rodar, o judeu deixou-se ficar à sombra, imerso em pensamentos. Quando anoiteceu e gelados ventos sinalizaram que deveria tornar ao lar, fê-lo mecanicamente.

Durante três dias permaneceu isolado em seus aposentos, pensando, pensando, pensando... Quanto mais se entregava à reflexão, mais se desesperava, pois a razão não lhe apontava os caminhos! Do templo chegavam recados, mas tratou de ignorá-los, dando-se conta de que não teria condições de enfrentar os religiosos, tamanha a tempestade de questionamentos em sua cabeça. Os servos encontraram-no, ao final do terceiro dia, queimando de febre, delirando, chamando por alguém jamais mencionado anteriormente: Lia!

Entre a vida e a morte, presa de delírios e alucinações, o espírito pairando em diferentes épocas reencarnatórias, em vão diversos médicos tentaram recuperá-lo, nenhum conseguindo diagnosticar o súbito mal que atingira o nobre judeu. Vieram os sacerdotes, preocupados com a perda do fiel companheiro de religião e comércio, todavia ele não os reconheceu. Nos lábios, sempre e tão somente o mesmo nome: Lia!

Finalmente, desenganaram-no. Morreria com certeza, pois há muito não aceitava qualquer alimento...Tratava-se de fatal e desconhecida moléstia! Um dos esculápios ousou sugerir houvesse ocorrido profundo choque emocional, sendo irônica e veementemente rechaçado:

– Um homem lúcido, centrado na razão e nos interesses religiosos, preocupado com o sucesso profissional e pessoal, um homem assim nunca se entregaria dessa maneira a emoções! Nem pensar...

Eis que, ao final de alguns dias, quando já se preparavam todos para o iminente desenlace, surgiu à porta desconhecida jovem, rogando aproximar-se do doente em nome de Jesus, o Nazareno. Solicitação de tal estranheza e empenho abalou a todos, mas ficaram impedidos de recusar, até porque o homem estava morrendo! Os sacerdotes entreolharam-se e uma só idéia lhes ocorreu: se aquela mocinha ousasse empreender uma tentativa de cura em nome do falso Profeta, decretaria a sentença do odiado Rabi como explorador do povo, indutor de falsas crenças, traidor das sagradas escrituras, sacrílego... Seu fracasso serviria para comprovar as mentiras que Jesus andava a espalhar! Ótimo!

– Deixem-na entrar! Vem, minha criança, vem!

Aos pés do leito, observando o homem que outrora fora forte e poderoso, compaixão e ternura traduziram-se nas feições da jovem, arrancando lágrimas de seus olhos. Aproximou-se lentamente, obedecendo a interior comando, roçando as cerradas pálpebras do moribundo, sussurrando:

– Jesus enviou-me... Desconheço as razões da escolha do Mestre, pois sou a menor de suas servas... Disse-me para, em seu nome, impor minhas mãos sobre vós... Eu obedeço! Em nome de Jesus, estais curado dos males que vos afligem!

Como se violenta descarga elétrica sacudisse cada fímbria do exânime corpo, o enfermo inteiriçou-se no leito, aquietando-se por fim. Crendo houvesse ocorrido o derradeiro estertor, apressaram-se os médicos em sentir-lhe os batimentos cardíacos. Para surpresa geral, o coração pulsava normal e perfeitamente! Ligeiro tom róseo invadia aos poucos as faces dantes descoloridas e o doente mergulhara em profundo sono, calmo e sereno...

Para desespero dos candidatos a detratores do Mestre, tênue sorriso pairava nos lábios do dantes moribundo...

Dormia e sonhava doces sonhos!

Estupefação geral. Rapidamente os religiosos trataram de conduzir a jovem até a porta e um deles introduziu nas delicadas mãos uma moeda de ouro, despachando-a sem maiores delongas.

– Não é necessário, meu senhor, Jesus não cobra por suas curas!

Ato contínuo, depositou a espórtula indesejada nas sôfregas mãos de um paralítico que esmolava à porta, retirando-se em atitude digna e humilde.

Horas depois, clamando por banho e comida, despertava o moço. Severamente orientados pelos sacerdotes, os servos calaram sobre a visita da belíssima jovem, embora estivessem ansiosos em comentar com o amo o ocorrido. Ele sequer se lembrava da doença!

Profundas mudanças acompanharam o restabelecimento do enfermo; estranha calma refletia-se em seu modo de ser e era visto em contacto com a natureza, em introspecção que intrigava os serviçais. Evitava os membros do templo, mas, quando impossível dispensá-los, sua acolhida era afável e pródiga. Abrandou-se a costumeira irritação, os subalternos recebiam tratamento mais cordato, mais humano...

Que estaria acontecendo? Como os seres humanos analisam as questões do ponto de vista de suas crenças, valores e interesses pessoais, os religiosos e fariseus atribuíram a Jesus a terrível enfermidade, delegando ao Rabi a culpa pelo estranho estado de alienação do antigo companheiro e cúmplice de desmandos. Por outro lado, os criados e escravos maravilharam-se com a mudança, pois o amo deixara de atormentá-los, atribuindo a cura e a transformação a Jesus, passando a seguir os passos do Mestre, interessando-se pelos ensinamentos de quem havia operado tamanho milagre.

Os religiosos nem queriam ouvir mencionar a presença da jovem judia, imputando ao acaso e aos médicos o restabelecimento da saúde do companheiro; os pequeninos, ao contrário, lembravam-se dela com alegria, enaltecendo sua beleza e a paz que, na qualidade de mensageira do Mestre, trouxera à moradia dantes atribulada. À voz pequena, comentavam:

– O senhor necessita saber a respeito dela! Uma moça tão linda, quem sabe até poderiam apaixonar-se... Por que não? O amo afastar-se-ia daqueles abutres do templo! Está na hora de as coisas mudarem definitivamente nesta casa!

Contudo, temiam contrariar as ordens dos fariseus e calavam, embora a verdade provocasse comichões em sua ansiosas gargantas.

Naquela manhã, o moço judeu recebeu a visita dos sacerdotes. Vinham cobrar-lhe o resultado das diligências junto a Jesus, pois o intenso movimento em torno do Rabi continuava a incomodar, em um crescendo preocupante. A cada dia, adquiria o Profeta maior prestígio, ameaçando a estabilidade religiosa. Além do mais, expunha-os ao ridículo, revelava-lhes as imperfeições, cobrava os desmandos, desmascarava-os, exortando o povo a mudanças que, em absoluto, não lhes interessavam.

Que dizer? Falar a verdade ou mentir? Omitir? Calar? Disfarçar? Optou pela última alternativa, decidindo dissimular seus sentimentos, até porque, apesar de muito refletir, não conseguira chegar a um consenso consigo mesmo sobre a controvertida figura de Jesus. Pretextou necessidade de maiores informações, comprometendo-se a cumprir o assumido nos dias vindouros. Também estudaria a possibilidade de maior empenho junto ao templo, conforme estavam cobrando...

Estrategicamente oculta atrás de cortinas, a serva tudo escutava, desesperando-se:

– Vai voltar a ser tudo como antes! Ah vai, vai sim! Os abutres querem que o amo persiga Jesus e ocupe lugar na tribuna do templo... Acabou-se o sossego, a menos que...

O criado responsável pelos serviços de quarto junto ao senhor relutava:

– Mulher, estás louca? Os sacerdotes mandam-nos açoitar até a morte se souberem que contamos ao senhor o acontecido aqui!

– E que recebíamos nós quando o amo era outro? Por acaso ele nos poupava de pancadas, ao sabor de seu terrível humor? Ainda sinto no lombo o ardor da chibata! Pelo menos teremos uma chance... E o coitado?! Está tão diferente o pobrezinho... Não é justo! Enganado como um bobo qualquer, servindo de capacho, achando que eles são seus amigos... E Jesus, então?! Graças a Ele nosso amo tornou-se outro homem... Está meio atrapalhado, é bem verdade, mas melhorou muito. Se ele souber o que realmente ocorreu nos dias em que esteve para morrer, quem sabe acorda e chuta essa corja para longe desta casa!

E, voltando-se para o preocupado servidor, a determinada serva complementou:

– Tu contas! Está decidido! Se não tiveres coragem, conto eu mesma!

Assim foi feito. Conhecedor da verdade, o surpreso moço indagou:

– Por que escondeste a verdade de mim, servo infiel?

– Proibiram-nos os sacerdotes, meu senhor!

– A moça, como dizes que se chamava? Nem ao menos procuraste saber seu nome ou paradeiro?

– Senhor, eles pegaram-na pelo braço e praticamente a arrastaram até a saída... Ainda segui atrás, curioso de ver o que fariam... Puseram-lhe nas mãos rica moeda, mas ela entregou o ouro a um mendigo que se acoitava em vossa porta!

– Tenho que encontrá-la, mas onde, onde?

– Senhor, ela se referiu ao Nazareno... Certamente é sua seguidora... Assim, freqüentará os lugares em que o Rabi realiza suas pregações...

Alívio e vergonha desceram sobre o aflito rapaz. Deveria estar muito mal para que um simples servo raciocinasse melhor que ele, estudado e culto, prestes a ser nomeado doutor da lei!

Dispensando o serviçal com incisivo gesto, dirigiu-se às estrebarias. Para seu espanto, haviam lhe preparado um alforje para viagem e o animal estava pronto... Talvez estivesse enganado a respeito dos servos... Sempre os julgara incapazes de pensar, dependentes... Eles haviam pressentido sua reação diante da verdade! Em breves minutos adentrava a rua ensolarada e quente. Logo anoiteceria, mas a ansiedade impedia-o de postergar a jornada para o outro dia... Além disso, se o Mestre continuasse na aldeiazinha de antes, conhecia o caminho muito bem!

Mais uma vez, como que atraído por poderoso ímã, partiu no encalço de Jesus. Um misto de ansiedade e temor, atração e repulsa, tomava conta de sua alma... Faltava-lhe ar, a ponto de obrigar-se a sustar a montaria, dirigindo seus passos até frondosa árvore; sentou-se encostado ao rijo tronco, deixando a mente vagar em pensamentos mil. Quem seria aquele homem denominado Rabi, detentor de tamanhos poderes que desencadeava curas até em seu nome? Fora encarregado de vigiá-lo, espreitar-lhe os passos, obter provas de sua culpa! Decidira olvidar sua luminosa presença, apresentando aos sacerdotes satisfatória desculpa, livrando-se do trabalho dantes gratificante e honroso; temia qualquer contacto com Jesus, pois Ele tinha o dom de abalar suas crenças, balançando-lhe as convicções, constituindo severa ameaça a uma escala de valores consubstanciada nos costumes e conveniências dos grandes de Israel. Que seria dele se aceitasse Jesus em sua existência?! Agora, contudo, ciente dos reais motivos da recuperação de sua saúde, via-se forçado a repensar sua decisão... Precisava falar novamente com Jesus! Olhando o animal que saboreava as gramíneas ao derredor, descobriu-se tenso, envolto por imensas dúvidas. A mulher dos sonhos, pois só podia ser ela pela descrição do servo, emergia do distante passado com avassaladora força. Como se não bastasse, aliava-se ao Rabi, em nome dEle salvando-o da morte... Decididamente, tudo conspirava contra sua decisão de afastar-se de Jesus! Por que o Rabi tinha o poder de incomodar tanto? Afinal, que lhe fizera o Mestre? Mesmo no templo, fora educado ao inquiri-lo... Em seus gestos havia energia, mas não rancor ou fúria...

Levantando-se, seguiu caminho. Pessoas percorriam a estrada em sentido contrário e ele acercou-se delas:

– Vistes aquele que se chama Jesus?

– Sim, meu senhor; estamos voltando da aldeia onde se reúne com amigos! Ele realizou curas miraculosas, revelando-nos as verdades divinas! Que quereis com Ele, meu senhor? Não nos parece que careçais de saúde ou instrução...

Humildemente, o antigo sacerdote do Egito respondeu:

– Preciso falar com Jesus!

– Na primeira aldeia à beira da estrada, podereis achá-lo, senhor! Costuma reunir os mais chegados na casa de um ou outro...

Jamais um caminho parecera tão longo! As sombras da noite haviam descido sobre as brancas construções quando chegou.

A casa pequenina estava repleta; acomodados em toscos bancos, sentados no chão batido, apoiados às paredes, todos se acercavam do divino Rabi no intuito de receberem os benefícios de seus ensinamentos. Àquela hora, os costumeiros curiosos haviam retornado a seus lares, somente os mais íntimos ali permaneciam; serenidade e cansaço estampavam-se no rosto de Jesus.

O dia fora longo e as rogativas, muitas. O inclemente calor do verão envolvera as sofridas pessoas e, olhando-as, ansiosas e cheias de esperança, o meigo Rabi entendera perfeitamente os anseios que lhes guiavam os passos. Quão pouco poderia fazer de imediato! Aguardavam a cura de seus males, desconheciam a inconveniência de ignorar as leis evolutivas; certamente muitos não entenderiam que o sofrimento ainda seria necessário, pois sem ele haveria acomodação... No entanto, não os abandonaria, pois eram como crianças e precisavam de seu incondicional amor, da solícita ternura de suas mãos e palavras... Para a maioria, seria a hora de deitar a semente, aguardando o momento preciso de germinação e crescimento...

– Então, meus amigos, que desejais?

O Mestre indagava, sorrindo para João, que o fitava com admiração e reverência, convidando-o à formulação da dúvida que a voz até então calara:

– Senhor, conta-nos a respeito da vida após a morte. Temos curiosidade, pois nunca ninguém voltou para relatar claramente o que se passa depois... Os ensinamentos das escrituras deixam muita coisa oculta, misteriosa... É verdade que vivemos muitas vezes?

O moço judeu, junto à porta onde discreto se postara, alegrou-se com o providencial questionamento. Finalmente teria chance de obter respostas para as dúvidas que o afligiam!

– Credes que nosso Pai faria corpos tão perfeitos para que tudo findasse com a falência do físico? Não vos parece um desperdício? E que constitui uma única existência perante a grandiosidade do universo? Quantas vezes não ficastes olhando as estrelas no firmamento, sentindo-vos pequeninos, angustiados diante da constatação de que nada sabeis a vosso respeito e a respeito dos outros, do mundo enfim? No entanto, mesmo em vossa pequenez, reconheceis a maravilha que sois, a perfeição de vossos corpos, o brilho prometido para vossas inteligências... Bem no âmago de vossos seres, tendes a certeza de que nada acabará com a morte; somente o medo do desconhecido e a falta de fé fazem com que tenhais dúvidas a respeito da continuidade, da existência de vida após o desencarne... Pois bem, a reencarnação constitui o mecanismo primeiro pelo qual se processa a evolução de cada espírito criado por Deus. Ainda que vos recuseis a aceitá-la, dela não estareis isentos...

– Mas não nos lembramos de nada, Mestre! Que proveito tiramos se o esquecimento tolda nossa visão? Não seria melhor recordarmos? Caminhamos como cegos, certamente repetiremos os erros...

– João, meu amigo, o esquecimento das existências anteriores faculta ao espírito a oportunidade de recomeçar sem a lembrança dos erros e desafetos do passado. Para a maioria quase que absoluta das pessoas, o conhecimento escancarado do que já foram, do que fizeram, dos relacionamentos entretecidos, somente serviria para inviabilizar importantíssimas oportunidades existenciais. Seria impossível conviver em uma mesma família, por exemplo, com aquele que nos assassinou outrora... Por outro lado, ao reencarnar, a criatura trabalhará seus sentimentos, rumo à perfeição... Os fatos, meus amigos, os fatos deixam de ser importantes, somente ocorreram em função da imperfeição de cada um. A alguns é autorizado lembrar, muitas vezes através de processos que se assemelham aos sonhos, mas que são verdadeiros mergulhos no passado. Um dos motivos de tal conhecimento seria conceder ao encarnado provas cabais dos erros cometidos e da urgência em assumir compromissos deixados para trás. Muitos são os chamados, já o dissemos, mas poucos fazem por si mesmos o necessário, perdendo vezes e vezes as chances de crescimento. Segredos tenebrosos do passado, erros fragorosos, atos culposos, tudo se dilui na imensidade do amor verdadeiro, aquele que independe das cadeias consangüíneas e se estende à Humanidade. Aos agraciados com a oportunidade de recordar, recomendamos coerência e discernimento para que não se percam novamente, pois a simples recordação não constitui certeza de acerto e muito menos de convicção do indivíduo...

As perguntas sucederam-se e a todas Ele respondeu com a costumeira objetividade. Agradavam-lhe sobremaneira aqueles serões repletos de ânsia de aprender, envoltos na ternura dos que amam, no aconchego dos que se respeitam.

Finalmente, Jesus levantou-se, dizendo:

– Vamos dormir! Amanhã teremos um dia cheio.

Quis correr atrás dEle, perguntar mais, todavia a educação tolheu seus anseios. Aguardaria o amanhã...

Fora da casa, os astros cintilavam e o luar delineava caminhos. Uma brisa cálida agitou-lhe os fartos cabelos e o aroma de flores silvestres sensibilizou agradavelmente suas narinas. Outro perfume veio com o vento, ativando-lhe os centros de memória.

Ela!

Parada em meio à noite, envolta pelo luar que se derramava dos céus, misteriosa e linda, seria produto de seus sonhos ou realidade? Oportunidade de recomeço e perdão talvez...

– Estais melhor, meu senhor, bem vejo...

Não conseguiu dizer nada, as palavras presas na garganta, emoção e dor sufocando-o. Jamais a ele se dirigira antes, mesmo quando um filho de ambos distendera seu indefeso ventre. Junto à gigantesca coluna do templo, no Egito de outrora, nenhuma palavra, nenhum julgamento! Nas noites de amor, sedado o corpo, silêncio de palavras...

– Senhor, vinde, sentai-vos aqui. Empalidecestes! Acaso vos ofendo com minha presença? Perdoai-me o atrevimento, julguei lembraríeis de minha pessoa... Tola! Estáveis desacordado...

Ainda emudecido, o moço pensava: "Deus, meu Deus, que devo responder? Como explicar a essa moça o distante passado? Julgar-me-á louco, insano... Terá medo de mim!"

Esforçou-se no sentido de readquirir o costumeiro equilíbrio. Precisava de muita calma. Evidentemente, as recordações pertenciam somente a ele!

– Estou melhor, despreocupai-vos. Se não estou enganado, fizestes uma visita a minha casa recentemente, quando insidiosa moléstia intentava arrastar-me ao sepulcro. Soube que me curastes!

Constrangida, a moça apertou as delicadas mãos, explicando:

– Somente fiz o que meu Mestre Jesus solicitou. Naquele dia, Ele acabara de chegar a nossa aldeia... Retirou-me do meio dos que ouviam sua palavra, falando-me a respeito de vossa pessoa. Disse que sois muito estudioso e entendido das leis de nosso povo... Afirmou estimar-vos e necessitar de meu concurso para vos recuperar de cruel doença. Enviou-me, recomendando que obedecesse ao meu coração. Ao deparar convosco nos estertores da morte, impus minhas mãos e roguei ao Mestre amado que vos salvasse! Queria continuar ao vosso lado por mais tempo, mas os senhores do templo trataram de retirar-me da casa, como se eu importunasse...

Calou-se, encabulada e linda, prosseguindo educadamente:

– Fico feliz com vossa saúde, senhor.

O moço doutor das leis indagou:

– Seguis esse homem a quem chamam de Rabi?

– Sim, acredito em suas palavras e creio nas verdades divinas enunciadas por sua boca. Somos muitos a perseguir seus passos... E vós? Que boba sou, pois certamente sois amigos, tamanho o empenho dEle em salvar vossa vida!

Que dizer? Uma vez mais, as dúvidas. Até ontem, estivera decidido a colaborar com a destruição de Jesus, considerando-o uma ameaça. Hoje, já não sabia ao certo o que sentia ou pretendia.

Desconversou.

– O Mestre surpreende-me cada vez mais! Contudo, falemos de vós.

Habilmente foi extraindo informações, surpreendendo-se com as posturas da jovem, com sua visão existencial. Sentiu-se inadequado, cínico, corrupto mesmo diante de tamanhas gentileza e honestidade. Filha de humildes aldeões, ignorantes e rudes criaturas que lhe concederam o corpo físico, ali se encerravam as similaridades; espírito lapidado, evoluído, alma de peregrina beleza sem dúvida conferia à linda jovem toda aquela luz que a envolvia.

Lia, muito embora conhecesse Jesus de há pouco, sentia-o de há muito e suas palavras não lhe eram desconhecidas, recordava-as tão somente. Quanto àquele homem, algo a atraía, como se o conhecesse, mas um medo estranho e profundo alertava: deveria ficar longe!

– Preciso voltar para casa, senhor, pois meus pais devem estar preocupados... A reunião com Jesus terminou faz tempo... Senhor, desejo-vos saúde e paz!

Desapareceu na noite, rumo a uma das casinhas que margeavam a rua.

– E agora? Em que me meti, meu Deus! A razão manda afastar-me, mas o coração clama por sua doce presença. Ainda bem que não se lembra de mim como dantes fui, pois fugiria apavorada! Como pude fazer aquilo? Foi monstruoso! Que sentirá ela em minha presença?

O jovem monologava baixinho na areia deserta, em meio à enluarada noite, andando de um lado para o outro.

Na casa humilde, deitada em tosco leito de alvos e ásperos panos, a jovem revolvia-se, encontrando problemas em conciliar o sono. Estranhas sensações e desconhecidas emoções agitavam-na e certamente haviam sido provocadas por aquele senhor... Tratava-se de um belo homem, sem dúvida, de maneiras educadas e gentis, muito diferente dos rústicos aldeões do lugar. Belas e caras roupas indicavam tratar-se de alguém com consideráveis posses. Riu, divertida com sua ingenuidade: pois não estivera na casa luxuosa, verdadeiro palácio, não adentrara os aposentos de dormir? Melhor esquecer, pois ele somente fora cortês!

A razão determina, o coração nem sempre obedece... Ambos não vibram em uníssono, a não ser com mútuo consentimento. Ora, os corações dos amantes de outrora exigiam aproximação, embora os alertas advindos dos arquivos de um passado distante e as restrições da atual existência racionalmente determinassem afastamento.

O moço ponderava:

– Esta será uma união socialmente díspar... Que dirão os amigos, os familiares? Perderei a liberdade, prejudicarei meus interesses... Um homem casado jamais poderá dedicar-se inteiramente às escrituras... Virão filhos...

Algo muito mais sério importunava-o:

– Cada vez que a encontro, relembro o passado, o terrível episódio de sua morte... Desposando-a, poderei suplantar os remorsos, a culpa?

A jovem, embora culta e bela, sentia-se inferior ao objeto de seus amores. O distante passado, conquanto sepultado no esquecimento, permanecia nos arquivos existenciais, vivo, pungente, sofrido, repleto de emoções... Sentia-se rejeitada... Desde a primeira vez em que o vira, desfalecido sobre o leito, à mercê de remédios, desenganado pelos médicos da Terra, imensa ternura envolvera seu coração e ele passara a povoar-lhe as ilusões juvenis, os sonhos de felicidade. Reencontrá-lo, com ele falar, ouvir-lhe o riso, tudo reforçara o amor incipiente mas firmado em profundos vínculos reencarnatórios.

– Deus, há algo nele que me amedronta... Em sonhos, sinto-me afundar, afundar... As águas são profundas e escuras... Em meio ao pesadelo, paira sua figura... Estarei louca, meu Deus?

Os dias foram passando... De natural ligado a estudos, o moço interessou-se em conhecer melhor os ensinamentos do surpreendente Rabi; além disso, não raro deparava com a bela judia e cada encontro servia para convencê-lo de que o amor do passado ressurgira com força total, mais espiritualizado, menos egoísta. Atrevia-se a sonhar com a possibilidade de um futuro comum para ambos!. Lia, contudo, retraída e assustada, evitava-lhe a presença, embora seus olhos buscassem a figura alta e viril do moço onde ele estivesse. Consciente do que desencadeara há séculos, o judeu entendia-lhe os temores, sentindo-se impotente para extingui-los.

O Mestre continuava a intrigá-lo, embora a animosidade houvesse se desfeito. Que diria o compassivo Rabi a respeito de tudo aquilo? Breve Ele iria embora, continuando sua trajetória por outras paragens, e urgia aclarar as idéias. O "acaso" ofereceu-lhe a tão almejada oportunidade.

Naquela manhã, Jesus abandonara o leito bem cedo, enquanto todos ainda dormiam; apesar do silêncio com que deixara a humilde construção, o moço judeu, que do lado de fora pernoitara junto às frondosas árvores, mercê da aflição que o impedia de retornar ao lar, despertou do leve e agitado sono. A aurora tingia o céu de róseas nesgas e breve o sol surgiria, a casa encher-se-ia de gente, atraída pela presença do meigo Rabi. Agora ou nunca!

– Rabi, permitis que me aproxime, perturbando-vos a paz?

– Sim, meu amigo... Não me perturbas em absoluto! Vejo que também levantaste cedo... Conversemos, pois.

– Mestre, não sei o que faço! Sabeis do meu passado e das vilanias que cometi... Conquanto não seja santo, atualmente jamais cometeria tais erros! A moça, aquela a quem ofendi e matei outrora, está aqui... Amo-a, quero-a como companheira, mas a culpa não me abandona! Ela, por sua vez, foge de mim, talvez intuindo o que aconteceu. Contudo, sinto que também me ama! E tem mais, muito mais, meu Senhor...

Olhou para Jesus e sentiu vergonha. O Mestre sorria, sabendo o que viria nas receosas palavras do jovem:

– Os sacerdotes encarregaram-me de vigiar vossa pessoa e arrumar provas comprometedoras... E eu, não nego, concordei com eles, dispondo-me ao trabalho com alegria e convicção de vossa culpa. Agora, conhecendo-vos, acredito que sois realmente o Filho de Deus. Todavia, para meu desespero, temo perder as regalias do templo, ainda desejo as honras do mundo... O dinheiro e o poder falam alto, demasiadamente alto, Senhor!

– Que mais?

– Fico pensando... Fui sacerdote em Tebas, hoje aspiro a altos postos junto à fé judaica; sem dúvida, a religião chama-me há muito e parece ser o meu caminho. No entanto, aceitando-vos, invalidei meu trabalho junto ao templo de Jerusalém, pois não conseguiria pregar aquilo que interessa aos sacerdotes. Creio em vossas verdades, mas estou preso, atado àquilo que sou e fui... Sinto-me perdido! Conseguis entender-me?

– Mais que nunca, meu filho! Estás bem, muito bem, no caminho certo!

– Como, se me sinto sufocar, se o corpo todo me dói de tanta aflição, se não durmo, se não consigo colocar a razão à frente de tudo, como sempre fiz?!

– Pior antes, quando aceitavas as mentiras por conveniência... Vamos por partes: primeiro, vocação religiosa, claramente detectada. Estás certo... Posso revelar-te que em outras mais encarnações foste sacerdote, em diferentes seitas. Surpreso? Qualquer que seja o estado evolutivo do ser, sempre haverá o elo com o Criador, não importando o nome que lhe seja dado. No longo caminho evolutivo, todos aprenderão a amar incondicionalmente! Estás aprendendo a amar... Foste chamado muitas vezes... Afivelaste máscaras, assumiste vazios papéis... Pura ilusão! Agora, afirmo-te, estás realmente predisposto à tarefa, não mais junto aos grandes da Terra, e sim ao lado dos humildes, dos que sofrem, de todo aquele que clama pela verdade. Precisarás alijar de teu espírito o interesse, a cobiça, as glórias mundanas, assumindo teu posto no exército responsável pela evolução do planeta. Neste exército, meu amigo, o Amor constitui a maior das armas. Achas pouco, simples demais? Serás perseguido, humilhado, atirar-te-ão pedras, sofrerás discriminações por proferires meu nome e carregares a bandeira da iluminação espiritual. No entanto, a consciência do dever cumprido acalentar-te-á os dias, asserenando os percalços da árdua caminhada. Não precisas do cargo de sacerdote ou de qualquer outro semelhante para louvar e servir a Deus: toma de tua cruz, segue-me. O maior inimigo estará em ti mesmo e com ele travarás gigantesca batalha, acredita-me.

Rompendo a seriedade do momento, perguntou:

– E o casamento, quando será? Aprecio deveras uma boa festa e há muito não sou convidado para bodas. Esquece, perdoa-te e segue adiante. Virão filhos e, dentre eles, aquele a quem negaste o direito à vida. Não há nada que o amor verdadeiro não conserte. Precisarás de uma companheira fiel e sábia que te ampare na missão que assumirás... Vamos lá, coragem!

Assim ocorreu. Vencendo as barreiras, com o doce e amigo auxílio do Mestre, que pessoalmente o levou até a moça, recomendando-lhe carinho com o novo companheiro de divulgação doutrinária, uniram-se os amantes do antigo Egito. Um ano depois, nascia o primeiro filho, um lindo menino de enormes olhos azuis, como os da mãe, e negros cabelos. Chorava muito o pequenino, como se duvidasse da ternura e da bondade do pai: retornava à Terra o espírito cujo nascimento fora brutalmente frustrado nas águas do Nilo!

Quanto à carreira de líder religioso do moço judeu, naufragou definitivamente ao se espalhar a notícia de que ele se tornara um dos inúmeros seguidores de Jesus. A partir desse aparente insucesso, longos e profícuos anos de trabalho na seara do Mestre marcaram a existência do antigo sacerdote egípcio. Anônimo, humilde, fiel ao Mestre da Galiléia e ao lado da linda e doce companheira, Lia.

Depoimento

Assim como as águas dos rios retornam a seus lugares de origem, transportadas nas gotas da chuva que desce dos céus em sua sublime destinação, assim também o ser humano retorna àquilo que deixou para trás, em situações não resolvidas adequadamente.

Desafetos do passado, amores vilipendiados pela natureza ainda excessivamente instintiva e embrutecida do ser, pelo egoísmo e orgulho exacerbados, todos eles determinam, pelas naturais leis de ação e reação, a reunião dos personagens de outrora, entrelaçando existências em reencarnações destinadas a repetir a experiência e a aprendizagem mal sucedidas.

Jesus! Lembro-me como se fosse agora do momento em que Ele, com doce sorriso nos lábios, acercou-se de mim:

– Lia, podes auxiliar-me?

– Mestre, quem sou eu para isso? Outros há melhor preparados!

Surpresa e assustada, fitava-o, mergulhada nos olhos de luz. Ele, sorrindo sempre, complementava:

– De ti necessito. Irás ao leito onde jaz um servidor de meu Pai trazendo-lhe o alívio de cruel enfermidade. Para tanto, basta que imponhas, em meu nome, tuas mãos sobre ele. Depois retornarás, pois não te permitirão acompanhar-lhe as melhoras, embora assim o desejes.

Como me esquivar? A carroça simples conduziu-me da aldeia às ruas de Jerusalém e por elas segui, coração aos saltos. Junto ao moço judeu, tornei-me presa de estranhas emoções, sentimentos desconhecidos até então, vontade de aproximar-me e de fugir ao mesmo tempo... Medo, pavor, ternura... No entanto, busquei no fundo da alma forças e foi com verdadeiro amor fraternal que o toquei em nome de meu Mestre!

Ao sair da casa principesca, julguei que nunca mais o encontraria. Eu, filha de humildes pescadores; ele, doutor das leis de Israel, rico varão de nobre estirpe. Reencontrá-lo e unir-me a ele tornou-se um sonho de amor inadmissível, embora o coração o houvesse desejado em segredo desde o primeiro momento.

A seu lado, na qualidade de esposa, testemunhei o árduo e perseverante combate, no qual o homem velho intentava sufocar o novo homem, que ansiava pela libertação das constringentes amarras do passado. O esquecimento benéfico das encarnações anteriores propiciou-me o encontro com o algoz de outrora sem revolta, com apenas estranhos medos que se diluíram pouco a pouco diante das atitudes do esposo profundamente amoroso e gentil.

Desprendido o espírito da matéria, no final da existência de lutas empreendedoras, retornaram as recordações, mas então o amor havia aparado todas as arestas e dignificado o sentimento tão somente apaixonado de outrora.

Dois filhos completaram-nos a família; um deles, o entezinho abortado violentamente, e o outro, a velha senhora que me acolhera, vitimada pela ambição desmedida, pois outro não era o propósito que a movera ao encarar o sacerdote do templo egípcio. A paciência e a sabedoria do companheiro souberam desfazer os laços de temor e ódio, unindo os envolvidos na tragédia em fraterna convivência.

Doce Jesus, amigo de todas as horas, Espírito de divina luz, tão humano quando conosco, entendendo-nos os medos e culpas, acudindo-nos pessoalmente, enviando-me à tarefa que possibilitaria o abençoado reencontro com o amor do pretérito. Muitos guardaram dEle recordações nos momentos difíceis da crucificação, nas preleções magníficas em contato com o céu e o mar, pelas estradas... Eu, contudo, vejo-o nas bodas, rindo e dançando em meio aos convidados, iluminando-nos com sua ternura, recordando-nos, em silencioso e eloqüente testemunho, a beleza da vida, oportunidade bendita de evolução, amoroso chamamento aos compromissos de engrandecimento do espírito imortal!

Lia

O profeta

"Não há árvore boa que dê fruto mau e nem árvore má que dê fruto bom; com efeito, uma árvore é conhecida por seu próprio fruto; não se colhem figos de espinheiro, nem se vindimam uvas de sarças. O homem bom, do bom tesouro do coração, tira o que é bom, mas o mau de seu mal tira o que é mau, porque a boca fala daquilo de que está cheio o coração." (Lucas, cap. VI, v. 43 a 45).

"... não vos disse o Cristo: Conhece-se a árvore pelo fruto? Se, pois, são amargos os frutos, já sabeis que má é a árvore; se, porém, são doces e saudáveis, direis: nada que seja puro pode provir de fonte má.

É assim, meus irmãos, que deveis julgar; são as obras que deveis examinar. Se os que se dizem investidos de poder divino revelam sinais de uma missão de natureza elevada, isto é, se possuem no mais alto grau as virtudes cristãs e eternas: a caridade, o amor, a indulgência, a bondade que concilia os corações; se, em apoio das palavras, apresentam os atos, podereis então dizer: estes são realmente enviados de Deus". (O Evangelho Segundo o Espiritismo, cap. XXI).

Entre os homens da pequenina e anônima aldeia em terras da Palestina, havia um que diziam predestinado a estranhos e misteriosos fatos e feitos. Desde muito criança, acostumaram-se todos a olhá-lo de forma diferente, devido a inúmeros fenômenos, inexplicáveis pelas ciência e religião da época, evidenciados à revelia de sua vontade, caracterizando aquilo que hoje, depois do advento da Codificação Espírita, conhecemos por mediunidade. Ora, naqueles idos tempos, os estudos de tais manifestações praticamente inexistiam, restritos a alguns poucos eleitos, muitos deles religiosos, confinados entre quatro paredes, resguardados a sete chaves, constituindo segredo inacessível às massas, cercados de mistérios que reforçavam a crença no sobrenatural. Aquele homem de humílima origem, órfão de pai e mãe desde bem cedo, mourejando em rudes labores, certamente não tivera acesso a qualquer tipo de educação ou privilégios que lhe permitissem entender o dom com que viera ao mundo. No entanto, a faculdade medianímica mostrava-se acentuada de tal forma que impossível ocultá-la. Assim, após ter sido considerado estranho, louco, endemoninhado, à mercê de classificações e epítetos com os quais as pessoas costumam agraciar aquilo ou quem lhes foge à compreensão, à força de muito penar, nosso amigo desenvolveu instintivo mecanismo de defesa, ocultando ao vulgo suas percepções paranormais, até o momento em que se viu chamado a assumir a inata aptidão com a qual transformaria sua existência e estimularia profundas mudanças em demais criaturas.

Conforme mencionamos, desde muito cedo, quando um pai e uma mãe ainda o protegiam, encabulava as pessoas com singulares relatos e colocações, em que constava a presença de seres invisíveis, considerados frutos de sua imaginação doentia e desequilibrada. Apontava com os dedinhos homens, mulheres e crianças que ninguém mais via ou ouvia, tratando-os com familiaridade, porquanto convivia com o outro mundo de maneira natural e constante. Um pouco mais crescida, ao dominar melhor o aparelho de linguagem, a criança passou a descrever com surpreendente riqueza de detalhes as vestimentas, os lugares e os eventos, todos eles remontando ao passado, categoricamente afirmando que os personagens envolvidos estavam misturados ao dia-a-dia de todos. O povo da aldeia, simples e ignorante, ria-se do pequenino, considerando-o leso, para desgosto de seus genitores. Surras constantes e castigos diversos atormentavam o pobrezinho, com a precípua finalidade de coibir-lhe as pretensas estranhezas. Ainda assim o menino persistia, alheando-se cada vez mais em um universo particular, em companhia de desencarnados, com os quais mantinha fascinantes conversações, deles recebendo atenção e carinho.

Aos doze anos, vitimados por fulminante e insidiosa febre, faleceram-lhe os pais, ficando destituído de quaisquer bens, só, sem amparo de parentes ou amigos, pois a ninguém interessava assumir o estranho e magrelo adolescente, eternamente alheio à realidade. Restaram-lhe o trabalho duro, a assunção de precoces responsabilidades de sobrevivência e a solidão afetiva. Um vizinho, criatura de posses e detentor de irascível gênio, calculando um braço a mais na lide do campo, levou-o consigo, destinando-lhe, à guisa de lar, apertado espaço em abarrotado celeiro. Pesados labores, irrisória paga, nenhuma instrução e pungente isolamento aguardavam-no naquela fazenda.

Dez anos decorreram. Se os falecidos pais cerceavam-lhe o incompreendido dom, o novo patrão atingiu as raias do absurdo, infligindo ao pobre dolorosas punições, pretendendo que se dedicasse tão somente ao trabalho excessivo e estafante, praticamente escravo. À custa de muito sofrer, aprendeu a calar, guardando para si as imagens, sons, vozes, cores e demais manifestações paranormais que lhe povoavam o universo existencial.

Quis o destino ou o acaso, como costumais designá-lo, que triste fato deitasse por terra os esforços do rústico e cruel patrão em sufocar os dons mediúnicos do submisso empregado.

Extremamente exigente no que se referia a trabalho e dinheiro, insensível em relação às pessoas, cego às dores e necessidades do próximo, tinha ele, no entanto, um ponto fraco: a única filha. Excessivamente mimada, a mocinha mantinha todos da casa sob seu poder, exigindo e ordenando com a certeza de que sempre seria atendida. Lindíssima, vaidosa ao extremo, voluntariosa, transformava a existência dos servos em um inferno, nunca se satisfazendo com nada, não obstante a prodigalidade paterna e a omissão da mãe, criatura completamente eclipsada pela figura dominadora do esposo. Ao tentar educar a filha, a jovem esposa esbarrara com a ríspida intransigência do marido, completamente fascinado pela criança, nada lhe negando ou coibindo, acabando por assumir a insignificância de mulher tão apregoada pelo companheiro.

Desinteressava-se a menina dos afazeres domésticos, aborreciam-lhe os bordados e tapeçarias, os instrumentos musicais entediavam-na...

Em uma época em que os estudos não alcançavam a maioria dos homens, principalmente os que se dedicavam às lides do campo, colocou a moça na linda cabecinha que deveria estudar, aprender a ler e escrever e tudo o mais que caracterizava uma esmerada educação. O indignado pai negou-se àquilo, considerando tudo uma cara e desnecessária besteira; gritou, ameaçou, tergiversou, mas, diante do rio de lágrimas que descia dos negros olhos e dos sentidos soluços, capitulou, acedendo ao insólito desejo da bela tirana, passando a procurar adequado professor.

Na aldeia, nem pensar! Todos iletrados! Rebuscou nos vilarejos vizinhos, ele mesmo empreendendo cansativas e desanimadoras viagens, até que lhe indicaram, finalmente, um jovem novo naquelas bandas, recém-chegado de Jerusalém, onde desempenhara funções de preceptor junto a abastada família romana. Serviria! Ademais, conhecendo muito bem a inconstância da filha, previa pouca duração para o capricho... Observou o candidato mais atentamente, com desagrado constatando: jovem demais, bonita estampa, boas falas, cativante sorriso... Que fazer? Arriscar-se-ia, colocando a preciosa e bela filha nas mãos do moço? Em vão procurou outra pessoa, menos atraente e mais velha, acabando forçado a contratar o jovem por módico estipêndio, com direito a moradia e alimentação. Daria um jeito de vigiá-lo vinte e quatro horas por dia e ai dele se deitasse olhos na direção de sua filha!

Resolvido o impasse, acreditou estar em paz. Ledo engano!

Iniciavam-se os verdadeiros problemas, que lhe garantiriam brancos cabelos e amargas lágrimas. Se fosse menos confiante em seu poder de controle e melhor observador, perceberia que a atração entre os jovens seria natural e inevitável, tratando de andar um pouco mais, buscando alguém mais adequado a seus propósitos, a menos que se propusesse a aceitar o provável envolvimento amoroso.

As aulas sucediam-se. Conhecendo a passividade da esposa, uma verdadeira mosca morta, como costumava dizer, tratou de instalar na sala de estudos um discreto e atento vigia, verdadeiro Cérbero a zelar pela honra da filha, a bela Marta. Dentre os cogitados, selecionou o órfão que transformara em obediente escravo, determinando que se assentasse em um canto e não desgrudasse os olhos dos jovens. Para não perder tempo, deveria levar vime e tecer cestos, mas sempre atento...

No princípio, o rapaz aborreceu-se, preferindo a amplidão ensolarada dos campos à inglória e aborrecida tarefa de espionar a jovem ama; com o correr do tempo, no entanto, interessou-se pelos assuntos das aulas, mergulhando no fascinante mundo do conhecimento, enquanto os ágeis dedos trançavam os balaios para a colheita próxima. Inteligência brilhante, às vezes sentia ganas de levantar, expor idéias, principalmente quando a jovenzinha mostrava indiferença pela lição, olhos fixos no belo professor, sedutor sorriso a insinuar promessas. Quanto ao moço, o olhar sério do alto e musculoso serviçal desencorajava qualquer atitude menos reservada, forçando-o a cumprir rigorosamente suas funções; vontade sua era deter-se menos nos estudos e mais na linda e interessante figura feminina a seu lado; os provocantes olhares dela corroboravam a reciprocidade de interesses, mas o servo vigiava sempre, atento e calado.

Desconhecia o professor que o guardião assimilava muito mais do ensinado do que a indolente jovem, não perdendo um detalhe sequer das aulas, ansiando por mais, registrando tudo em sua privilegiada memória, com a estranha impressão de que estava revendo algo há muito aprendido.

Os meses decorriam. Às perguntas do pai, decepcionado e intrigado com a perseverança nada habitual da filha, esta respondia:

– Aprendo sempre, paizinho. Serei culta e preparada para a vida... Não te constrangerás de ser eu, uma mulher, a herdeira de teu patrimônio... Quero que tenhas orgulho de mim!

O pai aquietava-se, pois um de seus receios era justamente o de colocar suas riquezas nas mãos de algum incompetente que acabasse com tudo em estroinices. Conhecendo o gênio forte da filha, ponderava que, devidamente estudada, dominaria um futuro esposo, obrigando-o a acatar-lhe as ordens. Ótimo! Mais conformado, resmungava:

– Por que Deus não me concedeu um filho homem?! Seria muito mais fácil e menos preocupante! As meninas dão muito trabalho!

Enquanto assim refletia o fazendeiro, forte paixão dominava os dois jovens! O único empecilho a maiores manifestações constituía o servo... Certa manhã, o professor finalmente notou o interesse do rapaz pelas aulas, indagando se gostaria de participar das lições, estendendo-lhe estilete e pergaminho para a escrita. Para surpresa dos apaixonados, o jovem Saul traçou palavras inteligíveis, com caligrafia agradável e clara.

– Onde aprendeste?

– Olhando e observando com cuidado... Além do mais, não me parece tão difícil... Se estou incomodando...

– Não, não... Continua a escrever...

Um pensamento insinuou-se na mente do professor: por que não usá-lo para seus propósitos, oferecendo-se para ensinar ao importuno tudo o que pudesse?! Ele ficaria distraído e deixá-los-ia em paz por preciosos momentos, talvez horas... Começou a investir no novo aluno, designando-lhe significativas incumbências, mandando-o copiar extensos textos, tendo o cuidado de diminuir a lição da mocinha para que ela terminasse sempre bem antes... Então, os dois passaram a abandonar o recinto, refugiando-se no jardim, em discretos e floridos caramanchões, entregues ao avassalador sentimento.

Três meses depois, ingrata notícia abalou os jovens amantes. Inesperada gravidez dilatava o ventre de Marta! Um filho crescia no jovem e esguio corpo e breve todos notariam o engrossar da cintura delgada...

– Meu pai certamente nos matará!

Chorava e gemia a mocinha, em franco desespero, apavorava-se o rapaz. Fugir! A única solução! E para bem longe, onde estabeleceriam moradia, criando o filhinho. Quem sabe um dia o pai poderia perdoá-los...

O preceptor engendrou um plano de fuga que incluía o esvaziamento dos cofres da rica casa a fim de não enfrentarem dificuldades financeiras em sua nova vida. Na calada de escura e quente noite, o casal evadiu-se furtiva e silenciosamente, levando jóias e ouro nos alforjes.

Enquanto tudo era combinado e ocorria, o ingênuo Saul tranqüilamente estudava, certo de que a situação estava sob controle, deixando de atentar para o perigo das escapadas dos jovens rumo aos jardins e muito menos para o nervosismo dos dois e os vermelhos olhos de Marta nos últimos dias.

A notícia da fuga assumiu a magnitude de um raio! O irado olhar do traído pai desceu acusador sobre o empregado:

– Onde estavas, servo infiel e ingrato? Por acaso não viste o namoro sob tuas ventas? Dormiste ao invés de vigiá-los?

Ouvindo dos trêmulos e sinceros lábios de Saul a verdade, encolerizou-se ainda mais:

– Maldito! Coloco-te para vigiar e entreténs-te com a leitura e a escrita?! Para que precisas desses luxos se não passas de um verme, mal serves para puxar um arado? Querias estudar, ler e escrever, desgraçado? Garantir-me-ei de que não o faças nunca mais, ouviste?

Aos berros, ordenou aos apavorados servos que assistiam à

cena fossem à estrebaria e trouxessem ígneos carvões da forja. Rindo alucinadamente, aqueceu o estilete com que se traçavam letras sobre o pergaminho até que ficasse incandescente, com ele cegando os dois olhos de Saul, não obstante as súplicas por misericórdia do rapaz e a desesperada tentativa de interferência da esposa, lançada contra a parede quando ousou discordar do que ocorria. Após o terrível castigo, ele mesmo empurrou brutalmente a cega criatura até o celeiro, deixando-a entregue à sorte, enquanto reunia, em altos brados, homens para a busca.

Que dor! Chamas pareciam consumir os globos oculares cauterizados e Saul julgou morrer, tamanho o sofrimento. A escuridão cercava-o e ele tateou até achar o leito, sobre ele desabando. Morreria certamente! Quem se atreveria a acudi-lo? Sedento, faminto, machucado... As dores aumentavam num crescendo insuportável e ele implorou pela morte que há pouco temera!

Passos suaves surpreenderam-no. Em meio à agonia das trevas, sentiu o toque de suaves e bondosas mãos, segurando-o gentilmente, ajeitando sob sua cabeça macio travesseiro... Depois, como que por milagre, frescas compressas com odor de ervas foram sendo deixadas sobre os ardentes olhos, substituídas amiúde. Abençoada sensação de bem-estar envolveu-o... Quem seria o anjo que dele tivera piedade naquela hora de tamanha amargura?! Levantou a destra trêmula e tateante, prendendo a delicada mão, puxando-a para os lábios, beijando-a respeitosamente, murmurando palavras de agradecimento. Doce e mansa voz tranqüilizou-o:

– Tudo vai ficar bem, meu filho! Dorme agora, dorme... A dor cederá com o efeito das ervas e do descanso. Mais tarde retornarei com um bom caldo e uma pomada que auxiliará tua recuperação. Mandarei buscar o que for preciso na aldeia e eu mesma prepararei o remédio com muito cuidado... Dorme, dorme em paz!

– Senhora, vosso esposo, se descobrir que estais aqui, ajudando-me, certamente vos maltratará!

– Não saberá! Saiu para procurar Marta junto com os homens

da fazenda e da vizinhança! Achas que algum dos servos que ficaram abrirá a boca, delatando-me? Duvido, pois eles também não compactuam com tamanha selvageria! Eu, que sou mãe e parte diretamente interessada, embora sinta a dor da perda, considero injusto imputar-te a responsabilidade pelo ato de minha filha. Está claro que foste ludibriado para que pudessem dispor de privacidade... Tens sim a culpa de não tê-la vigiado, mas conheço bem minha Marta e sei que sempre consegue o que quer, não se importando em desgraçar outras pessoas. Tu, meu querido, somente quiseste aprender! Eles enganaram-te e caíste na armadilha, acabando por perder a visão devido à irresponsabilidade de ambos!

Acariciando os cabelos de Saul, a mulher completou:

– Pobre esposo, tão equivocado! Egoísta, ambicioso, cheio de orgulho... Priva-se da felicidade, acreditando tudo poder, deixando de ver os que o rodeiam, desconhecendo o que é querer bem, amar...

Saul sentiu quentes lágrimas caírem sobre suas mãos, compreendendo que a senhora chorava mansamente.

– Lembro-me do dia em que meu esposo trouxe o órfão... Triste e apavorado menino... Eras tão bonito! Tão desprotegido! Elegeu-te imediatamente filho do coração... Implorei que me deixasse acolher-te como o filho homem negado por Deus até então. Marta tinha quatro anos e eu pressentia que seria a única gerada por meu ventre... Não obstante meus anseios maternais e reiterados apelos, transformou-te em pobre escravo, sufocando tua iniciativa, privando-te da possibilidade de naturais escolhas, inerentes a todo ser humano... Repassou para teus infantis e frágeis ombros as tarefas de adulto... Pior! Não permitiu a interferência de ninguém, proibindo que me aproximasse, negando-me o direito de externar meu amor, sob pena de ambos sermos castigados. Calei-me, buscando não dificultar ainda mais as coisas! Pobre esposo, mais cego do que tu, pois ignora o sentido da palavra amor, refugiado em egoísmo e avareza!

A senhora silenciou, como se imersa em cismas; quando voltou a falar, sua voz tinha a amarga inflexão das pungentes lembranças:

– Vês o nosso matrimônio? Não passo de uma serva bem vestida e enfeitada, sempre calada e à disposição de seus desejos. O casamento foi arranjado por nossos pais, visando tão somente à união de fortunas. No entanto, quando o vi na hora da cerimônia, meu coração encheu-se de alegria, amando-o desde aquele momento. Tenho me esforçado para ser uma boa esposa e agradá-lo, sem nada conseguir no entanto, pois sou ignorada sempre... Outras mulheres são as donas de sua preferência, restando-me a solidão. Trancada em uma luxuosa casa, com serviçais a meu dispor... Dourada gaiola!

Novo silêncio. À maneira de quem quer desculpar-se pelo que não pudera realizar, ela acrescentou:

– Impossibilitada de acolher-te como filho, tolhida em meus anseios afetuosos, busquei auxiliar-te à distância, embora reconheça bem pouco ter feito. Roupas e alimentos... Quisera ter sido tua mãe! Perdoa-me!

O moço chorava mansamente, as lágrimas misturando-se à água das compressas. Jamais a enxergara como agora, na escuridão dos olhos destruídos! Realmente, a comida sempre fora insolitamente farta e não lhe faltava agasalho... Nas noites frias, o cobertor inesperado, o vinho quente aquecido com especiarias, o leite com mel... Encontrava tudo ao voltar da pesada lide, no espaço que lhe servia de quarto. Cuidados anônimos de terno coração, proibido de exprimir seus anseios livremente, mas ainda assim doando o melhor de si, sem nada esperar, simplesmente amando.

– Onde está o senhor?

– Acalma-te! Saiu em diligência atrás dos fugitivos, pretendendo trazer a filha de volta e eliminar o rapaz. Deus queira que não os encontre hoje, pois meu coração prevê uma desgraça! Talvez amanhã se acalme... Temo que sangue será derramado em nome de um conceito de honra inútil, gerando dores e arrependimentos futuros. Não seria melhor consentir no casamento? A quem deseja o senhor meu esposo enganar? É evidente que nossa filha acompanhou o professor de bom grado, deitando por terra a alegação de rapto. Aceitemos que se enamoraram e tudo se resolverá! E quem poderá devolver a luz de teus olhos? Com que direito, meu Deus, ele arvora-se em juiz e carrasco, na ilusão de que tua punição minoraria o desastroso efeito da fuga? Orgulho ferido tão somente! Eu tenho minha parcela de responsabilidade, pois jamais tive a coragem de enfrentar o tirano com que me casaram e a quem amo sinceramente, restando-me a culpa da omissão. Perdoa-me!

Carinhosamente, dando o desabafo por encerrado, a mulher recomendava:

– Dorme, meu filho, dorme!

Saul ouviu os passos leves afastando-se e a porta do celeiro sendo fechada. Negra escuridão continuava a envolvê-lo e estranho torpor, que ele atribuiu ao efeito calmante das ervas sobre seus olhos, mergulhou-o em benfazejo sono. Sonhos agitados, todos eles relacionados com a figura do irascível senhor, povoaram-lhe o pesado descanso e, ao acordar, sentiu-se molhado por álgidos suores. Desejou um banho revigorante nas límpidas e refrescantes águas do riacho... Como chegaria até lá? Desespero e angústia invadiram-no... Como viveria assim? Por que o senhor não o matara simplesmente, poupando-lhe tanto sofrimento? Melhor seria estar morto!

Chegavam pessoas. Encolheu-se no leito, temendo de novos castigos. Asserenou-se ao ouvir a voz meiga da mulher:

– Então já acordaste, meu amigo? Trouxe comigo Jeremiah! Vai levar-te ao regato e auxiliar no banho, vestindo-te roupas limpas e frescas. Não temas... Ele é bem forte e cuidará para que nada aconteça de mal... Aproveitarei para trocar as roupas da cama e aguardo tua volta para a pomada e o curativo... Enfaixarei tua cabeça com tiras de linho... Precisamos evitar sujeira e insetos...

Assim, logo estarás curado. Depois, um caldo quentinho e cama novamente, pois precisas descansar. Enquanto o sono não vier, conversaremos... Ir-me-ei quando adormeceres, pois bem sei quanto é ruim ficar só... Nada temas, estarei contigo, meu filho.

Sete dias depois, adentrava a rica propriedade a comitiva. Retornavam todos cabisbaixos, pois a busca resultara infrutífera. Os jovens haviam desaparecido, não deixando pistas. O voluntarioso pai passara da raiva ao emudecido desespero. Descendo da estafada montaria, afastou com maus modos a esposa solícita, penetrando na casa silenciosa e fresca, envolta na agradável penumbra do anoitecer. Os angustiados olhos percorriam cada canto, como se esperasse localizar a ingrata que os abandonara na calada da noite. Perdera a filha, sua razão de viver! Nada mais lhe importava! Trancou-se nos aposentos que lhe serviam de escritório, surdo aos amorosos e preocupados apelos da companheira, implorando que abrisse a porta, permitindo aos criados servirem a ceia. Ficou sentado, olhando a faca de caça esquecida sobre o tampo da mesa, imaginando como seria se a cravasse no ventre, terminando com o sofrimento que lhe corroía a alma. Rememorou os momentos desde o nascimento da filhinha até o fatídico momento em que se dera conta da evasão, aparvalhado em frente aos cofres arrombados e saqueados, ferido em seu orgulho. Estava perdida para sempre... Preferia morrer a enfrentar a perda e os comentários das pessoas!

Em instante algum cogitou que poderia perdoar e aceitar a volta da filha em companhia do jovem professor... Pobre egoísta!

Enquanto isso, no celeiro, envolto pela mais negra das escuridões, Saul analisava os ruídos, adivinhando o retorno de seu carrasco. Pelo silêncio de vozes, inferiu o malogro da expedição, frustrada em seus intentos de resgatar a bela Marta. Inicialmente, sentiu até uma certa alegria com o insucesso da empreita, sem falar na raiva e na revolta, considerando que os fugitivos sequer haviam se preocupado com a sorte do mísero servo encarregado de vigiá-los. A inconseqüente mocinha bem conhecia a severidade do pai! Por que um castigo tão cruel se ele também fora passado para trás?! Cegá-lo por acaso traria de volta a moça? Compreendia que, muito mais do que a dor da ausência da filha querida, o orgulho desmedido, duramente afrontado pelas ações dos amantes, vergastava o rico senhor. Profundamente magoado com o que lhe ocorrera, Saul murmurava:

– Está preocupado com o que os outros dirão! Jamais pensou em meu sofrimento ou no da esposa... Que padeça, pois, com o desaparecimento da filha!

Então, a cena delineou-se com nitidez em sua mente... Viu o homem sentado, a faca nas mãos, o desespero no coração, o gesto tresloucado a consumar-se dali a instantes... Como que por milagre, a ira foi-se, substituída por compaixão e vontade de ajudar... Penetrou na dor daquele pai, sentindo a mesma angústia, a mesma desesperança... Soergueu-se do leito, tateando o caminho, conseguindo chegar até a porta, que às pressas abriu, clamando pelo servo:

– Jeremiah! Jeremiah!

Acudindo o cego, o rapaz tratou de calar-lhe a voz:

– Estás louco, infeliz?! Matas-te e fazes-nos matar! Que queres? Do jeito que o senhor entrou na casa, corremos sério risco! Melhor te esconderes bem, pois as coisas não seguiram o rumo almejado por nosso amo... Se te pega na reta...

– Ouve, amigo, por Deus, ouve! Chama a senhora antes que uma desgraça ocorra... Corre! Dize a ela que vá até a sala onde o amo se trancou e transmita, sem demora, que eu sei onde a filha dele está escondida! Corre! Corre, pois nosso amo vai se matar!

Minutos depois, cambaleando, a faca ainda na trêmula mão, seguido pela atordoada esposa, o homem atravessava o pátio, empurrando violentamente a porta do celeiro, postando-se à frente do leito onde Saul, após o temerário convite, ajeitara o corpo, encolhendo-se.

– Estás a mentir, infeliz! Se soubesses, terias dito quando te apurei! Então, juraste ignorância... Duvido que tivesses ocultado tal informação, pois poderias ter salvo teus olhos! Estou enganado?

– Não, meu senhor, realmente eu nada sabia... Mas agora...

– Viajei dias e dias, indagando de todos se a haviam visto... Nada! A terra tragou-os! Que história é essa? Mato-te com minhas mãos!

Desesperado, continuava:

– És o culpado de meu infortúnio! Pensando bem, estrangular-te é muito pouco. Antes de abandonar este mundo, aleijo-te, lançando-te, banhado em sangue, aos cães selvagens, para que sejas devorado vivo!

A enlouquecida criatura percorria os espaços do depósito, derrubando coisas, soluçando, como se antegozasse o momento em que cumpriria suas ameaças, na tentativa de apagar com a vingança a dor da alma...

– Senhor, por Deus, escutai-me! Que motivo teria eu para mentir? Melhor seria que calasse, ocultando-me de vós! Escutai-me! Por meios que não importa detalhar, sei que vossa filha corre sério perigo de vida! Ao sair daqui, o casal cuidou de ocultar-se até que a agitação diminuísse, evitando o encontro com pessoas, pois elas poderiam repassar-vos informações a respeito do rumo tomado... É bem verdade que os perseguistes, mas eles são espertos e fizeram tudo muito bem planejado... Apagaram as pistas deixadas pelos animais, viajaram em meio às rasas águas do riozinho e amoitaram-se em seguro esconderijo, ainda na fazenda, aguardando que as buscas findassem para prosseguir... Ouvi-me! Vossa filha corre sério risco de vida, acreditai-me! Lembrai-vos daquele maciço de rochas a sudoeste daqui? Nele há muitas cavernas disfarçadas e em uma delas há pouco buscaram refúgio para pernoitar...

– Cala-te! Julgas-me bastante tolo para crer que minha filha entraria em semelhantes covis?! Há víboras em cada pedacinho daquelas grutas! Ninguém jamais sairia vivo dali!

– Exatamente, senhor... Exatamente! Vós sabeis, eu sei, mas ele e ela não! Uma das cobras picou o jovem mestre, matando-o. Vossa filha desmaiou de puro terror, quedando imóvel no solo, o que a salvou até o momento. Vejo que se esvai em sangue! Perde a criança! Por milagre, senhor, as cobras deixaram-na em paz...

– Criança? Que criança?! Estás louco! Seria muita vergonha para um pai honrado! Aliás, sempre foste maluco, deveria ter te matado de pancada, apanhaste pouco, infeliz!

A voz meiga e conciliadora da esposa tentou apaziguar os ânimos do revoltado pai:

– Senhor meu esposo, ouçamo-lo! Como bem dizeis, sempre foi muito estranho, dado a visões, a premonições... Quem sabe enxerga o que nossos olhos não vêem! Nossa filha pode estar à morte e ficamos a discutir?! Somente nós três sabemos a respeito do que está sendo falado aqui... Pensai bem! Vossa honra está resguardada! Deveis procurá-la pessoalmente, sem testemunhas... Levai Sultão, o melhor e mais destemido de nossos cães de caça... Interrogai Saul para maiores detalhes!

– Uma vez na vida disseste algo que se aproveite, mulher! Fala, infeliz!

– Ide pelo caminho que leva à montanha, senhor. Logo após o riacho... Devereis transpô-lo, senhor... Logo após, enxergareis alguns trilhos... Tomareis o atalho mais batido e seguireis em frente. Dareis de cara com uma formação rochosa que lembra um grande pássaro; do lado correspondente à asa esquerda, contai uma, duas, três... Na quarta caverna, encontrá-la-eis! A entrada está vedada por galhos que os dois cuidaram de ali colocar, ocultando-a dos olhares de prováveis curiosos...

Três horas depois, a mocinha retornava nos braços do pai. Velha parteira, adrede chamada pela genitora a instâncias do cego, aguardava-a. Potente infusão de ervas completou o inevitável aborto, enquanto o pai aguardava na saleta contígua aos aposentos de dormir, ensimesmado em sombrios pensamentos.

As informações do cego haviam se mostrado extremamente precisas, pois quem passasse pelas rochas dificilmente suspeitaria de algo. Mal adentrara a sombria caverna, empunhando em uma das mãos o archote e na outra, rijo bastão de madeira, um chacoalhar de guizos alertara-o, sinalizando a presença das terríveis inimigas. Com a tocha, afastara-as momentaneamente; o cão, valente e leal, identificando o perigo para o dono, lançara-se em direção aos répteis, rechaçando-os para as entranhas da gruta. Um corpo jazia estirado no chão e ele reconhecera o professor; o rosto violáceo e congestionado, a hirta postura, tudo confirmava a letal ação de veneno ofídico em altíssima dose. Um pouco mais além, estava a filha, felizmente ainda inconsciente. As vestes mostravam-se empapadas de sangue, mas ela ainda respirava. Carregara-a com cuidado, percorrendo o caminho de volta o mais rápido possível, amparando-a contra o peito, desejando que ela não piorasse com a desconfortável viagem.

Enquanto aguardava o final dos acontecimentos, postado à porta do quarto de Marta, raciocinava:

– Marta estava pálida, muito pálida... Perdeu muito sangue... Mas sobreviverá, pois é jovem e forte. Sinto-me aliviado! Tudo terminará bem! Morto o sedutor, extraída a criança, nada restará do triste episódio... Tratarei de pagar regiamente a parteira... Isso! Pessoalmente a alertarei sobre o perigo de dar com a língua nos dentes... Se ignorar o aviso, nada mais fácil do que eliminá-la!

Suspirou, olhando apreensivo para os lados do dormitório. Estavam demorando... Irritado, continuou o interrompido raciocínio:

– Minha esposa não constitui perigo... Mas o cego, o cego odeia-me certamente, pelo justo castigo que lhe infligi... Melhor matá-lo! Evitarei problemas futuros...

Meneando a cabeça, monologava:

– Estranhas são as criaturas! Erram e não aceitam a punição! Dei de comer a esse infeliz desde que era um menino imprestável e ele me retribui assim, permitindo que um reles sedutor roube minha filha! Se não fosse o miserável, que não cumpriu minhas ordens, nada teria acontecido... Merecido castigo! Vejamos... Primeiro elimino o ceguinho, depois trato de espalhar convincente história, de forma a salvaguardar-me a honra e garantir vantajoso casamento para Marta no futuro. Vejamos... Direi que o tal professorzinho não passava de um miserável ladrão, que se aproveitou de minha bondade... Melhor passar por tolo do que ter uma filha desonrada, alvo de falatórios... É, bem melhor... Arrombou os cofres, pilhou-os, foi surpreendido por minha inocente filha e seqüestrou-a, acreditando conseguir vultoso resgate de um pai amoroso e rico... Um viajante, um estranho a quem recompensei generosamente e se bandeou para distantes terras, trouxe notícias da dupla, ao passar pela propriedade, inocentemente procurando pouso e comida por uma noite... Por acaso, por acaso... Na pressa, decidi partir sozinho no encalço do bandido, temendo pela integridade de minha pobre filhinha... Matei o infame e trouxe-a de volta, sã e salva!

Exultante com sua sagacidade, devido ao adiantado da hora, decidiu deixar para o dia seguinte a morte do cego, optando por agir ele mesmo, evitando o concurso de outras pessoas no constrangedor episódio.

Mal raiara o dia, após ligeira visita ao quarto da filha adormecida, quando lhe constatou a evidente melhora, dirigiu-se ao paiol, disposto a resolver a derradeira pendência. Encontrou o moço sentado, tateando tiras de vime com as mãos sensíveis, trançando grande cesto. Saul buscava no trabalho forças para continuar a viver, suplantando a desgraça que o atingira. Consciente da impossibilidade de enxergar novamente, com a ajuda da mãe de Marta e muita resignação, conseguira adaptar-se às novas condições existenciais. Precisava sobreviver e não pretendia fazê-lo às expensas de outros. Assim, o prepotente e orgulhoso senhor encontrou-o a trançar as tiras:

– Ora, ora! Julguei achar-te deitado, dormindo... Acreditei

estarias cheio de ira contra teu senhor... Vejo que me enganei... Melhor, pois me poupas o trabalho de livrar-me de ti! Como pude pensar que me causarias embaraços... Tu, um pobre coitado, um néscio?! Sendo justo e piedoso, permito aqui viveres, desde que sejas útil, pois não pretendo sustentar um homem forte e sadio, cujo único defeito é não enxergar... Cegueira não é doença! Fica, no entanto, longe de mim, pois trazes à minha lembrança tristes e constrangedores acontecimentos, dos quais és o culpado!

De saída, já na porta, estacou subitamente, exclamando:

– Há uma condição importantíssima: guarda absoluto sigilo de tudo! Se eu souber que abriste a boca...

O moço ouviu tudo, cabeça baixa, grossas e quentes lágrimas escorrendo dos olhos mortos. Estranhamente, não mais sentia revolta, somente uma grande tristeza, mesclada com comiseração... Quão desumano era seu senhor!

Alguns meses transcorreram; aos poucos Saul readquiria confiança, acalmando-se. Não abrigava no generoso coração ímpetos de revanche, mas uma mágoa que o importunava, manifestando-se a cada momento em que seus apurados ouvidos escutavam a voz do amo. Ouvia-o a gritar com os servos, escutava os gemidos e o pranto provocados por seus impiedosos castigos... Ansiava pelo esquecimento, intuindo que somente assim teria paz. Queria tudo olvidar, queria... Faltava-lhe a palavra, inexistente na lei mosaica... Perdoar! Logo conheceria Alguém cuja lei maior seria o Amor, incondicional e pleno, tudo perdoando, tudo esquecendo...

Certo dia, em uma das costumeiras conversas com a senhora, aproveitando a hora em que o amo saíra para tratar dos muitos negócios, atreveu-se a manifestar um desejo: apreciaria morar longe dali!

– Senhora, pressinto que seria enorme bem para minha alma ainda ferida afastar-me desta casa, pois a presença de vosso marido desperta em mim sentimentos e emoções dos quais não me agrado e que ainda não consigo superar. Estou curado fisicamente, graças à vossa bondade; aprendi a conviver com a escuridão e ela já não me afeta como no início. A negritude de meus dias proporcionou-me a oportunidade de desenvolver outros sentidos, dilatando-os. Falo do tato, do olfato, da audição, do paladar... Além disto, a vós posso relatar sem constrangimento ou temor: algo surpreendente tem ocorrido. Vejo com os olhos da alma, de uma forma que as pessoas ignoram, presas que estão a suas vidinhas rotineiras e materialistas, desatentas a tudo que as rodeia... Seres, muitos dos quais conheci quando em seus envoltórios corporais, hoje na pátria espiritual, comigo conversam. Convivo com outros também, amigos de mundos diferentes do nosso e muito mais evoluídos... Assim, todos eles contribuem para afugentar a solidão... Jamais estarei só ou desprotegido... Voltando ao pedido, lembrai-vos daquela cabana de caça em meio ao bosque? Há dias venho pensando em implorar que sejais minha intercessora junto a vosso esposo, para que ele me autorize a lá viver de agora em diante. Podereis visitar-me, pois sois a responsável por minha salvação na hora mais difícil da vida e nutro sincero afeto por vós...

Foi com verdadeiro alívio que o genioso senhor concordou, pois a presença próxima do cego importunava-o igualmente, despertando a recordação do mau passo dado pela filhinha. Estranhou o interesse da esposa por Saul, indagando:

– Conversas sempre com essa criatura, mulher? Que perda de tempo!

– Auxilio-o, meu senhor e esposo, e ouso implorar-vos permissão para continuar a socorrê-lo. Não nos farão falta sobras de alimentos e velhas roupas...

– Faze como quiseres! Contanto que não me importunes!

A generosa mulher arrumou a velha cabana de caça, mandando reparar o telhado em ruínas, completar o revestimento de tábuas que forrava o chão, vedar as entradas de vento e chuva, de maneira a ofertar a Saul melhores condições; mobiliou-a com simplicidade, levando em conta o estado de seu morador. Finalmente, efetuou a mudança, solicitando com emocionada voz:

– Bem sabes que te considero um filho! Assim, não me impeças de te visitar, de cercar de cuidados tua vida, como qualquer mãe faria, externando seu amor e preocupação... Sentirei saudade das conversas, das produtivas e esclarecedoras trocas de idéias, das permutas de afetividade... Elos de carinho filial e materno unem-nos, pois bem sabemos que eles não se estabelecem necessariamente pelo sangue, e sim por afinidades espirituais. Nos últimos tempos, compartilhamos alegrias e tristezas... Tens sido muito mais meu filho do que aquela que meu ventre gerou! Desde que voltou da infeliz fuga, Marta permanece mergulhada em grande apatia, recusando-se a falar a não ser por monossílabos, permanecendo a maior parte do tempo no quarto em penumbra. Em vão tento ajudá-la, porém repele meu afeto... Na realidade, nunca fomos realmente amigas... Mesmo assim, insisto, desdobrando-me em carinho e atenções... Tudo inútil! Expulsa-me aos gritos, como se eu fosse culpada de suas desditas. Por que tanta raiva de mim?! Eu, se a soubesse com um filho no ventre, tê-la-ia acolhido com amor, alegrando-me com a vinda da inocente criança, ainda que sem um pai para apresentar ao mundo. Que importa o mundo!

Escutando-a, Saul viu formarem-se imagens, cenas em que a figura jovem do professor transitava pela casa de Marta, perambulando pelos corredores e aposentos, buscando comunicar-se, insciente de seu desencarne. Chorava e lamentava a indiferença geral à sua presença, principalmente a de sua amada. Calou-se, pois não havia condições de explicar o que estava acontecendo. Ele mesmo não entendia os mecanismos relacionados ao fenômeno, porquanto lhe faltavam os conhecimentos teóricos a respeito do assunto, o que não impediu, contudo, que intuísse as origens da irritabilidade da moça, indubitavelmente relacionada com o falecido e enamorado professor!

Confortou a senhora como pôde, asseverando a continuidade dos laços de amizade, garantindo que continuariam a encontrar-se sempre. Ao final, movido por incontrolável impulso, sugeriu:

– Convidai vossa filha para a próxima visita... Com certeza, ela não ignora que meus conselhos salvaram sua vida... Dizei mais, relatando a ela que sei da assustadora e noturna visita... Ela entenderá minhas palavras...

Dias depois, em clara manhã de primavera, a casinha humilde e asseada recebia a visita das duas mulheres. Mãe e filha buscavam o conforto da palavra amiga e ponderada do jovem cego. Sentaram-se todos e, após a troca de amabilidades iniciais, o moço solicitou à amiga que o deixasse a sós com a calada Marta, sugerindo-lhe um passeio ao encantador riacho próximo. Mal saíra a genitora, a moça desatou a chorar angustiadamente, indagando:

– Como sabes o que está ocorrendo? És um bruxo ou algo assim?! Sinto-me enlouquecer de pavor! Noite após noite, vejo-o adentrar o quarto, o belo rosto, que tanto acariciei e beijei, agora arroxeado e congesto, em atrozes esgares de sofrimento e desespero! Ele tenta falar, estende os braços para que eu neles me aninhe... Chora, chora sempre, e seus lamentos enchem-me os ouvidos, penetram-me a cabeça! Em pânico, expulso-o, recuso seu toque, embora meu coração esteja dilacerado de saudades... Como pode ser assim, meu Deus? Amei-o, ainda o amo, mas sua presença aterroriza-me! Sei que está morto e apodrece no fundo da caverna, pois meu pai sequer atendeu a meus apelos de proporcionar-lhe o conforto de uma cerimônia fúnebre... Deus!

O rapaz escutava-a em silêncio. Inicialmente, perturbou-se, pensando quão pobres eram os argumentos de que dispunha para auxiliá-la; depois, sentiu-se envolto em doces vibrações e de sua boca fluíram palavras que diziam da realidade da vida após a morte. De onde viriam tais conhecimentos? Pressentia a influência de fortes e vibrantes energias e escutava-se falando, falando... Depois, como se atraída pelos pensamentos da amada e seu triste pranto, uma figura adentrou a sala, aproximando-se da mocinha, enlaçando-a, fundindo-se com seu corpo trêmulo. Marta sentiu a perturbadora presença, embora nada lograsse visualizar. Sua respiração agitou-se, um peso enorme constrangeu-lhe a nuca, o suor inundou a pálida fronte. Ao mesmo tempo, uma criatura de rara beleza, envolta em alva túnica, os longos cabelos castanhos presos com lindo arranjo de delicadíssimas flores, tão brancas como suas vestes, aproximou-se do jovem professor, envolvendo-o em carinhoso e confortador abraço, murmurando palavras de consolo, convidando-o a acompanhá-la, convincentemente falando sobre a necessidade de desapegar-se, de partir para um lugar melhor, onde poderia ser feliz. Finalmente acedendo, o jovem abandonou Marta, ainda que a contragosto, liberando-a do envolvente amplexo, e os dois espíritos dirigiram-se à porta, de onde a celestial visão acenou para Saul, despedindo-se carinhosamente. Ele tudo "via", com intrigante perfeição.

A mocinha, entre soluços, continuava:

– Até meu filho eu perdi, tu sabes! Que me restou da vida? Meu pai persiste na infeliz e absurda idéia de casar-me com alguém de posses, unindo fortunas! Que me importam riquezas?! Elas não me fazem reviver as doces e intensas emoções do amor! Rica já o sou e, no entanto, julgo-me mais pobre do que o mais mísero de nossos servos...

Saul somente escutava, calando. Sentia-se impotente para falar de amor... Afinal, quando realmente fora amado? Tristes recordações da infância, rejeitado pelos pais, pelas pessoas que não o entendiam... Antigas mágoas brotaram e ele envidou esforços para não se queixar também... Afinal, a moça viera em busca de auxílio e não seria justo sobrecarregá-la com suas próprias dores e anseios... Assim, uma vez mais consolou, solicitando aos amigos espirituais que o auxiliassem na árdua tarefa, perguntando-se o motivo de ter sido escolhido para tal missão, quando outros mais ditosos poderiam estar em melhores condições, no seu entender, para ouvir e aconselhar...

Seus questionamentos ficaram uma vez mais sem resposta e mentalmente considerou que os céus permaneciam calados para ele, embora abertos para as dúvidas e os padecimentos alheios...

A partir daquele dia, mãe e filha encontraram o fio da meada em seu relacionamento, iniciando uma nova etapa, na qual o respeito e a amizade imperavam. Liberta da presença infortunada do amado, a mocinha readquiria o equilíbrio pouco a pouco, recuperando as saudáveis cores da juventude. O sofrimento tornara-a mais madura, menos egoísta, menos orgulhosa... Extremamente benéficos, os longos diálogos com o jovem cego derrubavam por terra absurdas e ultrapassadas crenças, fazendo-a repensar a existência, as relações familiares, o amor...

As notícias espalham-se, principalmente em uma pequenina localidade; em breve chegavam gentes e mais gentes no instintivo encalço de apoio espiritual, dividindo dores, partilhando problemas... A caridade funcionava como mola propulsora de profundas e renovadoras mudanças, favorecendo consoladores e consolados. Em meio ao pequeno e verdejante bosque, a humilde cabana tornou-se seguro referencial, onde aportavam seres em desajuste, relatando naufragadas esperanças e desfeitos sonhos. Encarnados e desencarnados buscavam o médium e, embora continuasse a acreditar-se pequenino demais para a tarefa, ele acedia em ouvir e consolar, surpreendendo-se com o reconforto demonstrado pelas pessoas. Algumas chegavam a curar-se de males físicos, outras abraçavam suas cruzes redentoras com alento e resignação dantes inexistentes.

Foi naqueles dias que Jesus passou por aquela localidade obscura.

Na retirada moradia, Saul sequer teve notícias de que Ele viria... Mãe e filha foram ao encontro do Mestre, pois já sentiam nos corações o doce chamamento da verdade. Ricas e saudáveis, algo ainda lhes faltava... Desde os infortúnios relacionados à malograda fuga, novas necessidades existenciais haviam surgido, principalmente para Marta; belas roupas, jóias. luxo, nada ocupava o mesmo espaço de outrora, e as almas das duas mulheres ansiavam por muito mais. Jesus, com sua bondade e sabedoria, descerrava desconhecido leque de opções, permitindo escolhas que implicariam salutares mudanças, constituindo o inconteste guia para suas existências. Tão belo, chegava até a tirar o fôlego! E suas palavras! Compreensão, ternura, carinho, respeito, aceitação, amor... Escutando-o, presenciando as curas, ambas imediatamente pensaram em Saul... Se quisesse, Ele poderia curá-lo!

Como sempre, muitos convidaram o Rabi e seus discípulos para que tomassem lugar em suas mesas, partilhando da hospitalidade de seus lares. Aproveitando o afastamento do esposo, em providencial viagem de negócios, a senhora ofereceu sua casa ao Mestre, exultando quando Ele acedeu. Após a refeição, a mulher solicitou a Jesus permissão para falar-lhe a sós, relatando a triste história do moço cego. O divino enviado escutou-a com atenção, sem nada opinar. Finalizando, ela ousou uma pergunta:

– Por caridade, visitá-lo-íeis, Mestre? Ficará tão feliz em conhecer-vos! Poderíeis curá-lo, Mestre? Dói-me a injustiça contra ele praticada por meu esposo; aflige-me a escuridão em que o pobrezinho está mergulhado; punge-me a resignação com que enfrenta os problemas, sempre disposto a atender os infelizes que o procuram. Ele jamais se queixa, ao contrário, escuta as lamentações alheias com serenidade e compreensão...

A tarde findava quando Jesus e as mulheres chegaram à cabana. A mais velha adentrou, anunciando a Saul a visita do Rabi, enquanto o Mestre e Marta quedavam-se à sombra de enorme árvore. O moço volveu a cabeça em direção à porta e, em meio à escura cegueira, percebeu-o recortado contra as luzes do crepúsculo. Na sala humilde, os costumeiros companheiros espirituais do moço também aguardavam o excelso visitante, que se aproximou, envolvendo Saul em caloroso amplexo, beijando-o nas faces molhadas de lágrimas. Assentou-se a seu lado no rústico banco, serenamente perguntando:

– Esta mulher suplica o retorno de tua visão. Precisas enxergar, meu amigo? Quão cegos são os homens que vivem única e exclusivamente a vida material, impossibilitados de contemplar a verdade, que não está afeta aos olhos do corpo físico... Tu, ao contrário, embora mergulhado em sombras, não te deixas por elas dominar... Pedem-me a cura, mas não vejo doença! Ao roubarem a luz de teus olhos, diante das posturas por ti assumidas, podes considerar-te credor perante a vida. Não há em ti revolta ou desespero... Sofres, eu o sei, mas prossegues sempre, persistindo no bem, galgando os degraus evolutivos lenta e seguramente. Levas o consolo aos que choram, amas sem esperar retribuição... Aos olhos do mundo, és um deficiente; aos de Deus, um convalescente da longa moléstia do egoísmo, contra o qual a Boa Nova certamente constituirá poderoso medicamento, fornecendo-te subsídios para prosseguir adiante com mais firmeza, maior segurança.

Sob os surpresos olhares das mulheres, os dois entabularam comprida conversação. Quanto Jesus tinha a ofertar a Saul! Fez-se escura noite e o Mestre não se incomodou com o passar das horas... Depois, acendeu Ele mesmo a candeia, colocou lenha no velho fogão e então, sorrindo amavelmente, disse a mãe e filha:

– Sabeis cozinhar, certamente. Não me considero um perito em tais afazeres, necessitando de vosso concurso. Enquanto isso, conversarei mais um pouco com Saul...

Passaram a noite na casinha do bosque. O silêncio da mata casava-se ao luar de prata e às fulgurantes estrelas. As perguntas do jovem pareciam não ter fim e o Mestre respondia-as com propriedade e sabedoria. Sua doutrina de Amor descortinava-se ao deslumbrado Saul! Depois, como se fazia tarde, Jesus escolheu um lugar sob o céu de estrelas e, na companhia de rústica coberta, deitou-se, adormecendo imediatamente.

Cinco dias permaneceu Jesus na casa de Saul. A senhora e sua filha foram-se logo na manhã seguinte à chegada, obedecendo aos imperativos do lar, receosas do regresso do intolerante senhor, que indiscutivelmente de nada deveria saber a respeito do ilustre visitante. Ao final do quinto dia, o Mestre indagou mais uma vez:

– Queres que eu te devolva a luz dos olhos, meu amigo?

– Mestre, destes-me algo muito maior e mais precioso do que a mera cura do corpo físico. Acendestes em mim uma cintilação que iluminará meu espírito milênios afora e acompanhar-me-á pela eternidade. Este corpo, transitório tabernáculo do imortal espírito, perder-se-á com o correr dos anos, retornando ao pó e às cinzas. É necessário e importante, mas jamais deverá ou poderá suplantar as prioridades do espírito que o anima. Contudo, acaso desejardes, que se faça em mim a vossa vontade, Senhor.

– Tua fé curou-te, Saul. Em nome do Pai, eu restituirei tua visão! Contudo, antes que vejas novamente com os olhos da carne, apreciaria informar que não houve injustiça no ato praticado contra ti. Nosso irmão, ao cauterizar teus olhos com o incandescente estilete, assumiu significativo débito contra as leis divinas de amor e caridade, mas tu, Saul, resgataste o passado, quando cegaste para garantir o poder. Recorda, eu ordeno!

O moço observou enorme tela mental desdobrar-se à sua frente; cenas desfilavam e ele nelas estava, com diferente corpo, mas ele, seguramente. Emoções do passado e do presente mesclavam-se com atordoante nitidez e surpreendente velocidade...

***

Egito antigo, séculos atrás...

As enormes construções em pedra, os palácios de paredes decoradas com cores fortes e vivas, tudo sugeria e recordava a magnificência dos faraós, seu pretenso poderio acima da vida e da morte. As pirâmides contra os céus de límpido azul, guardiãs da vida após a morte, representavam humana e vã tentativa de proteger os mortos contra a implacável destruição do tempo e dos vândalos. Saul podia sentir nas narinas o cheiro característico do Nilo, com suas férteis margens inundadas, as plantações tremulando à brisa quente, o alarido dos trabalhadores, os gritos dos capatazes... As flores de lótus descerravam-se ao sol nas águas do rio sagrado... Flores dos deuses... Um homem luxuosamente paramentado descia as escadarias do templo; em seu peito forte e moreno, brilhava o medalhão do deus Sol. Era ele, Saul, embora tão diferente no físico! Carregava nas mãos o refulgente símbolo sacerdotal...

O impressionante personagem ocupava lugar de destaque na maior parte das imagens ulteriores... Como podia ser tão implacável, tão sedento de poder e riquezas?! Em tudo e todos reafirmava seu domínio! Adentrava o palácio do faraó com confiante familiaridade, displicentemente caminhando pelos corredores, trocando idéias com o soberano e sua família, opinando, influenciando, manipulando sem nenhum pudor ou remorso...

Algo absorvia a atenção do governante do poderoso Egito: a tumba que abrigaria seus despojos depois da morte! Nela guardado, sobreviveria ao óbito, retornando ao corpo no momento certo... A suntuosidade da pirâmide garantiria seu reconhecimento pelos deuses, inequivocamente sinalizando o valor de que era digno como divindade encarnada na Terra, garantindo diferenciado e justo tratamento. Pobre faraó! Da verdade conhecia somente uma pequenina parte, ignorando que o retorno ocorreria sim, mas através da reencarnação em novo corpo, e não necessariamente em meio à realeza, podendo o orgulhoso espírito abrigar-se em humílimo invólucro carnal de mísero escravo, conforme suas necessidades evolutivas!

A areia do deserto refletia o sol do meio-dia. Estavam finalmente concluídas as obras da gigantesca pirâmide! Na câmara mortuária, operários davam os últimos retoques e os ourives completavam a magnífica máscara mortuária em ouro, esmalte e lápis-lazúli, representando o faraó em sua jovem e bela idade, pois ele pretendia que os deuses o encarassem com tal imagem, não importando com quantos anos deixasse o corpo. O poderoso sacerdote tudo comandava pessoalmente, certificando-se da perfeição nos mínimos detalhes, crendo que o faraó poderia despreocupar-se, desfrutando cada dia de sua existência, certo de que sua integridade estaria assegurada quando chegasse a hora de partir.

Tudo pronto! Retiravam-se todos a um comando seu e o religioso fechava as pesadas portas, acionando o complicadíssimo sistema de segurança, garantindo que ninguém mais entraria na tumba. Depois, saía para o sol ardente, respirando o ar seco em longos haustos, satisfeito consigo mesmo e com os resultados. Olhava de relance para a pilha de corpos a um canto, desviando o olhar com displicente irritação. Pertenciam aos escravos e operários que haviam labutado na obra e, de alguma forma, compartilhado dos segredos da gigantesca construção. Jaziam ao sol e as moscas enxameavam, atraídas pelo forte e adocicado odor de sangue. A uma ordem do sacerdote, foram lançados a uma vala adrede preparada, a significativa distância da pirâmide, a fim de não conspurcar o terreno.

Uma pergunta do comandante dos guardas reais, pessoa de sua inteira confiança, provocava uma suspeita:

– Todos foram eliminados... Estais satisfeito, supremo sacerdote?

Todos... Todos menos os soldados, os executores de seu decreto de sumária eliminação das testemunhas... Contava-os discretamente. Dez, incluindo o oficial. Sorria, respondendo com falsa bonomia:

– Muito! Vamos para o palácio!

Naquela noite, obedecendo a instruções advindas do templo, mercenários cegavam os nove soldados e o oficial em comando, utilizando ferro em brasa, resguardando o segredo da pirâmide mortuária, pois não poderiam indicar o local de entrada. Impossível encontrá-lo na escuridão de cauterizados olhos! Sempre no intuito de agradar, o sacerdote sugeria ao faraó que o Estado mantivesse cada um deles e suas famílias, nada lhes deixando faltar, acrescentando:

– Assim vos louvarão, derramando energias positivas sobre vossa real pessoa...

Longa e respeitada seria sua existência, acumulando amplos

conhecimentos através de fecundos estudos, principalmente na área espiritual. Jamais questionou sua conduta, julgando correto e justo defender a segurança e a integridade de seu faraó, principalmente no tocante ao desencarne. Acreditava que, na qualidade de religioso e homem de confiança do império egípcio, competia-lhe decidir, mesmo custando o sacrifício de vidas. Que importavam algumas pessoas diante da sagrada magnificência do soberano e do Egito?! O poder estava em suas mãos sacerdotais e requeria pulso firme. Realmente julgava estar fazendo o certo!

***

A voz mansa e compreensiva de Jesus trouxe-o à atualidade:

– Fazendo mau uso do poder inerente à posição que ocupavas no templo, criaste pesados débitos, meu amigo. Deus jamais pune, ao contrário do que costumam acreditar as pessoas. Quando a criatura toma consciência dos fragorosos erros cometidos no passado, ela mesma implora pela oportunidade de realizar os acertos, quitar as dívidas, conquistar a paz interior. Isso ocorre à medida que ascende evolutivamente, aperfeiçoando seus sentimentos. Neste triste drama do presente, reencontraste o orgulhoso faraó de outrora na figura de Marta, e o oficial, que nunca perdoou a traição e a cegueira, como o amo que te infligiu idêntico castigo. Montado o cenário reencarnatório, o livre-arbítrio de cada um de vós imprimiu os caminhos das ações... Podes deduzir que o antigo soldado egípcio não conseguiu suplantar a raiva, enveredando pelas sombrias veredas da vingança... Quanto ao faraó, hoje em corpo feminino, ainda insiste em seu raciocínio egocêntrico, desconsiderando as conseqüências de seus atos... Parece-nos, no entanto, que assimilaste muito bem a lição, sobrepujando as dificuldades, esforçando-te para perdoar, doando-te aos menos afortunados com amor e resignação. Assim sendo, levando em conta tuas futuras tarefas, em nome do Pai, ordeno: vê, Saul!

Como era bom enxergar novamente! Seus olhos encheram-se de

lágrimas ao fitar o Amigo... Depois, como que adivinhando a boa notícia, as duas mulheres apareceram. No olhar carinhoso da mais velha, Saul leu sincera alegria e uma paz muito grande; ao abraçá-la, murmurou baixinho, de maneira que somente ela ouvisse:

– Minha mãe do coração!

Marta fitava-o calada. Mudara tanto a moça! Onde a jovem orgulhosa e petulante de outrora? Onde as faces rosadas e o jeito de menina? Onde os olhos brilhantes e o riso fácil? Apiedou-se, compreendendo o fardo que a moça carregava, enfrentando a cobrança diária do pai autoritário e genioso, a perda do homem amado, o aborto do filhinho... No entanto, continuava linda!

Encontrou os claros olhos de Jesus e Ele sorriu, chamando-o para o abraço de despedida.

– Tão cedo, Mestre! Ficai mais um pouco na humilde casa de vosso servo...

– Outros me esperam e, como tu, querem alegrar-se com a presença da Boa Nova... Urge partir! A bem da verdade, Saul, não será possível encontrarmo-nos em corpo novamente, pois meu tempo sobre a Terra está praticamente no fim... Contudo, sempre estaremos juntos em pensamento e coração. Ouve-me: durante o dia tecerás teus cestos, garantindo o pão e o abrigo honestos, dignos. À noite e nas horas de lazer, espalharás minha doutrina de amor! Aprendeste comigo nestes dias que passamos juntos e muito mais receberás em espírito, durante o sono da carne. Além disso os amigos espirituais encarregar-se-ão de repassar-te o necessário na hora precisa, desde que te proponhas ao trabalho redentor. Percalços enormes cercar-te-ão os caminhos, decorrentes, principalmente, da inveja dos outros e de teu próprio orgulho. Cobiçarão os dons, lançando sobre ti ofensas e calúnias. Intentarão eliminar-te com ataques físicos, verbais, emocionais... Persevera no bem e prossegue! Não olhes para trás! À frente, a luz brilha sempre, iluminando as sendas daquele que persiste no trabalho do bem. Quanto ao orgulho, acautela-te! Serás enaltecido, idolatrado, lisonjeado... Oferecer-te-ão posições de destaque e ficarás tentado a acreditar que és mais que os outros... Entidades espirituais de reduzida evolução acenar-te-ão com fama e poder... E dinheiro... Muitos já caíram ao enveredar pelos perigosos caminhos do personalismo exacerbado! Lembra-te sempre e humildemente que Deus concede, por acréscimo, as ferramentas que podem impulsionar teu progresso e que, ainda assim, delas fazes uso limitado, por conta de tua ignorância. Assim, orgulhar-se de quê? O medianeiro fiel e justo jamais se afastará da simplicidade e da humildade indispensáveis ao labor na vinha do Pai. Assim, sê humilde, atribuindo a Deus os louros da vitória e a ti mesmo as origens dos contratempos. Mais uma coisinha: abstém-te de profecias inúteis à elevação espiritual e refuta o concurso de espíritos que, falsamente imbuídos de bons propósitos, afivelando máscaras de amor e caridade, acalentam e estimulam vaidades. Examina bem o que lhes vem do coração em forma de mensagem e separa o joio do trigo. Cuidado com os maus conselheiros do mundo espiritual! No mais, muito trabalho e muito amor ao próximo!

E o Mestre partiu.

Liberto da cegueira física, Saul preparou-se para o ministério de amor que Jesus lhe delegara. Ao saber do restabelecimento do antigo servo, o pai de Marta apressou-se em expulsá-lo de suas terras, apesar dos reiterados apelos da esposa e da filha, acreditando-se eximido de qualquer responsabilidade. No fundo de seu rancoroso coração, continuava a culpá-lo da desonra da filha, esperando nunca mais com ele deparar. O moço aceitou a decisão com serenidade, concedendo ao ex-amo o benefício do perdão, olvidando o ocorrido, principalmente depois do relato de Jesus sobre seu passado no Egito de outrora, clareando os reais motivos de tanta raiva contra sua pessoa. Passou a residir na aldeia, obedecendo às determinações do Rabi. Na realidade, a mudança facilitaria a divulgação da Boa Nova, bem como a venda dos cestos de vime, garantindo seu sustento. À noite, a casinha pobre tornava-se o ponto de reunião dos moradores do vilarejo, onde a palavra de Jesus encontrava atentos ouvidos, difundindo-se a olhos vistos. Os potenciais mediúnicos de Saul tornaram-se conhecidos e muitos iam até ele para alívio de seus problemas e dores. Fiel às instruções do Mestre, o moço propugnava pela discrição e caridade, negando-se a vaidades e ilusões.

Certa manhã, quando mal começara a tecer os cestos, assustou-se com a inesperada chegada da filha de seu antigo senhor. Vinha em prantos.

– Vão casar-me! Meu pai acertou núpcias com o velho Naim, um homem que tem idade para ser meu avô! Viúvo há pouco tempo e desejoso de bela e jovem esposa, tudo combinou com meu ganancioso pai, mediante vultosa quantia, como se eu fosse mercadoria à venda! Expliquei desejar alguém por quem meu coração batesse mais forte, mas ele não me ouve, interessado tão somente na fortuna do pretendente! Diz que devo calar-me e agradecer a Deus, pois não sou mais virgem! Atira-me às faces o mau passo de outrora... Ameaça-me, ordenando mantenha segredo do acontecido, para não espantar o noivo... Pensa somente em dinheiro, terras, poder! Que faço, Saul?!

Imensa tristeza envolveu o moço. Olhou a jovem vestida com ricos panos, as jóias que lhe adornavam as orelhas e o colo, as pulseiras... Depois atentou na delicadeza das mãos que não conheciam duros labores ou sequer os serviços de uma casa... Amava Marta desde o instante em que a recebera na cabana... Talvez o sentimento existisse de há muito, sufocado pela superioridade financeira e social da moça... Guardara segredo, por reconhecer nada poder ofertar a não ser uma vida atribulada e pobre. Além de tudo, o orgulhoso pai nunca permitiria uma união tão díspar, antes sacrificaria a filha única no altar de sua avareza e ambição! Com palavras duras, contundentes, ameaçadoras, certamente conseguiria anular a resistência filial, entregando-a em matrimônio contra sua vontade!

– Marta, que esperas que eu te aconselhe? Pudesse eu, não estarias em tal situação, tamanho o carinho que te dedico. Para fugires ao enlace, somente rompendo definitivamente com tua família, saindo de casa às escondidas novamente. Estás preparada para tão difícil passo?

A moça olhava-o sem entender. Por que os lábios de Saul calavam quando os olhos gritavam que a amava?! Estaria iludida, confundindo afeto fraterno com amor entre homem e mulher? Ele conhecia seu passado, sabia de seus enganos, provavelmente também a considerava desonrada e impura... Pensou em dizer o que sentia, em pedir que a aceitasse como companheira, arrostando a cólera de seu pai, mas temeu dolorosa recusa... Aquartelada em seu imenso orgulho, silenciou as palavras de amor.

Trinta dias depois, com insólita pressa do genitor e do consorte quase septuagenário, realizaram-se as bodas, com pompa e luxos incríveis. A noiva mantinha baixos os olhos avermelhados pelo pranto e suas mãos tremiam incontrolavelmente. Ante os cumprimentos, esboçava forçado e fixo sorriso, indiferente aos reiterados elogios sobre os belíssimos trajes e sua aparência. Realmente, seria difícil encontrar uma noiva mais linda! Um esposo ébrio e cambaleante conduziu-a ao leito na noite nupcial e, para seu alívio, desabou desacordado entre linhos e rendas, ressonando fortemente, vencido pelo álcool e pelo cansaço.

Iniciar-se-ia uma fase de verdadeira tortura para a jovem esposa. Compartilhar o dia-a-dia de um homem idoso e irritadiço, constantemente reclamando das mínimas coisas e blasfemando, recusando-se a aceitar as naturais limitações impostas pela idade, violento e áspero no trato, não era nada fácil, fazendo com que o convívio com o difícil pai nos tempos de solteira parecesse um paraíso perdido.

Nunca mais retornou à casa de Saul. O moço, respeitando sua condição de mulher casada, afastou-se também. Às ocultas, no entanto, em momento de grande tristeza, abriu o coração àquela que considerava como mãe, expondo o amor sufocado a duras penas, pedindo notícias de Marta sempre que a encontrava.

Desencontros!

Quatro longos anos decorreram. Jesus perecera em infamante cruz e ressurgira, vencendo a morte, radiante, cumprindo as promessas feitas a seus discípulos e seguidores. Fulminante ataque cardíaco levara o pai de Marta, deixando sua viúva, ainda jovem e disposta, liberta de seu despótico controle e muito rica, possibilitando-lhe dedicar-se ao sonho acalentado há muito, desde quando conhecera o Mestre. Fez construir no vilarejo uma casa ampla, onde Saul e ela dispunham de espaço para o atendimento dos necessitados e a propagação da doutrina do saudoso Rabi.

Quanto a Marta, seu casamento entrara em desgastante rotina, na qual o esposo primava por acerbas críticas e maldosos comentários, esmerando-se em constrangê-la. Olhando a esposa surpreendentemente bonita e jovem, não obstante a angustiosa situação de carência afetiva e dolorosa humilhação, odiava-a, ciente de que jamais poderia inspirar-lhe amor; talvez, se tivesse sido mais carinhoso e cordato, pudesse estabelecer laços de respeito e companheirismo, convivendo de forma saudável e amena. Mas ele ainda não sabia assim agir...

Ao final do quarto ano, uma novidade sacudiu a união do insatisfeito casal. Marta surpreendeu-se grávida, para seu espanto e inicial repulsa, pois não lhe agradava em nada ter um filho com semelhante consorte. Regozijou-se o cônjuge, contudo, ordenando festejos por vários dias, exultante com a maravilhosa notícia. Embora não o soubessem, retornava ao mundo a criança tragicamente abortada na caverna, anos atrás.

O nascimento de um menino lindo e saudável proporcionou ao casal uma trégua, asserenando os ânimos do esposo e sensibilizando o coração da moça, pois aquele ancião irascível passava a ser o pai do filho inesperadamente muito amado... Orgulhoso e envaidecido com a paternidade em avançada idade, dedicava-se o rico senhor à criança, esquecendo-se de maltratar Marta, que passou a gerir a luxuosa casa como a mãe do primogênito, digna de atenções e solicitudes das quais o esposo a privara por longos tempos, praticamente desde o início do conturbado matrimônio.

Na aldeia, Saul perseverava em seu trabalho. Após a perda da mulher amada, compreendeu melhor a extensão das palavras do Mestre, quando juntos haviam estado na cabana do bosque. Fragilizado pela saudade e pela dor de sabê-la em outros braços à revelia de sua vontade, uma vez que obrigada a assumir o compromisso, amando-a sem esperanças de com ela dividir seus dias, solitário em meio a muitos, o moço passou a sofrer o assédio de espíritos inferiores, sugerindo soluções rápidas que privilegiavam a matéria, indo desde a eliminação pura e simples do rival à substituição do afeto perdido por escusas e mirabolantes aventuras amorosas. A solidão pesava dolorosamente, ansiava pelo conforto de uma família, filhos, esposa... As sugestões menos felizes dos espíritos e os conselhos nada edificantes de alguns encarnados requisitaram muito controle e verdadeira caridade cristã para não sucumbir às tentações. Contudo, persistiu no bem, perseverando em colocar a existência nas mãos de Deus, trabalhando e aguardando que o tempo permitisse as transformações e ajustes decorrentes do exercício do livre-arbítrio de cada um dos envolvidos.

Juntamente com aquela que agora abertamente denominava mãe, desenvolvia o trabalho assistencial e de divulgação da Boa Nova ao qual se propusera; noite após noite, enchia-se a ampla sala de orações e Evangelho, e de suas mãos impostas emanava a cura para muitos e o consolo para outros. Olhando as longas filas de carentes, os fardos de alimentos doados pela admirável senhora, as frentes de trabalho que permitiam o ganha-pão aos fortes e saudáveis, Saul às vezes questionava:

– Mestre, tudo vai bem, o trabalho expande-se, é impossível deixar de notar a mudança nas criaturas... No entanto, sinto-me tristemente só... Haverá necessidade de tamanha solidão? As pessoas vêm em busca de auxílio e retornam a seus lares humílimos, mas neles há o afeto da companheira, o riso dos filhos, os animais domésticos pertencentes às criancinhas... Quando o derradeiro solicitante parte, vejo-me sozinho nesta casa enorme... Gostaria de acalentar nos braços um filho, de aquecer-me de encontro à mulher amada, de conversar e partilhar as idéias comuns aos mortais... Será errado almejar tudo isso, Senhor?

Questionamentos sem resposta... Paralelamente, embora as pessoas continuassem a beneficiar-se com os salutares influxos advindos dos diálogos fraternos e das reuniões evangélicas por ele coordenadas, o moço começou a ser vítima de estranha irritabilidade, que em vão intentava eliminar; ressentimentos sutis passaram a albergar-se em seu coração e uma voz insistente e melíflua sugestionava-o continuamente:

– Que fazem por ti os que te buscam, Saul? Os encarnados afastam-se e nem se lembram de ti em suas orações... Estás afadigado, não tens tempo para tuas coisas... Os mentores relegam-te à própria sorte, sequer se preocupam com teu abandono... Será que essas pessoas que choram e lamentam seus pesares são melhores do que tu? Bela pergunta, não te parece?! No entanto, todos têm suas famílias, seus amores... E tu, o que tens?!

E a insinuante voz continuava sempre, em monólogo que Saul inutilmente tentava discernir se vinha de outro alguém ou de seu próprio íntimo. Pudera! Saul sentia aquela solidão! Também questionava! Os obsessores simplesmente utilizavam as fraquezas do médium para manipulá-lo, colocando-o em dúvida, reforçando seus temores, minando-lhe a auto-estima...

– A mulher que tu amas vive com outro... É infeliz a pobrezinha... Toma coragem... Não és homem?! Arrebata-a das mãos do esposo, convertendo-a em tua companheira. Para que te enganares, se bem sabes que outra não te servirá... Persegue a tua felicidade, pois os espíritos, aqueles que se nomeiam teus mentores, não estão preocupados contigo! Deveriam ajudar-te, como fazem com os outros, os que não te dão sossego, que batem na porta sem parar, solicitando-te o fraterno concurso ...

A voz repetia-se dia após dia, com argumentos cada vez mais conclusivos e aparentemente justos, todos eles visando ao bem-estar e à felicidade dele, Saul! Pelo menos, assim parecia...

Em determinada manhã, quando particularmente triste e desesperançado, parou à porta da casa um luxuoso carro, dele saltando um servo que, em atrevida atitude, sobranceiramente indagou:

– Homem, conheces aquele a quem chamam profeta? Meu amo deseja falar-lhe!

– Assim me chama o povo, mas prefiro o nome Saul, pois nada mais sou do que um servo de Jesus... Estou â disposição de teu senhor.

Olhando relutante e suspeitosamente a figura humilde e jovem do moço que entrelaçava o vime, o criado ajudou seu amo a descer da carruagem, encaminhando-o para dentro da casa, apressando-se em assentá-lo em rústico e alvo banco, não sem antes torcer com desdém o nariz para a simplicidade do local.

Saul reconheceu-o . Era Naim, o esposo de Marta!

Os olhinhos apertados do velho encararam Saul com franca depreciação, enquanto a boca pronunciava, de forma autoritária e arrogante:

– Preciso de teus serviços! Encontro-me em terrível situação de enfermidade e não quero morrer, pois finalmente sou feliz! Sempre quis ter um filho, jamais havia conseguido com esposa ou escravas... Isto constituía motivo de vergonha e frustração! Agora, inesperadamente, quando os anos pesam, minha linda e jovem esposa concebe uma criança forte, perfeita, um menino! Sinto-me no céu, quero desfrutar cada momento... No entanto, os médicos são bem pouco esperançosos, prevendo pouco tempo de vida para mim... Afirmam nada poderem fazer para atalhar a morte que se aproxima a largos passos...

Abrindo o manto, desnudou o peito, expondo aos olhos do moço enorme tumor avermelhado, que estendia seus tentáculos em direção à garganta.

– Vês? Logo me asfixiará, segundo os doutores! Começou como uma pequenina ulceração, foi crescendo, aumentando sempre, muito embora os caríssimos tratamentos a que tenho me submetido, espalhando-se rapidamente... Ao atingir a garganta, padecerei morte triste e dolorosa, impossibilitado de beber ou comer... Entendes meu medo? Podes resolver o caso? Sou rico, muito rico, poderei recompensar-te regiamente!

Nesse preciso instante, a voz que assediava Saul nos últimos tempos intimamente insinuou:

– Trata de dispensá-lo! Morrerá breve, muito antes do que pensa! Não lhe dou um mês! É caso perdido! Poderás herdar a rica viúva... Tu não a amas? Então! Além do mais, se o ajudares, poderá sobrar para ti, dirão que o mataste por amar a bela Marta! Ou achas que ninguém sabe que a amas? Manda-o embora! Por que tens que sempre ajudar, em detrimento de tua felicidade? Tu não colocaste no peito do infeliz o tumor que o matará... Além do mais, quem disse que poderás curá-lo? Ela te ama, sofre longe de ti, muito mais do que imaginas, pois tem de aturar um esposo senil e autoritário, exigente e malcriado! Reflete bem, esta é a hora de decidires a questão! Não estarás fazendo nada de mal, porquanto não tens obrigação alguma de atender esse infeliz...

Saul transpirava, sentindo-se angustiado, cheio de dúvidas. Queria tanto uma família com a mulher amada, com Marta! De repente, a figura de Jesus impôs-se e ele recordou as palavras ditas na cabana, anos atrás:

– "Cuidado com os maus conselheiros do mundo espiritual..."

Levantou-se, aproximando-se do ancião. Com o auxílio de uma candeia, examinou cuidadosamente o grande câncer, constatando a gravidade do caso. Em uma coisa o pretenso colaborador espiritual tinha razão: poderia sobrar para ele se o rico senhor falecesse em suas mãos... Acalmando o coração precípite, macerou diversas ervas com azeite de olivas, acrescentando alguns pós retirados de frascos etiquetados, obtendo um ungüento de tom amarelado, com fortíssimo e enjoativo odor.

– Senhor, esta pomada dará para um mês...Devereis utilizála quatro vezes ao dia, tendo o cuidado de antes aquecer o local com compressas quentes. Enquanto isso, precisareis freqüentar as reuniões desta casa pelo menos uma vez por semana, se quiserdes ter alguma chance... A maneira como vedes a vida e as pessoas necessita ser repensada, pois não haverá cura sem modificação interior. Vejo que não me entendeis, mas isso não tem importância no momento. Aplicai a pomada como ensinado, vinde a nossa casa para o Evangelho de Jesus e veremos... Aconselho-vos a seguir corretamente as instruções, pois vosso estado é gravíssimo.

Mal saíra o homem, sem sequer um único agradecimento, aborrecido com a delicada recusa do jovem em aceitar polpuda bolsa de moedas, os acompanhantes espirituais começaram a insultá-lo, indignados com sua escolha. Ignorou-os, procurando eliminar os pensamentos de raiva, revolta, ciúme, apegando-se a Jesus e seus ensinamentos. Dentro do peito, contudo, o coração doía de saudade da moça e o silêncio da casa vazia atormentava-o. Saul procurava espantar o amor pela bela esposa de Naim, a falta que ela lhe fazia, os ciúmes nada cristãos...

Noite após noite, com uma perseverança somente explicada pelo pavor da morte, observou o esposo de Marta adentrar a sala ampla e simples. No começo, vinha ressabiado, olhos fixos na porta de saída, como se preparado para uma fuga de emergência. Fitava com indisfarçável repugnância a assembléia pobre, doente, como se ele pertencesse a um mundo à parte, esquecido de que ali estava também em busca de auxílio para suas dores, não obstante rico. Saul percebia-o aterrorizado com a perspectiva do iminente desencarne, pois não falhava uma vez sequer ao Evangelho, mesmo quando a chuva desabava torrencial sobre a aldeia, afastando até os mais devotados. Com o tempo, o moço notou modificação no comportamento do velho, a repulsa sendo atenuada, o interesse pelas preleções manifestando-se... Depois, para enorme espanto de muitos, passou a fazer-se acompanhar de grandes fardos de alimentos, cuidadosamente embalados em pacotes, que ele pessoalmente distribuía entre os carentes freqüentadores da casa. O medo da morte dolorosa empurrara-o até Jesus e o Mestre da Galiléia impressionara-o de tal forma que Naim estava reformulando suas crenças e valores! Certa noite, trouxe a esposa e o filhinho, exibindo-os exultante e vaidosamente. Ambos pareciam seus netos... Os olhos de Saul e Marta encontraram-se e o rapaz sentiu dolorosa pontada de ciúme; dominou-se, porém, esforçando-se para encarar aquela família como qualquer outra das muitas que lhe freqüentavam a casa de estudos e preces. As palavras da oração do Mestre, incentivando-lhe a renúncia, recomendavam:

– "Seja feita a vossa vontade..."

Após dois meses, o temível tumor desaparecera, restando apenas arroxeados vestígios. Julgou que o homem não mais tornaria, mas estava enganado! Mais do que a saúde do corpo, o esposo de Marta encontrara Jesus e não pretendia dEle abdicar. O rapaz emocionou-se profundamente, compreendendo que, se tivesse dispensado o rival, ignorando os preceitos de amor e caridade aprendidos com o Mestre, ele poderia até estar vivo, mas certamente não conheceria Jesus e não teria condições de modificar-se... Ele, Saul, teria falhado! Acolher o cônjuge da mulher amada fora extremamente custoso em termos de autodisciplina, pois tivera que deixar de lado os anseios de seu coração e trilhar, dia após dia, os difíceis caminhos da renúncia e do amor incondicional. Agora, no entanto, sentia-se em paz, sabendo que cumprira com seu dever cristão perante aquele homem e sua família!

Os meses decorriam e a presença de Naim incomodava-o cada vez menos, passando a dele gostar sinceramente, habituando-se com as longas e interessantes conversas, em que o ancião relatava as viagens a exóticos lugares, realizadas durante sua juventude, e Saul, que jamais havia saído da obscura aldeiazinha, falava sobre Jesus. Assim, quando o novo amigo faltou a uma das reuniões noturnas, Saul preocupou-se, aguardando ansiosamente o dia seguinte, pretendendo procurá-lo em sua propriedade mal o dia raiasse, temeroso de que algo houvesse sucedido. Afinal, ele nunca falhara!

O portão fechado e o silêncio reforçaram seus presságios; seguiu pelas floridas e perfumadas alamedas, após galgar com agilidade os altos muros, desembocando em encantadora varanda. Ali vivia Marta, a mulher amada! Localizou-a entre as flores e folhagens, assentada em um dos bancos, chorando. Ao avistar Saul, desceu os degraus correndo, abraçando-o, murmurando:

– Foi-se! Naim partiu, Saul. Mansa e suavemente, como uma avezinha! Tu és a primeira pessoa a saber, pois foi durante a noite. Estão a prepará-lo para as exéquias... Ainda é muito cedo... Como soubeste?

– Jamais faltou ao Evangelho...

– Sim, tens razão. Ontem, ao anoitecer, declarou-se indisposto, asseverando ser coisa de pouca monta. Fiz-lhe um chá, levei até o quarto para que o tomasse no leito, indagando se necessitava de um médico ou talvez de tua presença, sugerindo enviar um criado até a aldeia... Disse que não... No dia seguinte estaria muito bem, asseverou sorrindo. Colocou-me nas mãos uma carta endereçada a ti, recomendando que a entregasse... Estranhei, todavia Naim tratou de acalmar-me, dizendo ser esquisitice de velho... Pela manhã, estava morto, a fisionomia tranqüila, serena...

Após breve reflexão, Marta prosseguiu:

– Algumas pessoas não acreditam em transformação, em mudança das criaturas, mas eu assevero que ele se tornou um novo homem, completamente diferente daquele com o qual me casei. Ao aceitar Jesus, meu esposo mudou, nosso lar encontrou a paz, éramos felizes com nosso filhinho e o Mestre. Tu, Saul, foste o instrumento de tamanhas mudanças... Eu também aprendi muito... Hoje, o orgulho abatido, a vaidade diminuída, posso dizer com sinceridade que te amo, tendo a consciência tranqüila porque fui esposa e mãe responsável, aprendendo no duro sacrifício da rotina familiar a amar e respeitar o esposo que Deus colocou em meu caminho, contribuindo para sua reforma interior.

Comovidíssimo, Saul ponderou:

– Tu me conheces, Marta, sabes que Jesus ocupa minhas horas, que o trabalho na seara do Mestre é árduo e penoso, repleto de percalços e ingratidões. Jesus estará sempre acima de tudo e de todos... Se, ainda assim, quiseres fazer parte de minha existência como esposa muito amada...

O tempo passou...

Na tarde amena, sentados à sombra de seculares árvores, observando o sol descendo lentamente no horizonte em fogo, conversavam:

– Dize-me, meu amor, passou-te pela cabeça, por acaso, recusar ajuda a Naim, quando ele te procurou?

– Certamente! Tive que fazer um enorme esforço para fugir à tentação de abandoná-lo à própria sorte! Além do mais, entidades infelizes, aproveitando as brechas provocadas por minha fraqueza moral, insuflavam-me idéias nada fraternas. Jesus falou mais alto em mim, contudo, chamando-me à razão! Nem sempre podemos seguir os impulsos de nosso coração... Apesar de meus sentimentos e emoções, a doutrina do Mestre prevaleceu e pude receber o querido Naim como mais um dos sofredores a quem me competia atender... O problema não dizia respeito a ele e sim a mim, que não sabia amá-lo na qualidade de um irmão em Cristo...

Saul demorou os olhos no céu de alaranjadas cores, prosseguindo:

– Embora não o desejasses como esposo, cumpriste com tuas obrigações, amparando-o na hora difícil, sendo-lhe companheira fiel, honrando o compromisso que não tiveste a coragem de repudiar antes do matrimônio. Eu, de minha parte, aprendi a abdicar dos sonhos impossíveis no momento, pacientemente esperando, requisitos importantíssimos na evolução espiritual... Renúncia e paciência...

– Quanto a aquele espírito que te atormentava, sugerindo eliminasses Naim, nunca mais o ouviste, Saul?

Um sorriso iluminou o belo rosto do moço:

– Por pouco tempo, minha querida, por pouco tempo ficará ele longe de mim... Breve o teremos chorando naquele berço guardado no quarto de hóspedes... Estará conosco como um filho muito querido, cumprindo-nos educá-lo, fazendo-o conhecer Jesus desde pequenino, até mesmo antes de nascer, irmanado com teus pensamentos e emoções...

Ante o olhar espantado da moça, desatou a rir:

– Tu não sabes que esperas um filho? Para falar a verdade, minha querida, embora não te lembres, em sono, no mundo espiritual, concordamos com a presença em nosso lar de três espíritos reencarnados: este do qual falaste; aquele que conheceste como teu pai e o que pereceu na caverna, vitimado pelas víboras... Um deles tem como pai Naim... Os outros chegarão com certeza... Tudo retorna a nós, na longa senda evolutiva, para os necessários ajustes e o aprendizado do amor verdadeiro, aquele que sobrepuja os limites da carne. Benditos somos nós por termos sido considerados aptos para a reeducação destes espíritos! Que Jesus nos ampare!

Longo é o caminho do homem sobre a Terra, morrendo e renascendo, em contínua evolução; grandes são os percalços em seu caminho, principalmente aqueles relacionados à influenciação espiritual, quando se candidata a ser um medianeiro entre o mundo material e o dos que já se foram. Falsos profetas e pseudosábios arvorar-se-ão em defensores do bem e da verdade, mas serão denunciados por suas obras, destituídas do amor incondicional propugnado pelo Mestre Jesus.

Depoimento

Léon solicitou-me que registrasse algumas palavras, repassando aos leitores aquilo que vivenciei. Com as qualidades de emérito escritor, reproduziu em conto uma fase importantíssima de minha vida, verdadeiro marco da transformação em criatura a serviço do Mestre Jesus. Por seu sorriso, pude senti-lo intrigado com alguma coisa, que educadamente tentava não mencionar, provavelmente aguardando que eu o entendesse e satisfizesse a curiosidade tão comum aos que passam para o papel as histórias das pessoas. Não foi muito difícil chegar ao objeto de seu interesse, na forma de amarelecido pergaminho. Nosso amigo Léon estava curioso quanto ao conteúdo da carta escrita por Naim na noite de seu desencarne e entregue a mim por Marta, logo após seu sepultamento! Reproduzo-a agora, em sua íntegra, concedendo fecho de ouro a esta narrativa.

Assim dizia a missiva:

Prezado amigo Saul,

Que Jesus esteja conosco!

Peço encarecidamente que não te surpreendas com o teor destas derradeiras palavras, que vêm da alma e do punho de alguém que pressente a partida em momentos próximos. Perdoa-me o incerto traço da trêmula mão e confia que meu coração está firme e certo daquilo que exponho a seguir.

Quando te procurei meses atrás, eras a derradeira alternativa de cura; médicos haviam desenganado-me, a morte aproximava-se e eu, odiando-te, pois intuía o amor que te ligava a minha bela esposa, ainda assim busquei tua ajuda, embora a ironia da situação me torturasse. Acreditava sinceramente que me repelirias, aproveitando a oportunidade de te livrares de mim. Controversos pensamentos angustiavam-me, porquanto queria desesperadamente continuar vivo, mas me agradaria muito chegar a Marta e dizer-lhe triunfalmente: o homem amado, o teu profeta, ele recusou-se a auxiliar-me...

Tu, no entanto, acolheste-me com a dignidade e o amor de um irmão em Jesus. Curaste-me! Mais fizeste por mim, revelando a meus enceguecidos olhos o Mestre, iluminando minha existência materialista com as luzes da caridade, da tolerância, do perdão... Foste meu amigo, conquanto, bem o sei, teu coração continuasse a pulsar pela mulher que o destino e a férrea vontade paterna haviam-me concedido como companheira.

Reparaste que nunca te ofereci nada em troca do bem que me fizeste, a não ser quando nos conhecemos, em uma primeira e definitiva tentativa, embora muito rico e sabendo de tua humilde condição? Aprendi contigo que benefícios de tal ordem e amplitude advêm de Deus e somente Ele poderá determinar a forma de reconhecimento! Contudo, meu amigo Saul, atrevo-me a deixar-te por herança os dois maiores bens que possuo: minha esposa e meu filho. Na falta de outros herdeiros, legalmente faço minha querida Marta, que sempre me respeitou, calando o amor por ti em seu coração, a legatária de tudo o que amealhei, com a única condição de que seja feliz a teu lado.

Esses poucos meses de convívio contigo e com o Mestre foram de tal forma importantes a ponto de me ensinar que, em nossa infância evolutiva, os sentimentos deixam muito a desejar e necessitamos do concurso de outros mais experientes para enxergar a direção, como as crianças precisam de mãos fortes e ternas até que possam caminhar sozinhas. Tu e Jesus amparastes-me e hoje posso dizer, com imenso júbilo, que parto confiante e ditoso, sem medo da morte, livre dos apegos que sempre me obscureceram os dias.

Agora, traçando estas linhas, ocorreu-me que estou morrendo, como os médicos diagnosticaram! A diferença reside, única e exclusivamente, na certeza de uma vida após a morte, eterna e repleta de oportunidades de crescimento, que faz com que aceitemos o decesso do corpo físico como simples viagem de retorno a nossa pátria de origem, deixando para trás tudo e todos, permitindo que cada um siga seu caminho.

Amanhã não mais estarei entre vós, os chamados vivos, mas, de onde estiver, abençoar-vos-ei a união que estabelecereis. Sede felizes, meus irmãos queridos! Ass. Naim

Saul

Impressão:
Prol Editora Gráfica
(Barueri, SP)